본책

New Concept Chinese

북경어언대학출판사 편
원제 新概念汉语 2 - 课本
편저 崔永华 | 편역 임대근

2

다락원

MP3 파일 다운로드 및
실시간 재생 서비스

New Concept Chinese
신개념 중국어 2 본책

지은이 崔永华
옮긴이 임대근
펴낸이 정규도
펴낸곳 (주)다락원

초판 1쇄 발행 2016년 9월 5일
초판 5쇄 발행 2024년 8월 21일

기획·편집 박소정, 고은지, 이상윤
디자인 박나래, 최영란

🔳 다락원 경기도 파주시 문발로 211
전화 (02)736-2031(내선 250~252 / 내선 430)
팩스 (02)732-2037
출판등록 1977년 9월 16일 제406-2008-000007호

Copyright © 2013, 北京语言大学出版社
한국 내 Copyright © 2016, (주)다락원

이 책의 한국 내 저작권은 北京语言大学出版社와의
독점 계약으로 (주)다락원이 소유합니다.

저자 및 출판사의 허락 없이 이 책의 일부 또는 전부를 무단 복
제·전재·발췌할 수 없습니다. 구입 후 철회는 회사 내규에 부합
하는 경우에 가능하므로 구입처에 문의하시기 바랍니다. 분실·
파손 등에 따른 소비자 피해에 대해서는 공정거래위원회에서 고
시한 소비자 분쟁 해결 기준에 따라 보상 가능합니다. 잘못된 책은
바꿔 드립니다.

ISBN 978-89-277-2190-1 18720
978-89-277-2183-3 (set)

www.darakwon.co.kr
다락원 홈페이지를 방문하시면 상세한 출판 정보와 함께 동영상
강좌, MP3 자료 등 다양한 어학 정보를 얻으실 수 있습니다.

들어가는 말

중국어, 욕심부리지 말고 차근차근,
새롭게, 쉽게, 재미있게 배우세요!

『신개념 중국어』 시리즈는 중국 북경어언대학출판사에서 출간한 『新概念汉语』 시리즈의 한국어판입니다. 외국인에 대한 중국어 교수법을 다년간 연구해 온 교수진이 기획 및 집필에 참여해 내용이 실용적이고 흥미로우며, 간단하고 효과적인 학습법·교수법을 기초로 설계되어 커리큘럼이 체계적이고 탄탄합니다.

새롭다! 『신개념 중국어』 시리즈는 기존의 교재들과 차별화됩니다. 한 과가 두 페이지(1~2권) 또는 네 페이지(3~4권)로 보기 좋게 펼쳐지고 끝나는 단순함, 풍부하고 다채로운 연습으로 학습 포인트를 자연스럽게 체득하게 하는 영민함, 학습 내용을 일방적으로 전달하지 않고 적재적소에서 질문을 던져 가며 차분하게 안내하는 친절함 등이 교재 곳곳에 녹아 있습니다.

쉽다! 『신개념 중국어』 시리즈의 각 권은 40과(1~2권) 또는 20과(3~4권)로, 양질의 본문 학습과 연습이 유기적으로 이루어집니다. 본문은 익혀야 할 학습 포인트가 많지 않고 명확해 부담이 없으며, 연습은 반복적이고 종합적이라 충분한 복습이 됩니다. 한 과 한 과 차근차근 학습해 나가다 보면 말하기는 물론 듣기·쓰기·읽기까지 가벼운 책 한 권으로 모두 가능해집니다.

재미있다! 『신개념 중국어』 시리즈는 지루할 틈이 없습니다. 본문에는 중국의 문화와 유머, 중국인의 사상과 감성 등이 가득 담겨 있으며, 풍부한 삽화는 내용 연상 및 이해에 도움이 됩니다. 연습은 형태가 창의적이고 다채로워 단조롭지 않습니다.

다년간 중국어 교재 연구·개발에 열정을 쏟아 온 다락원과 강의 경험이 풍부한 국내 교수님이 주체가 되어 재편한 『신개념 중국어』 시리즈는 다양한 학습자와 교사가 편리하게 활용할 수 있는 신개념 중국어 완성 프로그램입니다. 원서의 특장점을 최대한 부각하고, 국내 실정을 고려해 부족함이 없도록 수정·보완했습니다. 중국어 공부를 처음 시작하는 입문자부터 고급자까지 본 시리즈를 통해 활기차게 생동하는 중국과 중국어를 배울 수 있을 거라 확신합니다.

다락원 중국어 출판부

차례

들어가는 말	3
차례	4
이 책의 구성과 활용법	8
일러두기	11

	학습 포인트	단어	핵심 어법	간체자
01 我是坐飞机去的。 저는 비행기를 타고 갔습니다.				14
02 我是今年来中国的。 저는 올해 중국에 왔습니다.				16
	• 여행 경험 묻고 답하기	• 장소 • 교통수단	• '是……的' 문형 • '跟+사람+一起'	明 晴 昨 暖 晚

	학습 포인트	단어	핵심 어법	간체자
03 我要订一辆车。 차를 한 대 예약하려고 합니다.				18
04 我要退房。 체크아웃하려고 합니다.				20
	• 가게에서 요청하기	• 요청 • 양사	• 바람이나 의지를 나타내는 조동사 '要' • 반문을 나타내는 '不是……吗?'	踢 路 跑 跟 跳

	학습 포인트	단어	핵심 어법	간체자
05 你起得真早。 당신은 정말 일찍 일어나는군요.				22
06 安妮汉语说得很流利。 애니는 중국어를 유창하게 합니다.				24
	• 식사 습관 묻고 답하기	• 일상생활 ① • 정도 표현 형용사	• 상태보어 • 명사의 중첩	你 体 他 休 位

	학습 포인트	단어	핵심 어법	간체자
07 我会唱京剧。 저는 경극을 할 줄 압니다.				26
08 你会用筷子吗? 젓가락질할 줄 아나요?				28
	• 특기 묻고 답하기	• 특기 • 목적어+관련 동사 ①	• 능력을 나타내는 조동사 '会' • 부사 '还'	便 乐 发 和

	학습 포인트	단어	핵심 어법	간체자
09 我方便的时候你不能来。 제가 '方便'할 때는 오면 안 됩니다.				30
10 这儿能不能停车? 여기 주차할 수 있나요?				32
	• 허락, 금지 표현하기	• 일상생활 ② • 각국의 화폐 단위	• 조동사 '能' • 수량사 '一下'	吧 把 爸 琶 爬

학습 포인트	단어	핵심 어법	간체자
11 你能爬上去吗? 올라갈 수 있겠어요?			34
12 太阳出来了。 해가 나왔습니다.			36
• 동작의 방향 표현하기	• 일상생활 ③ • 방향 표현 동사	• 방향보어	桌 床 柜 梯 椅

학습 포인트	단어	핵심 어법	간체자
13 现在还买得到票吗? 지금도 표를 살 수 있나요?			38
14 方方听不懂西班牙语。 팡팡은 스페인어를 알아듣지 못합니다.			40
• 가능 여부 표현하기	• 영화 • 목적어+관련 동사 ②	• 가능보어	城 境 地 块 场

학습 포인트	단어	핵심 어법	간체자
15 请把行李箱打开。 여행용 가방을 열어 주세요.			42
16 你把车停在哪儿了? 차를 어디에 세웠나요?			44
• '把'자문으로 묻고 답하기	• 공항 보안 검색 • 장소 명사	• '把'자문	意 想 忘 心 思

학습 포인트	단어	핵심 어법	간체자
17 哪个队会赢? 어느 팀이 이길까요?			46
18 明天会下雨吗? 내일 비가 올까요?			48
• 결과 예측하기	• 운동, 시합	• 추측을 나타내는 조동사 '会' • '의문대사+也/都'	茶 花 药 芳 菜

학습 포인트	단어	핵심 어법	간체자
19 我看了一场中文电影。 저는 중국 영화를 한 편 봤습니다.			50
20 你学了几门外语? 외국어를 몇 가지 배웠나요?			52
• 동작의 완료 말하기	• 일상생활 ④ • 명사+관련 양사	• 완료를 나타내는 '了' • 개사 '跟'	话 说 讲 词 课

학습 포인트	단어	핵심 어법	간체자

21 我们举行了一次演讲比赛。 우리는 말하기 대회를 개최했습니다. 54

22 我打了三次电话。 저는 전화를 세 번 걸었습니다. 56

• 동작의 횟수 말하기	• 시상, 수상 • 동량사	• 동량사 • 겸어문	长 大 得 行

23 我学了两年汉语了。 저는 중국어를 2년째 배우고 있습니다. 58

24 王老师教了十年汉语了。 왕 선생님은 중국어를 10년째 가르치고 계십니다. 60

• 시간의 길이 말하기	• 공부 • 시간	• 시간의 길이를 묻는 '多长时间' • 시량보어	房 放 芳 防 方

25 "北京楼"的炸酱面比"老北京"的好吃。 '베이징러우'의 짜장면이 '라오베이징'보다 맛있습니다. 62

26 这个城市比那个城市暖和。 이 도시가 저 도시보다 따뜻합니다. 64

• 두 대상 비교하기 ①	• 성질 묘사 형용사①	• 비교문을 만드는 개사 '比'	钱 银 钢 铅 钟

27 你们的习惯跟我们不一样。 당신들의 관습은 우리와 다릅니다. 66

28 今天的节目跟昨天一样精彩。 오늘 프로그램은 어제처럼 훌륭합니다. 68

• 두 대상 비교하기 ②	• 성질 묘사 형용사②	• 'A+跟+B+一样' 문형 • 시점을 나타내는 '……的时候'	打 扫 拉 接 搬

29 我做过销售员。 저는 판매원을 해 봤습니다. 70

30 你去过多少个国家? 얼마나 많은 나라에 가 봤나요? 72

• 면접 질문에 답하기 • 과거 경험 말하기	• 면접 • 경험	• 경험을 나타내는 조사 '过' • 전환 관계를 나타내는 '虽然……, 但是……'	看 睡 眼 睛 目

학습 포인트	단어	핵심 어법	간체자
31 我送她一束花儿。 저는 그녀에게 꽃 한 다발을 선물할 것입니다.			74
32 警察罚了我一百块钱。 경찰이 저에게 벌금 100위앤을 물렸습니다.			76
• 겸어동사 사용해 말하기	• 생일	• 이중목적어를 취하는 겸어동사 '送' • '형용사/동사+极了' 문형	厅 订 停 顶 丁
33 还是有点儿贵。 그래도 좀 비쌉니다.			78
34 这个菜有点儿咸。 이 요리는 좀 짭니다.			80
• 불만 표현하기	• 집 임대, 임차 • 성질 묘사 형용사 ③	• '有点儿'과 '一点儿' • 가정 관계를 나타내는 '如果……, 就……'	清 请 晴 静 精
35 在海边晒晒太阳。 해변에서 햇볕을 쬡니다.			82
36 我想试试那件蓝色的毛衣。 저 파란색 스웨터를 입어 보고 싶습니다.			84
• 동사 중첩 형식 사용해 말하기	• 휴가, 오락 • 공부	• 동사의 중첩 • 인과 관계를 나타내는 '因为……, 所以……'	远 进 送 逛 近
37 胳膊被撞伤了。 팔을 부딪혀 다쳤습니다.			86
38 菜单被服务员拿走了。 메뉴는 종업원이 가져갔습니다.			88
• 피동문 말하기	• 결과 표현 동사·형용사	• '被'자문	肚 脚 腿 胖 肥
39 我要回国了。 저는 곧 귀국합니다.			90
40 飞机马上就要起飞了。 비행기가 곧 이륙합니다.			92
• 계획 묻고 답하기	• 계획	• 임박한 상황을 나타내는 '要……了' • 명사와 동사로 쓰이는 '打算'	海 洗 酒 深 浅

부록

홀수 과 번체자 본문과 간체자 이해　　96
짝수 과 녹음 대본과 모범답안　　105
단어 색인　　131

이 책의 구성과 활용법

『신개념 중국어 2』는 초급 수준의 학습자, 新HSK 2급 수준의 학습자를 대상으로 합니다. 40~60시간에 걸쳐 이 책에서 다루는 주제별 표현과 400여 개의 단어(词), 300여 개의 글자(字), 40여 개의 어법 포인트 등을 마스터한다면 新HSK 3급 수준에 도달할 수 있으며, 초중급 수준의 중국어 듣기, 말하기, 읽기, 쓰기 능력을 갖춤으로써 일상, 학습, 업무 관련 활동을 수행할 수 있습니다. 20개의 단원은 각각 두 과로 구성됩니다.

본 책

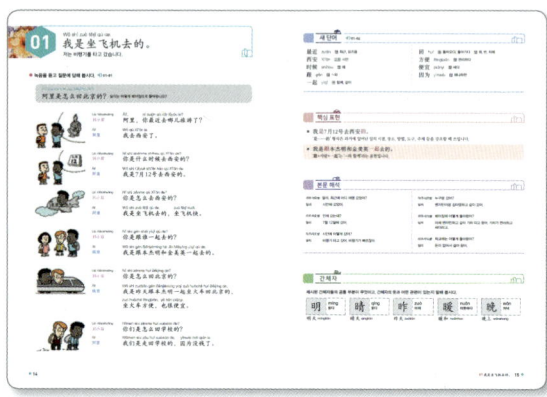

홀수 과
각 단원의 중심이 되는 과로, 본문을 통한 단어·표현·어법 학습, 간체자 학습이 이루어집니다.

본문　실용적이고 간단한 주제별 대화 또는 글을 듣고, 질문에 답하는 방식으로 학습합니다.

새 단어　모르는 단어의 품사와 의미를 확인합니다.

핵심 표현　핵심 문형과 표현, 어법을 익힙니다.

본문 해석　해석을 통해 본문을 완전히 이해합니다.

간체자　형태, 발음, 의미에 유의하며 간체자를 익힙니다.

이렇게 학습하세요!

❶ 오른쪽 페이지는 가리고, 과 제목과 질문을 읽은 다음 삽화를 통해 본문 내용을 유추합니다.
❷ 본문 녹음을 두 번 들으면서 질문에 대한 답이 무엇일지 생각해 봅니다.
❸ 오른쪽 페이지의 '새 단어'를 열어 확인하고, 발음과 뜻을 익힙니다.
❹ 본문 녹음을 다시 들으며 자신이 생각한 답이 맞는지 확인합니다.
❺ 오른쪽 페이지의 '핵심 표현'을 학습한 후, 녹음을 다시 듣습니다.
❻ 오른쪽 페이지의 '본문 해석'을 확인한 후, 녹음을 여러 번 따라 읽고, 혼자서도 읽어 봅니다.
❼ '본문 해석'을 보면서 중국어로 다시 말해 봅니다.
❽ 큰 소리로 발음하며 '간체자'의 형태와 의미를 익힌 후, 지시문을 읽고 답이 무엇일지 생각해 봅니다.

짝수 과
각 단원의 복습 과로, 다양한 형태의 쓰기·듣기·말하기·읽기 연습이 이루어집니다.

본문 홀수 과에서 익힌 핵심 문형·표현에 대한 교체 연습으로, 확장 단어·응용 표현을 익힙니다.

새 단어 모르는 단어의 품사와 의미를 확인합니다.

연습 다양한 형태의 '단어→대화→응용' 연습으로, 학습한 모든 내용을 완전히 터득합니다.

이렇게 학습하세요!

❶ 오른쪽 페이지는 가리고, 과 제목과 '예'를 보고 연습의 핵심인 문형·표현을 파악합니다.
❷ 삽화와 제시된 낱말을 보고, 뭐라고 말할지 생각해 봅니다.
❸ 오른쪽 페이지의 '새 단어'를 열어 확인하고, 발음과 뜻을 익힙니다.
❹ 본문의 첫 번째 녹음을 들으며 녹음에 맞춰 스스로 말해 봅니다.
❺ 본문의 두 번째 녹음을 들으며 자신의 답이 맞는지 확인하고, 여러 번 다시 들으며 따라 읽어 봅니다.
❻ 오른쪽 페이지의 '연습'을 통해 다시 한 번 복습하고 활용합니다.

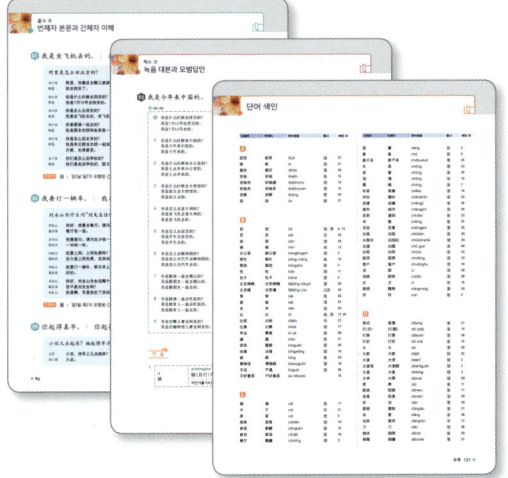

부록
홀수 과 번체자 본문과 간체자 이해, 짝수 과 녹음 대본과 모범답안, 단어 색인입니다.

◆ 홀수 과 본문을 번체자로 읽어 보고, 어떤 글자가 간단한 형태로 바뀌었는지 살펴봅니다.

◆ 간체자 설명을 확인하며 간체자를 깊이 있게 이해합니다.

◆ 짝수 과 녹음 대본과 해석, 연습에 대한 모범답안을 확인합니다.

◆ 간편하게 단어를 찾고, 품사별 의미를 떠올려 봅니다.

워크북

홀수 과 · 짝수 과
홀수 과는 '단어 연습→어법 연습→회화 연습→간체자 이해', 짝수 과는 '단어 연습→어법 연습→회화 연습→활동'으로 이루어집니다.

단어 연습   단어의 발음과 의미, 특징과 용법을 알고 있는지 확인합니다.

어법 연습   어법에 맞게 중국어 문장을 만들고, 써 봅니다.

회화 연습   알맞은 표현을 사용해 대화를 완성하고, 질문에 답해 봅니다.

간체자 이해   간체자의 형태, 발음, 의미를 제대로 익혔는지 확인합니다.

활동   유쾌한 활동을 통해 자유롭게 중국어를 구사해 봅니다.

✳ 워크북의 모범답안은 다락원 홈페이지(www.darakwon.co.kr)의 '학습자료 〉 중국어'에서 다운로드 받으실 수 있습니다.

MP3 음원
본책 '홀수 과' '짝수 과'의 녹음 파일이 들어 있습니다.

✳ 본책의 해당 부분에 MP3 트랙 번호가 기재되어 있습니다.
✳ 워크북은 녹음이 제공되지 않습니다.
✳ MP3 음원은 다락원 홈페이지(www.darakwon.co.kr)에서 무료로 다운로드 받으실 수 있습니다.
   스마트폰으로 QR코드를 스캔하면 MP3 다운로드 및 실시간 재생 가능한 페이지로 바로 연결됩니다.

일러두기

▶ **이 책의 고유명사 표기는 다음과 같습니다.**

① 중국의 지명·건물·기관·관광명소 등은 중국어 발음을 한국어로 표기했습니다.
　예) 西安 시안　　上海 상하이　　颐和园 이허위앤

② 인명은 각 나라에서 실제 사용하는 발음을 기준으로 하여 한국어로 표기했습니다.
　예) 王芳芳 (중국인) 왕팡팡　　大卫 (프랑스인) 다비드　　金美英 (한국인) 김미영

▶ **중국어의 품사는 다음과 같이 약자로 표시했습니다.**

명사	명	형용사	형	접속사	접
고유명사	고유	부사	부	감탄사	감
동사	동	수사	수	조사	조
조동사	조동	양사	양	접두사	접두
대사	대	개사	개	접미사	접미

신개념 중국어 ❷

01 Wǒ shì zuò fēijī qù de.
我是坐飞机去的。
저는 비행기를 타고 갔습니다.

● 녹음을 듣고 질문에 답해 봅시다. 🔊 01-01

> Ālǐ shì zěnme huí Běijīng de?
> **阿里是怎么回北京的?** 알리는 어떻게 베이징으로 돌아왔나요?

Liú Xiǎoshuāng　Ālǐ,　nǐ zuìjìn qù nǎr lǚyóu le?
刘小双　　　　阿里，你最近去哪儿旅游了？

Ālǐ　　Wǒ qù Xī'ān le.
阿里　我去西安了。

Liú Xiǎoshuāng　Nǐ shì shénme shíhou qù Xī'ān de?
刘小双　　　　你是什么时候去西安的？

Ālǐ　　Wǒ shì Qīyuè shí'èr hào qù Xī'ān de.
阿里　我是7月12号去西安的。

Liú Xiǎoshuāng　Nǐ shì zěnme qù Xī'ān de?
刘小双　　　　你是怎么去西安的？

Ālǐ　　Wǒ shì zuò fēijī qù de,　zuò fēijī kuài.
阿里　我是坐飞机去的，坐飞机快。

Liú Xiǎoshuāng　Nǐ shì gēn shéi yìqǐ qù de?
刘小双　　　　你是跟谁一起去的？

Ālǐ　　Wǒ shì gēn Běnjiémíng hé Jīn Měiyīng yìqǐ qù de.
阿里　我是跟本杰明和金美英一起去的。

Liú Xiǎoshuāng　Nǐ shì zěnme huí Běijīng de?
刘小双　　　　你是怎么回北京的？

Ālǐ　　Wǒ shì zuótiān gēn Běnjiémíng yìqǐ zuò huǒchē huí Běijīng de,
阿里　我是昨天跟本杰明一起坐火车回北京的，

zuò huǒchē fāngbiàn, yě hěn piányi.
坐火车方便，也很便宜。

Liú Xiǎoshuāng　Nǐmen shì zěnme huí xuéxiào de?
刘小双　　　　你们是怎么回学校的？

Ālǐ　　Wǒmen shì zǒu huí xuéxiào de,　yīnwèi méi qián le.
阿里　我们是走回学校的，因为没钱了。

새 단어 01-02

最近 zuìjìn 명 최근, 요즈음	回 huí 동 돌아오다, 돌아가다 양 회, 번, 차례
西安 Xī'ān 고유 시안	方便 fāngbiàn 형 편리하다
时候 shíhou 명 때	便宜 piányi 형 싸다
跟 gēn 접 ~와	因为 yīnwèi 접 왜냐하면
一起 yìqǐ 부 함께, 같이	

핵심 표현

- 我**是**7月12号去西安**的**。
  '是……的' 형식은 과거에 일어난 일의 시점, 장소, 방법, 도구, 주체 등을 강조할 때 쓰입니다.

- 我是**跟**本杰明和金美英**一起**去的。
  '跟+사람+一起'는 '~와 함께'라는 표현입니다.

본문 해석

리우샤오쌍	알리, 최근에 어디 여행 갔었어?	리우샤오쌍	누구랑 갔어?
알리	시안에 갔었어.	알리	벤자민이랑 김미영하고 같이 갔어.
리우샤오쌍	언제 갔는데?	리우샤오쌍	베이징에 어떻게 돌아왔어?
알리	7월 12일에 갔어.	알리	어제 벤자민하고 같이 기차 타고 왔어. 기차가 편리하고 싸더라고.
리우샤오쌍	시안에 어떻게 갔어?	리우샤오쌍	학교에는 어떻게 돌아왔어?
알리	비행기 타고 갔어. 비행기가 빠르잖아.	알리	돈이 없어서 걸어 왔어.

간체자

제시된 간체자들의 공통 부분이 무엇이고, 간체자의 뜻과 어떤 관련이 있는지 말해 봅시다.

明 míng 밝다	晴 qíng 맑다	昨 zuó 어제	暖 nuǎn 따뜻하다	晚 wǎn 저녁
明天 míngtiān	晴天 qíngtiān	昨天 zuótiān	暖和 nuǎnhuo	晚上 wǎnshang

02

Wǒ shì jīnnián lái Zhōngguó de.
我是今年来中国的。
저는 올해 중국에 왔습니다.

■ 제시된 낱말을 활용해 녹음 속 질문에 답해 봅시다. 🔊 02-01 🔊 02-02

Qīyuè shí'èr hào
7月12号

qù Xī'ān
去西安

Nǐ shì shénme shíhou qù Xī'ān de?
你是什么时候去西安的?

Wǒ shì Qīyuè shí'èr hào qù Xī'ān de.
我是7月12号去西安的。

Wǒ shì Qīyuè shí'èr hào qù de.
我是7月12号去的。

1

jīnnián　　lái Zhōngguó
今年　　来中国

2

qī diǎn bàn　　lái bàngōngshì
七点半　　来办公室

3

qiántiān　　qù dàshǐguǎn
前天　　去大使馆

4

zuò fēijī　　qù Yìdàlì
坐飞机　　去意大利

5

kāi chē　　qù Gùgōng
开车　　去故宫

6

zuò gōnggòng qìchē　　qù Yíhé Yuán
坐公共汽车　　去颐和园

7

gēn péngyou　　yìqǐ
跟朋友　　一起

qù pá shān
去爬山

8

gēn kèren　　yìqǐ
跟客人　　一起

qù chī fàn
去吃饭

9

zài kāfēiguǎnr
在咖啡馆儿

kàn jiàn Ālǐ
看见阿里

새 단어 🔊 02-03

来 lái	동 오다	爬山 pá shān	등산하다
办公室 bàngōngshì	명 사무실	爬 pá	동 오르다, 기다
大使馆 dàshǐguǎn	명 대사관	山 shān	명 산
大使 dàshǐ	명 대사	客人 kèren	명 손님
意大利 Yìdàlì	고유 이탈리아	咖啡馆儿 kāfēiguǎnr	명 커피숍
故宫 Gùgōng	고유 고궁, 꾸궁	看见 kàn jiàn	동 보다
朋友 péngyou	명 친구		

연습

1 동사 '骑' '开' '坐'의 쓰임에 주의하며 표의 빈칸을 채워 봅시다.

qí 骑	qí (zìxíng)chē 骑(自行)车 자전거를 타다				

kāi 开	kāi chē 开车 자동차를 몰다	kāi gōnggòng qìchē 开公共汽车	kāi huǒchē 开火车	kāi fēijī 开飞机	kāi chūzūchē 开出租车

zuò 坐	zuò chē 坐车 자동차를 타다	zuò gōnggòng qìchē 坐公共汽车	zuò huǒchē 坐火车	zuò fēijī 坐飞机	zuò chūzūchē 坐出租车

2 제시된 낱말을 활용해 누구와 어디를 가는지 묻고 답해 봅시다. 🔊 02-04

예)
Běnjiémíng hòutiān Jīn Měiyīng qù Xī'ān
本杰明　后天　金美英　去西安

Běnjiémíng hòutiān gēn shéi yìqǐ qù Xī'ān?
本杰明后天跟谁一起去西安?
Běnjiémíng hòutiān gēn Jīn Měiyīng yìqǐ qù Xī'ān.
本杰明后天跟金美英一起去西安。

(1) Liú lǎoshī míngtiān Zhāng lǎoshī qù dàshǐguǎn
刘老师　明天　张老师　去大使馆

(2) Yú xiǎojie zhōumò tóngshì qù Gùgōng
于小姐　周末　同事　去故宫

(3) bàba wǎnshang jīnglǐ qù chī fàn
爸爸　晚上　经理　去吃饭

(4) gēge chángcháng péngyou qù pá shān
哥哥　常常　朋友　去爬山

3 '是……的' 형식을 사용해 최근에 다녀온 여행에 대해 묻고 답해 봅시다.

03 Wǒ yào dìng yí liàng chē.
我要订一辆车。
차를 한 대 예약하려고 합니다.

■ 녹음을 듣고, 다음 질문에 답해 봅시다. 🔊 03-01

> Liú Yǒngshān wèi shénme wèn "Liú xiānsheng zhù nǎge fángjiān"?
> 刘永山为什么问"刘先生住哪个房间"?
> 리우용산은 왜 "리우 선생님이 어느 방에 묵으시나요?"라고 묻나요?

Liú Yǒngshān	Nǐ hǎo, wǒ yào qù cāntīng. Qǐngwèn cāntīng zài nǎr?
刘永山	你好，我要去餐厅。请问餐厅在哪儿？
Fúwùyuán	Cāntīng zài yī céng.
服务员	餐厅在一层。

Liú Yǒngshān	Wǒ yào fùyìn. Qǐngwèn duōshao qián yì zhāng?
刘永山	我要复印。请问多少钱一张？
Fúwùyuán	Yí kuài qián yì zhāng.
服务员	一块钱一张。

Liú Yǒngshān	Wǒ yào shàng wǎng. Shàng wǎng miǎn fèi ma?
刘永山	我要上网。上网免费吗？
Fúwùyuán	Zài dàtáng shàng wǎng miǎn fèi, zài fángjiān shàng wǎng èrshí kuài qián yì xiǎoshí.
服务员	在大堂上网免费，在房间上网二十块钱一小时。

Liú Yǒngshān	Wǒ yào dìng yí liàng chē, míngtiān zǎoshang jiǔ diǎn qù Gùgōng.
刘永山	我要订一辆车，明天早上九点去故宫。
Fúwùyuán	Hǎo de.
服务员	好的。

Liú Yǒngshān	Nǐ hǎo, Liú Yǒngshān xiānsheng zhù nǎge fángjiān?
刘永山	你好，刘永山先生住哪个房间？
Fúwùyuán	Nín bú shì Liú xiānsheng ma?
服务员	您不是刘先生吗？
Liú Yǒngshān	Wǒ shì a, kěshì wǒ wàngle fángjiān hào le.
刘永山	我是啊，可是我忘了房间号了。

새 단어 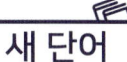 03-02

要 yào	조동 ~하려 하다, ~하고 싶다	小时 xiǎoshí	명 시간
餐厅 cāntīng	명 식당	订 dìng	동 예약하다
层 céng	양 층[중첩된 것을 세는 단위]	辆 liàng	양 대[차를 세는 단위]
复印 fùyìn	동 복사하다	住 zhù	동 묵다, 살다, 거주하다
张 zhāng	양 장[종이, 표 등을 세는 단위]	可是 kěshì	접 그런데, 그러나
免费 miǎn fèi	동 무료로 하다	忘 wàng	동 잊다
大堂 dàtáng	명 로비	号 hào	명 번호

핵심 표현

- 我要复印。
  조동사 '要'는 동사술어 앞에 위치해 말하는 사람의 '바람'이나 '의지' 등을 나타냅니다.

- 您不是刘先生吗?
  'A 不是 B 吗?'는 말하는 사람이 'A는 분명히 B이다'라고 생각하며 상대방에게 반문할 때 사용하는 표현입니다.

본문 해석

리우용산	안녕하세요. 식당에 가려고 하는데, 식당이 어디에 있나요?	리우용산	차를 한 대 예약하려고 합니다. 내일 아침 9시에 고궁에 가려고요.
종업원	식당은 1층에 있습니다.	종업원	네, 알겠습니다.
리우용산	복사를 하려고 하는데 한 장에 얼마인가요?	리우용산	안녕하세요. 리우용산 선생이 어느 방에 묵고 있지요?
종업원	한 장에 1콰이입니다.	종업원	본인이 리우 선생님 아니신가요?
리우용산	인터넷을 하려고 하는데, 인터넷이 무료인가요?	리우용산	맞아요. 그런데 방 번호를 잊어 버렸어요.
종업원	로비에서 인터넷을 하면 무료지만, 객실에서 하면 한 시간에 20콰이입니다.		

간체자

제시된 간체자들의 공통 부분이 무엇이고, 간체자의 뜻과 어떤 관련이 있는지 말해 봅시다.

踢 tī 차다	路 lù 길	跑 pǎo 뛰다	跟 gēn ~와	跳 tiào 뛰어오르다
踢足球 tī zúqiú	走路 zǒu lù	跑步 pǎo bù	跟他一起 gēn tā yìqǐ	跳舞 tiào wǔ

04

Wǒ yào tuì fáng.
我要退房。
체크아웃하려고 합니다.

● 제시된 낱말을 활용해 녹음 속 질문에 답해 봅시다. 🔊 04-01 🔊 04-02

예

yào　shàng wǎng
要　上网

Nín yào zuò shénme?
您要做什么?

Wǒ yào shàng wǎng.
我要上网。

1

yào　dìng fángjiān
要　订房间

2

yào　qù jiànshēn
要　去健身

3

yào　zhǎo ge rén
要　找个人

4

yào　xǐ yīfu
要　洗衣服

5

yào　dìng fēijī piào
要　订飞机票

6

yào　fùyìn hùzhào
要　复印护照

7

yào　tuì fáng
要　退房

8

yào　jiè yì bǎ sǎn
要　借一把伞

9

yào　cún xíngli
要　存行李

새 단어 04-03

找 zhǎo 동 찾다
帮助 bāngzhù 동 돕다
票 piào 명 표, 티켓
护照 hùzhào 명 여권
退房 tuì fáng 체크아웃하다

借 jiè 동 빌리다
把 bǎ 양 [손잡이가 있는 물건을 세는 단위]
伞 sǎn 명 우산
存 cún 동 맡기다, 보관하다
行李 xíngli 명 짐

연습

1 빈칸에 알맞은 양사를 보기에서 골라 봅시다.

| 보기 | A 张 zhāng | B 把 bǎ | C 辆 liàng | D 件 jiàn | E 层 céng |

(1) 买三＿＿＿小楼 mǎi sān ＿ xiǎo lóu 3층짜리 작은 건물을 사다

(2) 借一＿＿＿伞 jiè yī ＿ sǎn 우산 하나를 빌리다

(3) 订三＿＿＿飞机票 dìng sān ＿ fēijī piào 비행기 표 세 장을 예약하다

(4) 存一＿＿＿行李 cún yī ＿ xíngli 짐 하나를 보관하다

(5) 订六＿＿＿车 dìng liù ＿ chē 차 여섯 대를 예약하다

(6) 洗五＿＿＿衣服 xǐ wǔ ＿ yīfu 옷 다섯 벌을 세탁하다

2 '不是……吗?'를 사용해 그림 속 상황에 맞게 대화를 만들어 봅시다.  04-04

예) 一块钱 yí kuài qián
Fùyìn liǎng kuài qián yì zhāng.
复印两块钱一张。
Fùyìn bú shì yí kuài qián yì zhāng ma?
复印不是一块钱一张吗?

(1) 二层 èr céng
(2) 九点 jiǔ diǎn
(3) 刘先生 Liú xiānsheng
(4) 飞机票 fēijī piào

3 식당이나 호텔에 있다고 가정하고 종업원에게 요청 사항을 말해 봅시다.

05

Nǐ qǐ de zhēn zǎo.
你起得真早。
당신은 정말 일찍 일어나는군요.

● 녹음을 듣고, 다음 질문에 답해 봅시다. 🔊 05-01

> Xiǎoshuāng jǐ diǎn qǐ chuáng? Tā qǐ de zǎo bu zǎo?
> **小双几点起床？他起得早不早？** 샤오쐉은 몇 시에 일어나나요? 그는 일찍 일어나나요?

Dàwèi | Xiǎoshuāng, nǐ zǎoshang jǐ diǎn qǐ chuáng?
大卫 | 小双，你早上几点起床？

Liú Xiǎoshuāng | Liù diǎn.
刘小双 | 六点。

Dàwèi | Nǐ qǐ de zhēn zǎo a! Tiāntiān dōu qǐ de zhème zǎo ma?
大卫 | 你起得真早啊！天天都起得这么早吗？

Liú Xiǎoshuāng | Shì a, Zhōngguó yǒu jù huà: "Qǐ de zǎo, shēntǐ hǎo."
刘小双 | 是啊，中国有句话："起得早，身体好。"

Dàwèi | Nǐ zǎofàn chī shénme?
大卫 | 你早饭吃什么？

Liú Xiǎoshuāng | Yì bēi dòujiāng、bā ge bāozi、liǎng ge jīdàn.
刘小双 | 一杯豆浆、八个包子、两个鸡蛋。

Dàwèi | Nǐ chī de tài duō le!
大卫 | 你吃得太多了！

Liú Xiǎoshuāng | Zhōngguó hái yǒu yí jù huà:
刘小双 | 中国还有一句话：

"Zǎofàn chī de hǎo, wǔfàn chī de bǎo, wǎnfàn chī de shǎo."
"早饭吃得好，午饭吃得饱，晚饭吃得少。"

Dàwèi | Yǒu ge Fǎguórén yě shuōle yí jù huà:
大卫 | 有个法国人也说了一句话：

"Tiāntiān pútaojiǔ, huó dào jiǔshíjiǔ."
"天天葡萄酒，活到九十九。"

Liú Xiǎoshuāng | Nǎge Fǎguórén shuō de?
刘小双 | 哪个法国人说的？

Dàwèi | Wǒ a!
大卫 | 我啊！

새 단어 05-02

起(床)	qǐ (chuáng)	동 일어나다, 기상하다	包子 bāozi	명 빠오즈[소가 든 둥근 모양의 만두]
得	de	조 [정도를 나타냄]	还 hái	부 더, 또한
真	zhēn	부 정말	午饭 wǔfàn	명 점심밥
早	zǎo	형 이르다	少 shǎo	형 적다
句	jù	양 마디[말을 세는 단위]	说 shuō	동 말하다
话	huà	명 말	葡萄酒 pútaojiǔ	명 와인, 포도주
身体	shēntǐ	명 몸, 신체, 건강	酒 jiǔ	명 술
早饭	zǎofàn	명 아침밥	活 huó	동 살다

핵심 표현

■ **你起得真早啊!**

'주어+동사+得+(정도부사+)형용사' 문형에서 '(정도부사+)형용사'는 '동작이나 행위의 정도가 어떠한지' 보충 설명하는 '상태보어'입니다. 부정형은 '주어+동사+得+不+형용사'이고, 정반의문문의 형태는 '주어+동사+得+형용사+不+형용사?'입니다. 목적어가 있는 문장은 '주어+(동사+)목적어+동사+得+(정도부사+)형용사' 형태로 씁니다. 예를 들어, '我吃得很少。'를 목적어 '饭'과 함께 쓰려면 '我吃饭吃得很少。'나 '我饭吃得很少。'와 같은 형태로 써야 합니다. 동사를 생략할 때 '得' 앞의 동사를 생략해 '我吃饭得很少。'처럼 쓰면 안 된다는 것에 주의하세요.

■ **天天都起得这么早吗?**

'天天'은 '매일, 날마다'라는 뜻을 나타냅니다. '年' '月' 등도 '年年' '月月'로 중첩하면 '해마다' '달마다'라는 뜻을 나타냅니다.

본문 해석

다비드	샤오쌍, 너는 아침 몇 시에 일어나?
리우샤오쌍	6시에.
다비드	정말 일찍 일어나는구나! 매일 그렇게 일찍 일어나?
리우샤오쌍	그럼. 중국에 "일찍 일어나야 건강에 좋다."라는 말이 있거든.
다비드	아침으로 뭘 먹어?
리우샤오쌍	콩국 한 컵이랑 빠오즈 여덟 개, 계란 두 개.
다비드	너 많이 먹는구나!
리우샤오쌍	중국에 또 이런 말이 있어. "아침은 잘, 점심은 배불리, 저녁은 적게 먹는다."
다비드	어떤 프랑스 사람이 "날마다 와인을 마시면 아흔아홉까지 살 수 있다."라고 하기도 했지.
리우샤오쌍	어떤 프랑스 사람이 말한 거야?
다비드	내가!

간체자

제시된 간체자들의 공통 부분이 무엇이고, 간체자의 뜻과 어떤 관련이 있는지 말해 봅시다.

你 nǐ 너	体 tǐ 몸	他 tā 그	休 xiū 쉬다	位 wèi 분
你好 nǐ hǎo	体育馆 tǐyùguǎn	他姓王 tā xìng Wáng	休息 xiūxi	那位 nà wèi

05 你起得真早。 23

06

Ānni Hànyǔ shuō de hěn liúlì.
安妮汉语说得很流利。
애니는 중국어를 유창하게 합니다.

● 제시된 낱말을 활용해 녹음 속 질문에 답해 봅시다. 🔊 06-01 🔊 06-02

| Wáng mìshū | Zhāng jīnglǐ |
| 王秘书 | 张经理 |

Tāmen lái de zǎo ma?
他们来得早吗?

| lái | zǎo | wǎn |
| 来 | 早 | 晚 |

Wáng mìshū lái de hěn zǎo, Zhāng jīnglǐ lái de hěn wǎn.
王秘书来得很早，张经理来得很晚。

1

gēge	dìdi
哥哥	弟弟
zǒu	kuài	màn
走	快	慢

2

bàba	māma
爸爸	妈妈
chī	duō	shǎo
吃	多	少

3

Liú lǎoshī	Zhāng lǎoshī
刘老师	张老师
zhù	yuǎn	jìn
住	远	近

4

zhège cài	nàge cài
这个菜	那个菜
zuò	hǎochī
做	好吃

5

zhè zhāng zhàopiàn	nà zhāng zhàopiàn
这张照片	那张照片
zhào	hǎokàn
照	好看

6

Ānni	Dàwèi
安妮	大卫
Hànyǔ	shuō	liúlì
汉语	说	流利

7

zuótiān	wǒ	tā
昨天	我	他
wánr	kāixīn
玩儿	开心

새 단어 🔊 06-03

晚	wǎn	형 늦다	好吃	hǎochī	형 맛있다
快	kuài	형 빠르다	照片	zhàopiàn	명 사진
慢	màn	형 느리다	照	zhào	동 사진을 찍다
远	yuǎn	형 멀다	流利	liúlì	형 유창하다
近	jìn	형 가깝다	开心	kāixīn	형 즐겁다
菜	cài	명 요리			

연습

1 표의 빈칸을 채워 봅시다.

zǎoshang 早上	zhōngwǔ 中午	wǎnshang 晚上	shàngwǔ 上午	xiàwǔ 下午
아침	점심	저녁	오전	오후

	zhōngfàn 中饭	wǎnfàn 晚饭
zǎocān 早餐	zhōngcān 中餐	
아침밥	점심밥	저녁밥

2 제시된 낱말을 활용해 정도가 어떠한지 묻고 답해 봅시다. 🔊 06-04

예) zǎoshang dìdi mèimei / 早上 弟弟 妹妹 / chī duō / 吃 多
　　Zǎoshang dìdi chī de duō ma? 早上弟弟吃得多吗?
　　Zǎoshang dìdi chī de hěn duō. 早上弟弟吃得很多。
　　Zǎoshang mèimei chī de duō bu duō? 早上妹妹吃得多不多?
　　Zǎoshang mèimei chī de bù duō. 早上妹妹吃得不多。

(1) zuótiān wǒ tā shuì hǎo / 昨天 我 她 睡 好

(2) zhōumò wǒ tā xiūxi hǎo / 周末 我 他 休息 好

(3) jīntiān Wáng xiǎojie Lǐ xiǎojie chuān piàoliang / 今天 王小姐 李小姐 穿 漂亮

(4) Xīngqīliù Dàwèi Ālǐ wánr gāoxìng / 星期六 大卫 阿里 玩儿 高兴

3 친구들의 중국어 실력에 대해 말해 봅시다.

07

Wǒ huì chàng jīngjù.
我会唱京剧。
저는 경극을 할 줄 압니다.

● 녹음을 듣고, 다음 질문에 답해 봅시다. 🔊 07-01

> Dàwèi yǒu shénme tècháng?
> **大卫有什么特长?** 다비드는 어떤 특기가 있나요?

Dàwèi
大卫
Nǐmen yǒu shénme tècháng?
你们有什么特长?

Liú Dàshuāng
刘大双
Wǒ huì tī zúqiú.
我会踢足球。

Dàwèi
大卫
Xiǎoshuāng, nǐ yě huì tī zúqiú ma?
小双，你也会踢足球吗?

Liú Xiǎoshuāng
刘小双
Wǒ bú huì tī zúqiú, wǒ huì dǎ pīngpāngqiú.
我不会踢足球，我会打乒乓球。

Dàwèi
大卫
Fāngfāng, nǐ ne?
方方，你呢?

Wáng Fāngfāng
王方方
Wǒ huì lā xiǎotíqín.
我会拉小提琴。

Dàwèi
大卫
Nǐ huì bu huì lā xiǎotíqín, Ānni?
你会不会拉小提琴，安妮?

Ānni
安妮
Huì a, wǒ hái huì tán gāngqín.
会啊，我还会弹钢琴。

Dàwèi
大卫
Ālǐ, nǐ yǒu shénme tècháng?
阿里，你有什么特长?

Ālǐ
阿里
Wǒ huì chàng jīngjù, hái huì shuō xiàngsheng.
我会唱京剧，还会说相声。

Wáng Fāngfāng
王方方
Dàwèi, nǐ yǒu shénme tècháng?
大卫，你有什么特长?

Dàwèi
大卫
Wǒ a, wǒ huì chī zhōngguócài, wǒ shì měishíjiā!
我啊，我会吃中国菜，我是美食家!

● 26

새 단어 🔊 07-02

特长	tècháng	명 특기	钢琴	gāngqín 명 피아노
会	huì	조동 ~할 줄 안다	唱	chàng 동 노래 부르다
乒乓球	pīngpāngqiú	명 탁구	相声	xiàngsheng 명 상성[중국식 만담]
拉	lā	동 (현악기를) 켜다	美食家	měishíjiā 명 미식가
小提琴	xiǎotíqín	명 바이올린	美食	měishí 명 맛있는 음식
弹	tán	동 (건반악기를) 치다		

핵심 표현

- 我**会**踢足球。
  조동사 '会'는 동사술어 앞에 위치해 어떤 일을 '배워서 할 줄 안다'라는 사실을 나타냅니다. 부정형은 '不会'입니다.

- 我**还**会弹钢琴。
  이 문장에서 부사 '还'는 '더, 또한'이라는 뜻을 나타냅니다. 이외에도 '还'에는 여러 뜻이 있으니, 문맥을 보고 알맞게 해석하도록 합니다.

본문 해석

다비드	너희는 어떤 특기가 있어?		다비드	너는 바이올린을 켤 줄 아니, 애니야?
리우다쌍	나는 축구를 할 줄 알아.		애니	켤 줄 알지. 나는 피아노도 칠 줄 알아.
다비드	샤오쌍, 너도 축구를 할 줄 알아?		다비드	알리, 너는 어떤 특기가 있어?
리우샤오쌍	나는 축구는 못하고, 탁구를 칠 줄 알아.		알리	나는 경극을 할 줄 알아. 상성도 할 줄 알고.
다비드	팡팡, 너는?		왕팡팡	다비드, 너는 어떤 특기가 있어?
왕팡팡	나는 바이올린을 켤 줄 알아.		다비드	나는 말이지, 중국 요리를 먹을 줄 알아. 나는 미식가야!

간체자

제시된 단어를 읽고, 단어에 공통으로 들어간 간체자를 찾아 봅시다.

| 方便 fāngbiàn 편리하다 | 便宜 piányi 싸다 | 快乐 kuàilè 즐겁다 | 音乐 yīnyuè 음악 |
| 出发 chūfā 출발하다 | 理发 lǐ fà 이발하다 | 我和你 wǒ hé nǐ 너와 나 | 暖和 nuǎnhuo 따뜻하다 |

08 Nǐ huì yòng kuàizi ma?
你会用筷子吗?
젓가락질할 줄 아나요?

● 제시된 낱말을 활용해 녹음 속 질문에 답해 봅시다. 08-01 08-02

예)
tán gāngqín
弹 钢琴

Nǐ yǒu shénme tècháng?
你有什么特长?
Wǒ huì tán gāngqín.
我会弹钢琴。

1
huà zhōngguóhuà
画 中国画

2
jiǎng gùshi
讲 故事

3
xiū diànnǎo
修 电脑

4
chá Hànyǔ zìdiǎn
查 汉语字典

5
dǎ tàijíquán
打 太极拳

6
yòng kuàizi
用 筷子

예)
yòng Zhōngwén xiě xìn
用中文写信
yòng Yīngwén xiě xìn
用英文写信

Nǐ huì bu huì yòng Zhōngwén xiě xìn?
你会不会用中文写信?
Wǒ bú huì yòng Zhōngwén xiě xìn,
我不会用中文写信,
wǒ huì yòng Yīngwén xiě xìn.
我会用英文写信。

7
tī zúqiú   dǎ lánqiú
踢足球   打篮球

8
chàng jīngjù   chàng Zhōngwén gē
唱京剧   唱中文歌

새 단어 08-03

画 huà 동 그리다
中国画 zhōngguóhuà 명 중국화
讲 jiǎng 동 말하다
故事 gùshi 명 이야기
修 xiū 동 고치다, 수리하다
查 chá 동 찾다
字典 zìdiǎn 명 자전

用 yòng 동 쓰다, 사용하다
筷子 kuàizi 명 젓가락
中文 Zhōngwén 고유 중국어
信 xìn 명 편지
英文 Yīngwén 고유 영어
歌 gē 명 노래

연습

1 빈칸에 알맞은 말을 보기에서 골라 봅시다.

보기: A 画 huà B 写 xiě C 说 shuō D 用 yòng E 修 xiū F 拉 lā

(1) _____ 筷子 (kuàizi) 젓가락을 사용하다
(2) _____ 相声 (xiàngsheng) 상성을 하다
(3) _____ 中国画 (zhōngguóhuà) 중국화를 그리다
(4) _____ 电脑 (diànnǎo) 컴퓨터를 고치다
(5) _____ 信 (xìn) 편지를 쓰다
(6) _____ 小提琴 (xiǎotíqín) 바이올린을 켜다

2 제시된 낱말을 활용해 묻고 답해 봅시다.  08-04

예)
huì lā xiǎotíqín tán gāngqín
会 拉小提琴 弹钢琴

Nǐ huì lā xiǎotíqín ma?
你会拉小提琴吗?

Wǒ huì lā xiǎotíqín, hái huì tán gāngqín.
我会拉小提琴，还会弹钢琴。

(1) 喜欢 (xǐhuan) 唱中文歌 (chàng Zhōngwén gē) 画中国画 (huà zhōngguóhuà)
(2) 有 (yǒu) 一个哥哥 (yí ge gēge) 一个姐姐 (yí ge jiějie)
(3) 王小姐 (Wáng xiǎojie) 买 (mǎi) 衣服 (yīfu) 鞋 (xié)
(4) 丁先生 (Dīng xiānsheng) 订 (dìng) 飞机票 (fēijī piào) 车 (chē)
(5) 林秘书 (Lín mìshū) 去 (qù) 银行 (yínháng) 邮局 (yóujú)

3 친구들의 특기가 무엇인지 말해 봅시다.

09

Wǒ fāngbiàn de shíhou nǐ bù néng lái.
我方便的时候你不能来。
제가 '方便'할 때는 오면 안 됩니다.

■ 녹음을 듣고, 다음 질문에 답해 봅시다. 🔊 09-01

> Běnjiémíng wèi shénme shuō "Wǒ fāngbiàn de shíhou nǐ bù néng lái"?
> **本杰明为什么说"我方便的时候你不能来"？**
> 벤자민은 왜 "내가 '方便'할 때는 오면 안 돼."라고 말했나요?

	Liú Dàshuāng	Fúwùyuán, mǎidān. Néng shuā kǎ ma?
	刘大双	服务员，买单。能刷卡吗？
	Fúwùyuán	Néng.
	服务员	能。

Liú Xiǎoshuāng　Duìbuqǐ,　wǒ qù fāngbiàn yíxià.
刘小双　　　　对不起，我去方便一下。

Běnjiémíng　　Fāngbiàn? Zhèlǐ bù fāngbiàn ma?
本杰明　　　　方便？这里不方便吗？

Liú Xiǎoshuāng　Zhèlǐ bù néng fāngbiàn. "Fāngbiàn" shì qù xǐshǒujiān de yìsi.
刘小双　　　　这里不能方便。"方便"是去洗手间的意思。

Běnjiémíng　　Ò,　nà wǒ yě qù fāngbiàn yíxià.
本杰明　　　　哦，那我也去方便一下。

……

Wáng Fāngfāng　Xià ge xīngqī wǒ yào qù Fǎguó lǚyóu.
王方方　　　　下个星期我要去法国旅游。

Běnjiémíng　　Hǎo a.　Wǒ yǒu hěn duō Fǎguó de lǚyóu shū.
本杰明　　　　好啊。我有很多法国的旅游书。

Wáng Fāngfāng　Nǐ néng jiè wǒ kàn yíxià ma?
王方方　　　　你能借我看一下吗？

Běnjiémíng　　Méi wèntí.
本杰明　　　　没问题。

Wáng Fāngfāng　Tài hǎo le, xièxie. Nǐ fāngbiàn de shíhou gàosu wǒ,
王方方　　　　太好了，谢谢。你方便的时候告诉我，
　　　　　　　wǒ qù nǐ jiā ná.
　　　　　　　我去你家拿。

Běnjiémíng　　Wǒ fāngbiàn de shíhou? Wǒ fāngbiàn de shíhou nǐ bù néng lái.
本杰明　　　　我方便的时候？我方便的时候你不能来。

새 단어 🔊 09-02

买单	mǎidān	동 계산하다, 결제하다	哦 ò	감 아
能	néng	조동 ~해도 된다	那 nà	접 그러면
方便	fāngbiàn	동 화장실 가다	下 xià	명 다음
一下	yíxià	수량 좀 ~해 보다	……的时候 ……de shíhou	~할 때
这里	zhèlǐ	대 여기, 이곳	告诉 gàosu	동 알리다
洗手间	xǐshǒujiān	명 화장실	拿 ná	동 가지다
意思	yìsi	명 뜻, 의미		

핵심 표현

- **能**刷卡吗?
조동사 '能'은 동사술어 앞에 쓰여 동작이나 행위가 '가능함' 혹은 '어떤 능력이 있음'을 나타냅니다. '能刷卡吗?'는 카드로 계산이 '가능한지' 묻는 표현입니다. 부정형은 '不能'입니다.

- 我去方便**一下**。
'一下'는 동사술어 뒤에 붙어 '좀 ~해 보다'라는 뜻을 나타냅니다.

본문 해석

리우다쌍	여기요, 계산이요. 카드로 할 수 있나요?
종업원	네.
리우샤오쌍	미안, 나 '方便'하러 좀 다녀올게.
벤자민	'方便'? 여기가 불편해?
리우샤오쌍	여기서는 '方便'할 수 없어. '方便'은 '화장실에 가다'라는 뜻이야.
벤자민	아, 그럼 나도 '方便'하러 좀 가야겠다.

……	
왕팡팡	다음 주에 나 프랑스로 여행 가.
벤자민	좋겠다. 나 프랑스 여행 책 많이 있어.
왕팡팡	나 좀 빌려줄 수 있어?
벤자민	문제없어.
왕팡팡	잘됐다. 고마워. '方便'할 때 알려 주면 내가 너희 집에 가지러 갈게.
다비드	내가 '方便'할 때? 내가 '方便'할 때는 오면 안 돼.

간체자

제시된 간체자들의 공통 부분이 무엇이고, 간체자의 발음과 어떤 관련이 있는지 말해 봅시다.

吧 ba ~하자	把 bǎ 줌	爸 bà 아빠	琵 pá 비파	爬 pá 기어오르다
好吧 hǎo ba	一把伞 yì bǎ sǎn	爸爸 bàba	琵琶 pípá*	爬山 pá shān

*비파

10 这儿能不能停车?

Zhèr néng bu néng tíng chē?

여기 주차할 수 있나요?

● 제시된 낱말을 활용해 녹음 속 질문에 답해 봅시다. 🔊 10-01 🔊 10-02

예

shuā kǎ
刷卡

Néng shuā kǎ ma?
能刷卡吗?

Néng shuā kǎ.
能刷卡。

1

dǎ zhé
打折

2

huàn rénmínbì
换人民币

3

yòng ōuyuán
用欧元

4

tíng chē
停车

5

xī yān
吸烟

6

pāi zhào
拍照

7

Xīngqīyī cānguān
星期一   参观

8

míngtiān qǐng jià bù
明天   请假   不

9

jīntiān wǎnshang
今天晚上

gěi nǐ dǎ diànhuà
给你打电话

새 단어 10-03

打折 dǎ zhé 동 할인하다
换 huàn 동 바꾸다
人民币 rénmínbì 명 인민폐[중국의 화폐 단위]
人民 rénmín 명 인민, 국민
欧元 ōuyuán 명 유로[유럽 연합의 화폐 단위]
停 tíng 동 멈추다, 세우다

吸烟 xī yān 담배를 피우다
拍照 pāi zhào 동 사진을 찍다
拍 pāi 동 찍다
参观 cānguān 동 참관하다, 구경하다
请假 qǐng jià 동 휴가를 내다
给 gěi 개 ~에게

연습

1 제시된 국가에서 사용하는 화폐 단위를 보기에서 골라 봅시다.

| 보기 | A 人民币 rénmínbì | B 欧元 ōuyuán | C 美元 měiyuán 달러 | D 英镑 yīngbàng 파운드 |

국가	Zhōngguó 中国	Déguó 德国	Fǎguó 法国	Měiguó 美国	Xībānyá 西班牙	Yìdàlì 意大利	Yīngguó 英国
화폐 단위							

2 제시된 낱말을 활용해 묻고 답해 봅시다. 10-04

| 예 | tíng chē 停车 | Nǐ yào zuò shénme? 你要做什么?
Wǒ yào tíng yíxià chē. 我要停一下车。 |

(1) xǐ shǒu 洗手
(2) chá zìdiǎn 查字典
(3) huàn rénmínbì 换人民币
(4) shōushi xíngli 收拾行李

3 표지판의 의미를 설명해 봅시다.

禁止吸烟

禁止停车

禁止通行

禁止拍照

11

Nǐ néng pá shàngqu ma?
你能爬上去吗?
올라갈 수 있겠어요?

● 녹음을 듣고, 다음 질문에 답해 봅시다. 🔊 11-01

> Xiǎo Lǐ zhǎodào mén yàoshi le ma?
> 小李找到门钥匙了吗? 샤오리는 문 열쇠를 찾았나요?

Xiǎo Lǐ　Zěnme bú shàngqu a?
小李　怎么不上去啊?

Lǎo Wáng　Diàntī huài le.
老王　电梯坏了。

Xiǎo Lǐ　Zhǎo xiūlǐgōng le ma?
小李　找修理工了吗?

Lǎo Wáng　Dǎ diànhuà le, xiūlǐgōng hěn kuài jiù guòlai.
老王　打电话了，修理工很快就过来。

Xiǎo Lǐ　Wǒ yào qù jīchǎng, děi shàngqu ná xíngli.
小李　我要去机场，得上去拿行李。

Lǎo Wáng　Shí céng lóu nǐ néng pá shàngqu ma?
老王　十层楼你能爬上去吗?

Lǎo Wáng　Zěnme zhème kuài jiù xiàlai le?
老王　怎么这么快就下来了?

Xiǎo Lǐ　Méi dài mén yàoshi, mén yàoshi kěnéng zài chē li.
小李　没带门钥匙，门钥匙可能在车里。

Lǎo Wáng　Zhǎodào mén yàoshi le ma?
老王　找到门钥匙了吗?

Xiǎo Lǐ　Chē yàoshi zài bāo li, bāo gāngcái fàng zài lóu shang le.
小李　车钥匙在包里，包刚才放在楼上了。

새 단어 🔊 11-02

修理工 xiūlǐgōng 명 수리공
修理 xiūlǐ 동 수리하다
怎么 zěnme 대 왜, 어째서, 어떻게
就 jiù 부 곧, 즉시
上去 shàngqu 동 올라가다
电梯 diàntī 명 엘리베이터
坏 huài 형 고장 나다
过来 guòlai 동 오다, 건너오다
得 děi 조동 ~해야만 한다

能 néng 조동 ~할 수 있다
下来 xiàlai 동 내려오다
带 dài 동 가지다, 지니다
门 mén 명 문
到 dào 동 [동사 뒤에 쓰여 동작의 결과가 있음을 나타냄]
包 bāo 명 가방
刚才 gāngcái 명 방금
放 fàng 동 두다, 놓다

핵심 표현

■ 怎么不上去啊? / 怎么这么快就下来了?
'来'는 어떤 사람이나 사물이 '말하는 사람 쪽으로 다가옴'을, '去'는 '말하는 사람으로부터 멀어짐'을 나타냅니다. 동사술어 뒤에 쓰이는 '来' '去' '上来' '下来' '过来' '进去' '回去' 등은 '방향보어'로, '동작의 진행 방향'을 나타냅니다.

■ 老王 / 小李
성 앞에 붙이는 '老'는 주로 '본인보다 나이가 많은 사람'을, '小'는 '본인보다 나이가 적은 사람'을 가리킬 때 사용합니다.

본문 해석

샤오리	왜 안 올라가세요?
라오왕	엘리베이터가 고장 났어요.
샤오리	수리공을 불렀나요?
라오왕	전화했어요. 수리공이 곧 온대요.
샤오리	공항에 가야 돼서 짐을 가지러 올라가야만 해요.
라오왕	10층인데 올라갈 수 있겠어요?
라오왕	어떻게 이렇게 빨리 내려왔어요?
샤오리	문 열쇠를 안 가져갔어요. 문 열쇠는 아마 차에 있을 거예요.
라오왕	문 열쇠를 찾았나요?
샤오리	차 열쇠가 가방에 있는데, 가방을 방금 위에 두고 왔어요.

간체자

제시된 간체자들의 공통 부분이 무엇이고, 간체자의 뜻과 어떤 관련이 있는지 말해 봅시다.

桌 zhuō 탁자	床 chuáng 침대	柜 guì 궤	梯 tī 계단	椅 yǐ 의자
桌子 zhuōzi	起床 qǐ chuáng	衣柜 yīguì	电梯 diàntī	椅子 yǐzi

12

Tàiyang chūlai le.
太阳出来了。
해가 나왔습니다.

● 제시된 낱말을 활용해 녹음 속 질문에 답해 봅시다. 🔊 12-01 🔊 12-02

Xiǎo Lǐ   shàngqu
小李   上去

Xiǎo Lǐ shàngqu le ma?
小李上去了吗?

Xiǎo Lǐ shàngqu le.
小李上去了。

1

lǎoshī   jìnlai
老师   进来

2

xióngmāo   jìnqu
熊猫   进去

3

tàiyang   chūlai
太阳   出来

4

Xiǎo Lǐ   pá   shàngqu
小李   爬   上去

5

lǎoshī   zǒu   jìnlai
老师   走   进来

6

tóngxuémen   pǎo   chūqu
同学们   跑   出去

nàge niánqīngrén   bān
那个年轻人   搬
jìnlai   yí ge xiāngzi
进来   一个箱子

Nàge niánqīngrén bān jìnlai shénme?
那个年轻人搬进来什么?

Nàge niánqīngrén bān jìnlai yí ge xiāngzi.
那个年轻人搬进来一个箱子。

7

nàge háizi   ná
那个孩子   拿
chūlai   yì hé qiānbǐ
出来   一盒铅笔

8

yéye   dài
爷爷   带
huílai   hěn duō táng
回来   很多糖

새 단어 12-03

熊猫 xióngmāo 명 판다
太阳 tàiyang 명 해, 태양
年轻 niánqīng 형 젊다
搬 bān 동 옮기다

箱子 xiāngzi 명 상자
孩子 háizi 명 아이, 어린이
铅笔 qiānbǐ 명 연필
糖 táng 명 사탕, 설탕

연습

1 방향보어 표를 만들어 봅시다.

	shàng 上	xià 下	jìn 进	chū 出	huí 回	guò 过	qǐ 起
lái 来							
qù 去							

2 제시된 낱말을 활용해 그림의 상황에 맞게 묻고 답해 봅시다. 12-04

예)
lǎoshī   xuésheng   chūlai
老师　　学生　　出来

Lǎoshī chūlai le ma?
老师出来了吗?
Lǎoshī chūlai le.
老师出来了。

Xuésheng chūlai le ma?
学生出来了吗?
Xuésheng méi chūlai.
学生没出来。

(1)
yéye   nǎinai   shàngqu
爷爷　奶奶　上去

(2)
gēge   jiějie   xiàlai
哥哥　姐姐　下来

(3)
dìdi   mèimei   pǎo jìnlai
弟弟　妹妹　跑进来

(4)
Ānni   Ālǐ   yóu guòqu
安妮　阿里　游过去

3 두 친구가 행하는 동작을 방향보어를 활용해 묘사해 봅시다.

13

Xiànzài hái mǎi de dào piào ma?
现在还买得到票吗?
지금도 표를 살 수 있나요?

● 녹음을 듣고, 다음 질문에 답해 봅시다. 🔊 13-01

> Dàwèi wèi shénme wèn nàme duō wèntí?
> **大卫为什么问那么多问题?** 다비드는 왜 그렇게 많은 질문을 했나요?

Ānni　Tīngshuō 《Méi Lánfāng》 zhège diànyǐng hěn hǎo,
安妮　听说《梅兰芳》这个电影很好，
　　　jīntiān wǎnshang wǒmen yìqǐ qù kàn ba.
　　　今天晚上我们一起去看吧。

Dàwèi　Hǎo a! 　Xiànzài hái mǎi de dào piào ma?
大卫　好啊! 现在还买得到票吗?

Ānni　Wǒ gāngcái shàng wǎng kàn le, hái yǒu piào.
安妮　我刚才上网看了，还有票。

Dàwèi　Wǒ yào qiánmian de zuòwèi, 　zuò zài hòumian wǒ kàn bu qīngchu.
大卫　我要前面的座位，坐在后面我看不清楚。

Ānni　Wǒ zài kàn yíxià. 　　　　Ò, 　hái yǒu dì-yī pái de piào,
安妮　我再看一下。……哦，还有第1排的票，
　　　kěndìng kàn de qīngchu.
　　　肯定看得清楚。

Dàwèi　Tài jìn le! 　Shēngyīn tài dà!
大卫　太近了! 声音太大!

Ānni　Dì-shí'èr pái, 　zěnmeyàng?
安妮　第12排，怎么样?

Dàwèi　Zuòwèi zài zhōngjiān ma? Zài zhōngjiān kàn de qīngchu.
大卫　座位在中间吗? 在中间看得清楚。

Ānni　Tài hǎo le, 　yǒu zhōngjiān de piào.
安妮　太好了，有中间的票。

Dàwèi　Ò, 　shí diǎn qián yǎn de wán ma?
大卫　哦，十点前演得完吗?

Ānni　Nǐ zěnme yǒu zhème duō wèntí, 　nǐ xiǎng bu xiǎng kàn?
安妮　你怎么有这么多问题，你想不想看?

Dàwèi　Dāngrán xiǎng, kěshì wǒ pà tīng bu dǒng.
大卫　当然想，可是我怕听不懂。

새 단어 🔊 13-02

听说	tīngshuō 통 듣자하니 ~라고 한다	声音	shēngyīn 명 소리
梅兰芳	Méi Lánfāng 고유 메이란팡[유명한 경극 배우]	中间	zhōngjiān 명 중간
还	hái 부 여전히, 아직도	演	yǎn 통 연기하다
座位	zuòwèi 명 자리	想	xiǎng 조동 ~하고 싶다
排	pái 양 줄	当然	dāngrán 부 물론
肯定	kěndìng 부 틀림없이, 분명히	怕	pà 통 걱정하다, 염려하다 통 두려워하다

핵심 표현

■ 现在还**买得到**票吗?

동사술어(买) 뒤에 위치한 '得/不+동사/형용사'는 '동작이나 행위의 가능 여부'를 나타냅니다. 예를 들어, '买得到'는 '살 수 있음'을, '买不到'는 '살 수 없음'을 의미합니다. 정반의문문의 형태는 '동사술어+得+동사/형용사+동사술어+不+동사/형용사?' 입니다.

본문 해석

애니	「메이란팡」이라는 영화가 괜찮다던데, 우리 오늘 저녁에 같이 보러 가자.	애니	열두 번째 줄은 어때?
다비드	그래! 지금도 표를 살 수 있어?	다비드	자리가 중간이야? 중간이라야 잘 보여.
애니	방금 인터넷에서 봤는데, 아직 표가 있더라.	애니	잘됐다. 중간 자리 표가 있어.
다비드	나는 앞쪽 자리에 앉고 싶어. 뒤에 앉으면 잘 안 보여.	다비드	음, 10시 전에 끝날까?
애니	다시 봐 볼게. …… 아, 첫 번째 줄 표가 아직 있네. 분명 잘 보일 거야.	애니	왜 그렇게 질문이 많아? 보고 싶기는 한 거야?
다비드	너무 가깝잖아! 소리도 엄청 클 거야!	다비드	물론 보고 싶지. 그런데 못 알아들을까 봐 걱정돼.

간체자

제시된 간체자들의 공통 부분이 무엇이고, 간체자의 뜻과 어떤 관련이 있는지 말해 봅시다.

城 chéng 성	境 jìng 구역	地 dì 땅	块 kuài 콰이 [돈의 단위]	场 chǎng 장소
长城 Chángchéng	环境 huánjìng	地铁 dìtiě	一块钱 yí kuài qián	机场 jīchǎng

14

Fāngfāng tīng bu dǒng Xībānyáyǔ.
方方听不懂西班牙语。
팡팡은 스페인어를 알아듣지 못합니다.

● 제시된 낱말을 활용해 녹음 속 질문에 답해 봅시다. 🔊 14-01 🔊 14-02

예
kàn　qīngchu　Hànzì
看　清楚　汉字

Nǐ kàn de qīngchu nàxiē Hànzì ma?
你看得清楚那些汉字吗?

Wǒ kàn de qīngchu nàxiē Hànzì.
我看得清楚那些汉字。

1
xiū　hǎo　zhège diàntī
修　好　这个电梯

2
chá　dào　Ānni de diànhuà hàomǎ
查　到　安妮的电话号码

3
jì　zhù　shēngcí
记　住　生词

4
zuò　wán　zuòyè
做　完　作业

5
tīng　dǒng　Xībānyáyǔ
听　懂　西班牙语

6
mǎi　qǐ　zhè zhǒng fángzi
买　起　这种房子

예
zhè zuò shān　pá　shàngqu
这座山　爬　上去

Zhè zuò shān nǐ pá de shàngqu ma?
这座山你爬得上去吗?

Zhè zuò shān wǒ pá bu shàngqu.
这座山我爬不上去。

7
nàge xínglixiāng　bān　shànglai
那个行李箱　搬　上来

8
diànzǐ yóujiàn　fā　chūqu
电子邮件　发　出去

새 단어 14-03

号码 hàomǎ 명 번호
记 jì 동 기억하다
住 zhù 동 [동사 뒤에 보어로 쓰여 멈춤, 견고함, 능력의 충분 여부를 나타냄]
生词 shēngcí 명 새 단어
西班牙语 Xībānyáyǔ 고유 스페인어
种 zhǒng 양 종류

房子 fángzi 명 집
座 zuò 양 [산, 다리 등 큰 구조물을 세는 단위]
行李箱 xínglixiāng 명 여행용 가방, 트렁크
电子邮件 diànzǐ yóujiàn 이메일, 전자 우편
电子 diànzǐ 명 전자
邮件 yóujiàn 명 우편
发 fā 동 발송하다

연습

1 빈칸에 알맞은 말을 보기에서 골라 봅시다.

보기: A 打 dǎ B 看 kàn C 玩儿 wánr D 发 fā E 坐 zuò F 修 xiū G 查 chá H 去 qù

(1) ____电影 diànyǐng 영화를 보다
(2) ____电梯 diàntī 엘리베이터를 타다
(3) ____电话号码 diànhuà hàomǎ 전화번호를 찾다
(4) ____电脑 diànnǎo 컴퓨터를 하다
(5) ____电话 diànhuà 전화하다
(6) ____电子邮件 diànzǐ yóujiàn 이메일을 보내다
(7) ____电视 diànshì 텔레비전을 고치다
(8) ____电影院 diànyǐngyuàn 영화관에 가다

2 제시된 낱말을 활용해 묻고 답해 봅시다. 14-04

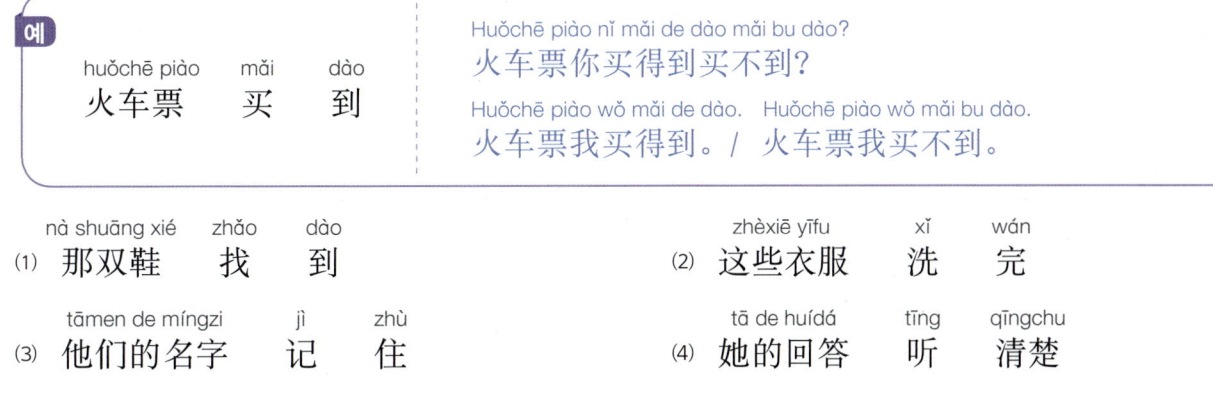

예:
huǒchē piào mǎi dào
火车票 买 到

Huǒchē piào nǐ mǎi de dào mǎi bu dào?
火车票你买得到买不到?
Huǒchē piào wǒ mǎi de dào. Huǒchē piào wǒ mǎi bu dào.
火车票我买得到。/ 火车票我买不到。

(1) nà shuāng xié zhǎo dào
那双鞋 找 到

(2) zhèxiē yīfu xǐ wán
这些衣服 洗 完

(3) tāmen de míngzi jì zhù
他们的名字 记 住

(4) tā de huídá tīng qīngchu
她的回答 听 清楚

3 중국어 수업 시간에 내용을 얼마나 이해하는지 묻고 답해 봅시다.

15

Qǐng bǎ xínglixiāng dǎkāi.
请把行李箱打开。
여행용 가방을 열어 주세요.

● 녹음을 듣고, 다음 질문에 답해 봅시다. 🔊 15-01

Lín Mù wàngle zuò shénme?
林木忘了做什么? 린무는 무엇을 잊었나요?

Ānjiǎnyuán　Nín hǎo! Xiānsheng, qǐng bǎ wàitào tuō xiàlai,　bǎ yàoshi、
安检员　　您好！先生，请把外套脱下来，把钥匙、
　　　　　shǒujī fàng zài kuāng li.
　　　　　手机放在筐里。

Lín Mù　　Hǎo.
林木　　　好。

Ānjiǎnyuán　Qǐng bǎ xínglixiāng fàng zài zhèr.
安检员　　请把行李箱放在这儿。

Lín Mù　　Hǎo.
林木　　　好。

Ānjiǎnyuán　Qǐng bǎ xié tuō xiàlai.
安检员　　请把鞋脱下来。

Lín Mù　　Hǎo.
林木　　　好。

Ānjiǎnyuán　Xiānsheng, qǐng bǎ xínglixiāng dǎkāi.
安检员　　先生，请把行李箱打开。

Lín Mù　　Yǒu wèntí ma?
林木　　　有问题吗？

Ānjiǎnyuán　Zhījiadāo bù néng dài.　Qǐng bǎ zhījiadāo ná chūlai.
安检员　　指甲刀不能带。请把指甲刀拿出来。

Lín Mù　　Bù hǎoyìsi.
林木　　　不好意思。

......

Guǎngbōyuán　Nǎ wèi xiānsheng wàngle chuān xié? Qǐng mǎshàng dào ānjiǎnchù.
广播员　　哪位先生忘了穿鞋？请马上到安检处。

Lín Mù　　Shì wǒ?　Guàibude zhème duō rén kàn wǒ!
林木　　　是我？怪不得这么多人看我！

새 단어 🔊 15-02

- 安检员 ānjiǎnyuán 명 보안검색요원
- 安检 ānjiǎn 통 보안검색을 하다
- 请 qǐng 통 ~해 주세요
- 把 bǎ 개 ~를[처리 대상을 나타냄]
- 外套 wàitào 명 겉옷, 외투
- 脱 tuō 통 벗다
- 筐 kuāng 명 바구니
- 打(开) dǎ(kāi) 통 열다
- 指甲刀 zhījiadāo 명 손톱깎이
- 不好意思 bù hǎoyìsi 미안하다
- 广播员 guǎngbōyuán 명 아나운서
- 广播 guǎngbō 통 방송하다
- 马上 mǎshàng 부 곧, 바로
- 安检处 ānjiǎnchù 명 보안검색대
- 怪不得 guàibude 부 어쩐지

핵심 표현

■ 请把外套脱下来。
'행위나 동작으로 특정한 사람, 사물을 어떻게 처리하는지' 나타내는 '把'자문입니다. '把'자문의 형태는 '把+목적어(外套)+동사(脱)+기타성분(下来)'으로, 여기서 '기타성분'은 생략불가능한 요소이며, 가능보어를 제외한 다양한 성분을 취할 수 있습니다. 또, 처리의 대상인 '목적어'는 '화자와 청자가 이미 알고 있는 대상'이어야 합니다.

■ 把钥匙、手机放在筐里。
'把+목적어+동사+在+장소' 형식은 행위나 동작(放)으로 사람이나 사물(钥匙、手机)을 '어디(筐里)에 두는지' 나타낼 때 사용합니다.

본문 해석

보안검색요원	안녕하세요! 선생님, 겉옷을 벗고, 열쇠와 휴대전화는 바구니 안에 넣어 주세요.
린무	네.
보안검색요원	짐을 여기에 놓아 주세요.
린무	네.
보안검색요원	신발을 벗어 주세요.
린무	네.

보안검색요원	선생님, 여행용 가방을 열어 주세요.
린무	문제가 있나요?
보안검색요원	손톱깎이는 가져가실 수 없어요. 손톱깎이를 꺼내 주세요.
린무	죄송합니다.
……	
아나운서	신발 신고 가는 것을 잊으신 분은 바로 보안검색대로 가 주세요.
린무	나였어? 어쩐지 그렇게 많은 사람들이 쳐다보더라니!

간체자

제시된 간체자들의 공통 부분이 무엇이고, 간체자의 뜻과 어떤 관련이 있는지 말해 봅시다.

意 yì 뜻	想 xiǎng ~하고 싶다	忘 wàng 잊다	心 xīn 마음	思 sī 생각
意思 yìsi	想不想 xiǎng bu xiǎng	忘了 wàngle	开心 kāixīn	意思 yìsi

16

Nǐ bǎ chē tíng zài nǎr le?
你把车停在哪儿了？
차를 어디에 세웠나요?

● 제시된 낱말을 활용해 녹음 속 질문에 답해 봅시다. 🔊 16-01 🔊 16-02

예

xínglixiāng　fàng　nàr
行李箱　放　那儿

Nǐ bǎ xínglixiāng fàng zài nǎr le?
你把行李箱放在哪儿了？
Wǒ bǎ xínglixiāng fàng zài nǎr le.
我把行李箱放在那儿了。

1

bāo　fàng　jiàoshì
包　放　教室

2

yǎnjìng　fàng　zhuōzi shang
眼镜　放　桌子上

3

píjiǔ　fàng　bīngxiāng li
啤酒　放　冰箱里

4

chē　tíng zài
车　停在
chēkù li
车库里

5

dàyī　guà zài
大衣　挂在
yīguì li
衣柜里

6

yǐzi　bāndào
椅子　搬到
huāyuán li
花园里

예

mén　guānshang
门　关上

Xūyào bāng máng ma?
需要帮忙吗？
Qǐng bǎ mén guānshang.
请把门关上。

7

chuānghu　dǎkāi
窗户　打开

8

càidān　ná guòlai
菜单　拿过来

새 단어 16-03

教室 jiàoshì 명 교실
眼镜 yǎnjìng 명 안경
啤酒 píjiǔ 명 맥주
冰箱 bīngxiāng 명 냉장고
车库 chēkù 명 차고
挂 guà 동 걸다

花园 huāyuán 명 정원
关 guān 동 닫다
帮忙 bāng máng 동 돕다
窗户 chuānghu 명 창문
菜单 càidān 명 메뉴

연습

1 단어와 해당 의미를 알맞게 연결해 봅시다.

(1) 打车 dǎ chē — 열다
    打折 dǎ zhé — 할인하다
    打电话 dǎ diànhuà — 택시를 타다
    打开 dǎkāi — 전화를 걸다

(2) 打篮球 dǎ lánqiú — 태극권을 하다
    打太极拳 dǎ tàijíquán — 계획하다
    打算 dǎsuàn — 청소하다
    打扫 dǎsǎo — 농구를 하다

2 제시된 낱말을 활용해 물건의 위치를 묻고 답해 봅시다. 16-04

| 예 | 手机 shǒujī 放 fàng 桌子上 zhuōzi shang 包里 bāo li | Nǐ shì bu shì bǎ shǒujī fàng zài zhuōzi shang le? 你是不是把手机放在桌子上了? Wǒ méi bǎ shǒujī fàng zài zhuōzi shang. 我没把手机放在桌子上。 | Nǐ bǎ shǒujī fàng zài nǎr le? 你把手机放在哪儿了? Wǒ bǎ shǒujī fàng zài bāo li le. 我把手机放在包里了。 |

(1) 大衣 dàyī 挂 guà 衣柜里 yīguì li 门后面 mén hòumian
(2) 护照 hùzhào 放 fàng 书柜里 shūguì li 桌子上 zhuōzi shang
(3) 那些书 nàxiē shū 搬 bān 外面 wàimian 书房 shūfáng 서재 里 li
(4) 车 chē 停 tíng 车库里 chēkù li 楼下 lóu xià

3 최근에 물건들을 방 어디에 두었는지 말해 봅시다.

17 哪个队会赢?
Nǎge duì huì yíng?

어느 팀이 이길까요?

● 녹음을 듣고, 다음 질문에 답해 봅시다. 🔊 17-01

> Nǎge duì yíng le?
> **哪个队赢了?** 어느 팀이 이겼나요?

Fāngfāng 方方: Bàba, jīntiān de bǐsài zhēn jīliè!
爸爸, 今天的比赛真激烈!

Bàba 爸爸: Shì a, tài jǐnzhāng le!
是啊, 太紧张了!

Fāngfāng 方方: Nǐ cāi, nǎge duì huì yíng?
你猜, 哪个队会赢?

Bàba 爸爸: Wǒ rènwéi Yìdàlì duì huì yíng.
我认为意大利队会赢。

Fāngfāng 方方: Wǒ juéde Xībānyá duì huì yíng.
我觉得西班牙队会赢。

Bàba 爸爸: Wèi shénme?
为什么?

Fāngfāng 方方: Xībānyá duì shè mén hǎo, yídìng huì yíng!
西班牙队射门好, 一定会赢!

Bàba 爸爸: Yìdàlì duì fángshǒu hǎo, yídìng bú huì shū!
意大利队防守好, 一定不会输!

(점수가 나지 않자, 아빠는 잠이 들었다 일어났다.)

Bàba 爸爸: Nǎge duì yíng le?
哪个队赢了?

Fāngfāng 方方: Dōu méi jìn qiú, háishi líng bǐ líng.
都没进球, 还是零比零。

Bàba 爸爸: Nà wǒ shénme yě méi dānwu.
那我什么也没耽误。

46

새 단어 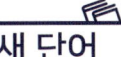 17-02

比赛	bǐsài	명 경기, 시합	觉得	juéde	동 생각하다, 느끼다
激烈	jīliè	형 격렬하다	射门	shè mén	동 슛하다
紧张	jǐnzhāng	형 긴장되다	一定	yídìng	부 반드시, 틀림없이
猜	cāi	동 추측하다, 알아맞히다	防守	fángshǒu	동 수비하다
队	duì	명 팀	输	shū	동 지다
会	huì	조동 ~할 것이다	进	jìn	동 (밖에서 안으로) 들다
赢	yíng	동 이기다	比	bǐ	동 대[경기 점수를 나타낼 때]
认为	rènwéi	동 생각하다	耽误	dānwu	동 놓치다, 허비하다

핵심 표현

- 我认为意大利队**会**赢。
  조동사 '会'는 '할 수 있다'라는 '능력' 외에, '어떤 일이 일어날 것'이라는 '추측'을 나타내기도 합니다.

- 那我**什么也**没耽误。
  '什么/谁/哪儿+也/都'는 각각 '무엇도' '누구도' '어디도'라는 의미를 나타냅니다.

본문 해석

팡팡	아빠, 오늘 경기 정말 격렬하네요!
아빠	그러게, 긴장된다!
팡팡	어느 팀이 이길지 맞혀 보세요.
아빠	내 생각에는 이탈리아 팀이 이길 거 같아.
팡팡	제 생각에는 스페인 팀이 이길 거 같아요.
아빠	왜?
팡팡	스페인 팀이 슛이 좋으니 반드시 이길 거예요.
아빠	이탈리아 팀은 수비가 좋으니 질 리가 없어.
(점수가 나지 않자, 아빠는 잠이 들었다 일어났다.)	
아빠	어느 팀이 이겼어?
팡팡	아무도 골을 못 넣었어요. 아직 0대 0이에요.
아빠	그럼 놓친 건 아무것도 없구나.

간체자

제시된 간체자들의 공통 부분이 무엇이고, 간체자의 뜻과 어떤 관련이 있는지 말해 봅시다.

茶 chá 차	花 huā 꽃	药 yào 약	芳 fāng 향기롭다	菜 cài 요리
喝茶 hē chá	花园 huāyuán	吃药 chī yào	梅兰芳 Méi Lánfāng	菜单 càidān

17 哪个队会赢?

18 Míngtiān huì xià yǔ ma?
明天会下雨吗?
내일 비가 올까요?

● 제시된 낱말을 활용해 녹음 속 질문에 답해 봅시다. 🔊 18-01 🔊 18-02

예

Yìdàlì duì   yíng
意大利队   赢

Yìdàlì duì huì yíng ma?
意大利队会赢吗?

Yìdàlì duì huì yíng.
意大利队会赢。

1

míngtiān xià yǔ bù
明天   下雨   不

2

jiějie lái bù
姐姐   来 不

3

gēge   qù jīchǎng   jiē bàba
哥哥   去机场   接爸爸

4

xià ge xīngqī
下个星期
qù Shànghǎi bù
去上海   不

5

míngtiān
明天
jiàndào Wáng jīnglǐ
见到王经理

6

míngnián
明年
qù Zhōngguó lǚyóu
去中国旅游

예

xià cì bǐsài   Xībānyá
下次比赛   西班牙
jǔxíng
举行

Xià cì bǐsài huì zài nǎge guójiā jǔxíng?
下次比赛会在哪个国家举行?

Xià cì bǐsài huì zài Xībānyá jǔxíng.
下次比赛会在西班牙举行。

7

bàba、 māma guò Chūn Jié
爸爸、妈妈   过春节

8

wǒmen zài Lúndūn guò Shèngdàn Jié
我们   在伦敦   过圣诞节

새 단어  18-03

接 jiē 동 마중하다 동 전화를 받다	国家 guójiā 명 나라, 국가
见到 jiàndào 만나다, 마주치다	过 guò 동 보내다, 쇠다
次 cì 양 번, 차례[횟수를 세는 단위]	伦敦 Lúndūn 고유 런던
举行 jǔxíng 동 열다, 개최하다	

연습

1 반의어끼리 연결해 봅시다.

(1)　yíng　　　wǎn　　　　(2)　dà　　　ǎi
　　赢　　　　晚　　　　　　　大　　　矮

　　tuō　　　chūlai　　　　　gāo　　　huài
　　脱　　　　出来　　　　　　高　　　坏

　　zǎo　　　màn　　　　　　duō　　　jìn
　　早　　　　慢　　　　　　　多　　　近

　　jìnqu　　　shū　　　　　hǎo　　　xiǎo
　　进去　　　输　　　　　　好　　　小

　　kuài　　　chuān　　　　yuǎn　　　shǎo
　　快　　　　穿　　　　　　远　　　少

2 제시된 낱말을 활용해 묻고 답해 봅시다. 18-04

(1)　Lǐ xiǎojie　shuō　shénme
　　李小姐　　说　　什么

(2)　zhōumò　nǐ　qù　nǎr
　　周末　　你　去　哪儿

(3)　nǐ　kàn jiàn　shéi
　　你　看见　　谁

(4)　shéi　zài zhèr　pāi zhào
　　谁　　在这儿　　拍照

3 다음 주에 어떤 일이 있을지 조동사 '会'를 활용해 말해 봅시다.

19

Wǒ kànle yì chǎng Zhōngwén diànyǐng.
我看了一场中文电影。
저는 중국 영화를 한 편 봤습니다.

● 녹음을 듣고, 다음 질문에 답해 봅시다. 🔊 19-01

Zhōumò Běnjiémíng gēn shéi zuò shénme le?
周末本杰明跟谁做什么了? 주말에 벤자민은 누구와 무엇을 했나요?

Běnjiémíng　Dàshuāng, zhōumò nǐ zuò shénme le?
本杰明　　　大双，周末你做什么了？

Liú Dàshuāng　Wǒ kànle yí ge huàzhǎn,　cānguānle lìshǐ bówùguǎn,
刘大双　　　我看了一个画展，参观了历史博物馆，
　　　　　　hái cānjiāle yí ge jùhuì.　　Nǐ ne?
　　　　　　还参加了一个聚会。你呢？

Běnjiémíng　Wǒ gēn lǎoshī xué Hànyǔ le.
本杰明　　　我跟老师学汉语了。

Liú Dàshuāng　Nǐ shì zěnme xué de?
刘大双　　　你是怎么学的？

Běnjiémíng　Wǒ dúle yì piān kèwén,　xiěle hěn duō Hànzì,
本杰明　　　我读了一篇课文，写了很多汉字，
　　　　　　kànle yì chǎng Zhōngwén diànyǐng, hái qù shāngchǎng liànxíle kǒuyǔ.
　　　　　　看了一场中文电影，还去商场练习了口语。

Liú Dàshuāng　Zhēn máng a.　Nǐ de Zhōngwén lǎoshī shì shéi a?
刘大双　　　真忙啊。你的中文老师是谁啊？

Běnjiémíng　Wǒ nǚpéngyou.
本杰明　　　我女朋友。

50

새 단어  19-02

画展 huàzhǎn 명 그림 전시회
历史 lìshǐ 명 역사
博物馆 bówùguǎn 명 박물관
参加 cānjiā 동 참석하다, 참가하다
聚会 jùhuì 명 모임, 파티 동 모이다, 회합하다
跟 gēn 개 ~에게서
篇 piān 양 편[글을 세는 단위]

课文 kèwén 명 본문
场 chǎng 양 [경기, 영화, 공연 등을 세는 단위]
商场 shāngchǎng 명 쇼핑몰, 백화점
练习 liànxí 동 연습하다
口语 kǒuyǔ 명 회화, 구어, 입말
女朋友 nǚpéngyou 명 여자친구

핵심 표현

- 我看了一个画展。
'동사술어+了+목적어' 형식의 문장에서 '了'는 동사 바로 뒤에 쓰여 동작이나 행위의 '완료'를 나타냅니다. 부정형은 '没+동사술어'로, 이때는 뒤에 '了'를 붙이지 않습니다.

- 我跟老师学汉语了。
'跟'은 접속사로 쓰이면 '~와'라는 뜻을, 개사로 쓰이면 '~에게서'라는 뜻을 나타냅니다. 위 문장의 '跟'은 개사로, '나는 선생님에게서 중국어를 배웠다.'라고 해석해야 합니다.

본문 해석

벤자민	다쌍, 주말에 뭐 했어?	벤자민	본문을 한 편 읽고, 많은 한자를 썼어. 중국 영화를 한 편 보고, 쇼핑몰에 가서 회화 연습도 했어.
리우다쌍	그림 전시 보고 역사박물관을 구경했어. 모임에도 참석했지. 너는?	리우다쌍	정말 바빴네. 중국어 선생님이 누구신데?
벤자민	나는 선생님한테 중국어를 배웠어.	벤자민	내 여자친구야.
리우다쌍	어떻게 배웠는데?		

간체자

제시된 간체자들의 공통 부분이 무엇이고, 간체자의 뜻과 어떤 관련이 있는지 말해 봅시다.

话 huà 말	说 shuō 말하다	讲 jiǎng 말하다	词 cí 단어	课 kè 과
电话 diànhuà	听说 tīngshuō	讲故事 jiǎng gùshi	生词 shēngcí	课文 kèwén

20 你学了几门外语?

Nǐ xuéle jǐ mén wàiyǔ?

외국어를 몇 가지 배웠나요?

● 제시된 낱말을 활용해 녹음 속 질문에 답해 봅시다. 🔊 20-01　🔊 20-02

예)

cānjiā　yí ge　jùhuì
参加　一个　聚会

Zhōumò Dàshuāng zuò shénme le?
周末大双做什么了?

Zhōumò Dàshuāng cānjiāle yí ge jùhuì.
周末大双参加了一个聚会。

1

tīng　yì chǎng
听　一场

yīnyuè huì
音乐会

2

cānguān　yì suǒ
参观　一所

dàxué
大学

3

gāngcái　fā
刚才　发

yí ge　duǎnxìn
一个　短信

예)

jiè　wǔ běn　zázhì
借　五本　杂志

Nǐ jièle jǐ běn zázhì?
你借了几本杂志?

Wǒ jièle wǔ běn zázhì.
我借了五本杂志。

4

huà　sān zhāng　huàr
画　三张　画儿

5

xué　liǎng mén　wàiyǔ
学　两门　外语

6

xuǎn　liù mén　kè
选　六门　课

7

mǎi　liǎng jiàn　chènshān
买　两件　衬衫

8

zhào　hěn duō zhāng　zhàopiàn
照　很多张　照片

새 단어 20-03

所 suǒ	양 [집, 학교, 건물 등을 세는 단위]	门 mén	양 [수업 과목, 과학 기술 등을 세는 단위]
大学 dàxué	명 대학교	外语 wàiyǔ	명 외국어
短信 duǎnxìn	명 문자 메시지	选 xuǎn	동 고르다, 선택하다
本 běn	양 권[책을 세는 단위]	课 kè	명 수업, 과목
杂志 zázhì	명 잡지	衬衫 chènshān	명 셔츠, 블라우스

연습

1 제시된 낱말을 알맞게 배열해 문장을 완성해 봅시다.

(1) yì chǎng kàn Yīngwén le diànyǐng wǒ
    一场   看   英文   了   电影   我

(2) zhào zhàopiàn Dàshuāng le sān zhāng
    照   照片   大双   了   三张

(3) Ānni liǎng běn le zázhì jiè
    安妮   两本   了   杂志   借

(4) xuǎn tā wǔ mén le kè
    选   她   五门   了   课

2 제시된 낱말을 활용해 묻고 답해 봅시다.  20-04

예				
tā	péngyou	xué	Xībānyáyǔ	Tā zài gēn shéi xué Xībānyáyǔ? 她在跟谁学西班牙语？ Tā zài gēn péngyou xué Xībānyáyǔ. 她在跟朋友学西班牙语。
她	朋友	学	西班牙语	

(1) Xiǎomíng Wáng lǎoshī xué huà huàr
    小明   王老师   学   画画儿

(2) jiějie nánpéngyou yào diànhuà hàomǎ
    姐姐   男朋友   要   电话号码

예				
nǐ	Xiǎoshuāng	yào	zhè zhāng zhàopiàn	Nǐ shì gēn shéi yào de zhè zhāng zhàopiàn? 你是跟谁要的这张照片？ Wǒ shì gēn Xiǎoshuāng yào de zhè zhāng zhàopiàn. 我是跟小双要的这张照片。
你	小双	要	这张照片	

(3) Dàwèi Fāngfāng jiè zázhì
    大卫   方方   借   杂志

(4) Xiǎo Lǐ tóngshì jiè sǎn
    小李   同事   借   伞

3 가족이나 친구가 주말에 무엇을 했는지 말해 봅시다.

21

Wǒmen jǔxíngle yí cì yǎnjiǎng bǐsài.

我们举行了一次演讲比赛。

우리는 말하기 대회를 개최했습니다.

■ 녹음을 듣고, 다음 질문에 답해 봅시다. 🔊 21-01

> Xiàozhǎng jiàole sān biàn Xiǎomíng, tā wèi shénme qián liǎng biàn bù dāying?
> 校长叫了三遍小明，他为什么前两遍不答应？
> 총장이 세 번이나 샤오밍을 불렀는데, 샤오밍은 왜 앞의 두 번에는 대답하지 않았나요?

Yú lǎoshī
于老师

Tóngxuémen, shàng ge xīngqī wǒmen jǔxíngle yí cì yǎnjiǎng bǐsài,
同学们，上个星期我们举行了一次演讲比赛，
yǒu sān míng tóngxué huò jiǎng. Xiànzài qǐng xiàozhǎng fā jiǎng.
有三名同学获奖。现在请校长发奖。

Xiàozhǎng
校长

Qǐng tīngdào míngzi de tóngxué shànglai lǐng jiǎng.
请听到名字的同学上来领奖。

Nǐmen de míngzi wǒ zhǐ jiào yí biàn. Lǐ Huá!
你们的名字我只叫一遍。李华！

Lǐ Huá
李华

Dào!
到！

Xiàozhǎng
校长

Zhāng Shān!
张山！

Zhāng Shān
张山

Xièxie xiàozhǎng!
谢谢校长！

Xiàozhǎng
校长

Wáng Xiǎomíng!
王小明！

Xiǎomíng
小明

……

Xiàozhǎng
校长

Wáng Xiǎomíng!
王小明！

Xiǎomíng
小明

……

Xiàozhǎng
校长

Wáng Xiǎomíng tóngxué lái le ma?
王小明同学来了吗？

Xiǎomíng
小明

Lái le, wǒ zài zhèr!
来了，我在这儿！

Xiàozhǎng
校长

Wǒ jiàole sān biàn, nǐ zěnme cái dāying?
我叫了三遍，你怎么才答应？

Xiǎomíng
小明

Wǒ pà tóngxuémen tīng bu qīngchu!
我怕同学们听不清楚！

새 단어

🔊 21-02

上 shàng 명 지난
演讲 yǎnjiǎng 동 말하다, 연설하다
名 míng 양 명[사람을 세는 단위]
获奖 huò jiǎng 상을 타다, 수상하다
请 qǐng 동 청하다, 초대하다
校长 xiàozhǎng 명 총장, 교장

发奖 fā jiǎng 상을 주다, 시상하다
领奖 lǐng jiǎng 상을 받다, 수상하다
只 zhǐ 부 단지, 오직
遍 biàn 양 번[동작의 횟수를 세는 단위]
才 cái 부 비로소
答应 dāying 동 대답하다, 승낙하다

핵심 표현

■ 上个星期我们举行了一**次**演讲比赛。

'次'는 동작의 횟수를 세는 동량사로, 동사술어 뒤에 '수사+동량사' 형식으로 쓰입니다. 동량사는 대부분 '번, 회'로 해석되지만 저마다 쓰임이 조금씩 다릅니다. '遍 biàn'은 동작의 처음부터 끝까지의 전 과정을 셀 때, '趟 tàng'은 왕복하는 동작을 셀 때 사용하며, '回 huí'는 '次'와 쓰임이 같습니다.

■ 现在**请**校长发奖。

'请+사람+동사술어+목적어'는 '특정한 사람(校长)에게 어떤 동작(发奖)을 해 달라고 요청(부탁)하다'라는 뜻을 나타냅니다. 이렇게 한 문장에서 첫 번째 동사(请)의 목적어(校长)가 두 번째 동사(发)의 주어가 되는 문장을 '겸어문'이라고 하며, 첫 번째 동사로 자주 쓰이는 것으로는 '叫 jiào ~하라고 시키다' '让 ràng ~하게 하다' 등이 있습니다.

본문 해석

위 선생님	학우 여러분, 우리가 지난주에 연 말하기 대회에서 세 명의 학우가 상을 받게 됐어요. 이제 총장님을 모시고 시상을 하도록 하겠습니다.	총장	왕샤오밍!
		샤오밍	……
		총장	왕샤오밍!
총장	이름을 들은 학우는 상을 받으러 올라오세요. 이름은 한 번만 부르겠습니다. 리화!	샤오밍	……
리화	네!	총장	왕샤오밍 학우 왔나요?
		샤오밍	왔습니다. 여기 있습니다!
총장	장산!	총장	내가 세 번이나 불렀는데 왜 이제야 대답하나요?
장산	감사합니다. 총장님!	샤오밍	학우들이 제대로 못 들었을까 봐요!

간체자

제시된 단어를 읽고, 단어에 공통으로 들어간 간체자를 찾아 봅시다.

| 特长 tècháng 특기 | 校长 xiàozhǎng 총장 | 大夫 dàifu 의사 | 大学 dàxué 대학 |
| 觉得 juéde 느끼다 | 得走了 děi zǒu le 가야만 합니다 | 银行 yínháng 은행 | 举行 jǔxíng 개최하다 |

22

Wǒ dǎle sān cì diànhuà.

我打了三次电话。

저는 전화를 세 번 걸었습니다.

● 제시된 낱말을 활용해 녹음 속 질문에 답해 봅시다. 🔊 22-01 🔊 22-02

예

jǔxíng　yí cì　yǎnjiǎng bǐsài
举行　一次　演讲比赛

Nǐmen jǔxíngle jǐ cì yǎnjiǎng bǐsài?
你们举行了几次演讲比赛?

Wǒmen jǔxíngle yí cì yǎnjiǎng bǐsài.
我们举行了一次演讲比赛。

1

xiě　sì biàn　shēngcí
写　四遍　生词

2

fùxí　sān biàn　kèwén
复习　三遍　课文

3

jiǎnchá　liǎng biàn　zuòyè
检查　两遍　作业

4

dǎ　sān cì　diànhuà
打　三次　电话

5

bān　bā cì　jiā
搬　八次　家

6

qù　liǎng tàng　yīyuàn
去　两趟　医院

7

zhège yuè　chídào　yí cì
这个月　迟到　一次

8

shàng ge xīngqī　duànliàn　wǔ cì
上个星期　锻炼　五次

9

zhège xuéqī　kǎo　sān cì
这个学期　考　三次

새 단어 🔊 22-03

复习　fùxí　통 복습하다
检查　jiǎnchá　통 검사하다
趟　tàng　양 번[왕래한 횟수를 세는 단위]
迟到　chídào　통 늦다, 지각하다

锻炼　duànliàn　통 운동하다
学期　xuéqī　명 학기
考　kǎo　통 시험을 보다

연습

1 표의 빈칸을 채워 봅시다.

일(日)		zuótiān 昨天	jīntiān 今天	míngtiān 明天	hòutiān 后天
	그저께	어제	오늘	내일	모레

주(周)	shàng ge xīngqī 上个星期		xià ge xīngqī 下个星期
	지난주	이번 주	다음 주

월(月)	shàng ge yuè 上个月	zhège yuè 这个月	
	지난달	이번 달	다음 달

연(年)	qiánnián 前年	qùnián 去年		míngnián 明年	hòunián 后年
	재작년	작년	올해	내년	후년

2 제시된 낱말을 활용해 묻고 답해 봅시다. 🔊 22-04

예)
tā　qǐng
他　请
nǚpéngyou　chī wǎnfàn
女朋友　吃晚饭

Tā xiǎng qǐng shéi chī wǎnfàn?
他想请谁吃晚饭?
Tā xiǎng qǐng nǚpéngyou chī wǎnfàn.
他想请女朋友吃晚饭。

Tā xiǎng qǐng nǚpéngyou zuò shénme?
他想请女朋友做什么?
Tā xiǎng qǐng nǚpéngyou chī wǎnfàn.
他想请女朋友吃晚饭。

(1) wǒ qǐng Lín Mù cānjiā zhōumò de jùhuì
我 请 林木 参加周末的聚会

(2) qǐng nà wèi piàoliang de nǚshì tiào wǔ
请 那位漂亮的女士 跳舞

(3) lǎoshī jiào Ānni huídá zhège wèntí
老师 叫 安妮 回答这个问题

(4) tā ràng wǒ míngtiān zǎoshang bā diǎn lái
她 让 我 明天早上八点来

3 본문, 단어를 몇 번 읽고 써 봤는지 등으로 오늘의 중국어 학습량을 말해 봅시다.

23 我学了两年汉语了。
Wǒ xuéle liǎng nián Hànyǔ le.

저는 중국어를 2년째 배우고 있습니다.

■ 녹음을 듣고, 다음 질문에 답해 봅시다. 🔊 23-01

> Ānni zěnme xué Hànzì?
> **安妮怎么学汉字?** 애니는 어떻게 한자를 배우나요?

Lín Mù / 林木
Ānni, nǐ Hànyǔ shuō de zhēn hǎo!
安妮，你汉语说得真好！

Ānni / 安妮
Nǎli nǎli.
哪里哪里。

Lín Mù / 林木
Nǐ xuéle duō cháng shíjiān Hànyǔ le?
你学了多长时间汉语了？

Ānni / 安妮
Wǒ xuéle liǎng nián Hànyǔ le.
我学了两年汉语了。

Lín Mù / 林木
Nǐ yǒu shénme hǎo fāngfǎ?
你有什么好方法？

Ānni / 安妮
Měi tiān kàn yí ge xiǎoshí Zhōngwén diànshì,
每天看一个小时中文电视，
gēn Zhōngguó péngyou liáo liǎng ge xiǎoshí tiānr.
跟中国朋友聊两个小时天儿。

Lín Mù / 林木
Nǐ de Hànzì xiě de hěn hǎokàn, nǐ shì zěnme xué de?
你的汉字写得很好看，你是怎么学的？

Ānni / 安妮
Wǒ měi ge xīngqī shàng liǎng ge xiǎoshí shūfǎ kè.
我每个星期上两个小时书法课。

Lín Mù / 林木
Nǐ jīngcháng shàng Zhōngwén wǎng ma?
你经常上中文网吗？

Ānni / 安妮
Shì a. Wǒ gāngcái jiù zài wǎng shang liúlǎnle yí ge bàn xiǎoshí.
是啊。我刚才就在网上浏览了一个半小时。

Lín Mù / 林木
Nǐ xué de shì shénme jiàocái a?
你学的是什么教材啊？

Ānni / 安妮
《Xīn Gàiniàn Hànyǔ》 a.
《新概念汉语》啊。

새 단어 23-02

哪里	nǎli	대 아니에요, 별말씀을요	书法	shūfǎ 명 서예
多	duō	부 얼마나[의문문에 쓰여 정도를 나타냄]	经常	jīngcháng 부 늘, 자주
长	cháng	형 길다	网上	wǎng shang 온라인, 인터넷
时间	shíjiān	명 시간	浏览	liúlǎn 동 둘러보다
方法	fāngfǎ	명 방법	教材	jiàocái 명 교재
每	měi	대 ~마다, 모두	新概念汉语	Xīn Gàiniàn Hànyǔ 고유 신개념 중국어 [중국어 교재 시리즈]
聊天儿	liáo tiānr	동 이야기를 나누다	新	xīn 형 새롭다
聊	liáo	동 이야기를 나누다	概念	gàiniàn 명 개념
上课	shàng kè	동 수업에 들어가다		

핵심 표현

- 你学了**多长时间**汉语了?
  '多长时间'은 시간의 길이를 물을 때 쓰는 표현입니다.

- 我学了**两年**汉语了。
  '两年'은 '동작(学)의 지속 시간'을 나타내는 '시량보어'입니다. 시량보어는 보통 '동사+시량보어(+목적어)' 순서로 쓰지만, 목적어가 인칭대명사이거나 지명일 경우 '동사+목적어+시량보어' 순서로 씁니다. 목적어가 있을 경우, 시량보어와 목적어 사이에 조사 '的'를 붙여 표현할 수도 있습니다. 이렇게 동작의 지속 시간을 나타낼 때, '말하는 시점까지 동작이 지속 중'임을 명확히 하려면 '我学了两年汉语了。'처럼 '了'가 '동사술어 뒤'와 '문장 끝' 모두에 위치해야 합니다.

본문 해석

린무	애니, 중국어를 정말 잘하네요!
애니	아니에요.
린무	중국어를 얼마나 오래 배웠어요?
애니	저는 중국어를 2년째 배우고 있어요.
린무	뭐 좋은 방법이 있어요?
애니	매일 한 시간 동안 중국 TV를 보고, 두 시간 동안 중국 친구와 이야기해요.

린무	한자를 정말 예쁘게 쓰네요. 어떻게 배웠어요?
애니	저는 매주 두 시간씩 서예 수업을 들어요.
린무	중국 사이트에 자주 들어가나요?
애니	네. 방금도 한 시간 반 동안 인터넷 서핑 했어요.
린무	배우는 교재가 뭐예요?
애니	『신개념 중국어』예요.

간체자

제시된 간체자들의 공통 부분이 무엇이고, 간체자의 발음과 어떤 관련이 있는지 말해 봅시다.

房 fáng 집	放 fàng 놓다	芳 fāng 향기롭다	防 fáng 막다	方 fāng 쪽
房间 fángjiān	放下 fàngxia	芳香 fāngxiāng*	防止 fángzhǐ**	北方 běifāng

*향기　**방지하다

24

Wáng lǎoshī jiāole shí nián Hànyǔ le.
王老师教了十年汉语了。
왕 선생님은 중국어를 10년째 가르치고 계십니다.

■ 제시된 낱말을 활용해 녹음 속 질문에 답해 봅시다. 🔊 24-01　🔊 24-02

예

Ānni　liáo
安妮　聊

liǎng ge xiǎoshí
两个小时

Ānni měi tiān gēn Zhōngguó péngyou liáo duō cháng shíjiān?
安妮每天跟中国朋友聊多长时间？

Ānni měi tiān gēn Zhōngguó péngyou liáo liǎng ge xiǎoshí.
安妮每天跟中国朋友聊两个小时。

1

Liú lǎoshī　shuì
刘老师　睡

bā ge xiǎoshí
八个小时

2

Lǎo Wáng　zhōngwǔ
老王　中午

xiūxi　yí kèzhōng
休息　一刻钟

예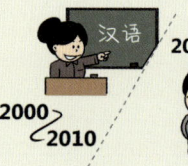

Dīng lǎoshī　jiāo
丁老师　教

shí nián　Hànyǔ
十年　汉语

Dīng lǎoshī jiāole duō cháng shíjiān Hànyǔ?
丁老师教了多长时间汉语？

Dīng lǎoshī jiāole shí nián Hànyǔ.
丁老师教了十年汉语。

3

Xiǎomíng　wánr
小明　玩儿

èrshí fēnzhōng　yóuxì
二十分钟　游戏

4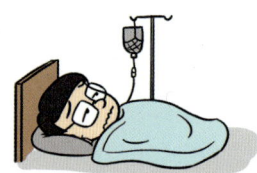

Lǐ jīnglǐ　bìng
李经理　病

yí ge xīngqī
一个星期

예

Wáng lǎoshī　jiāo
王老师　教

shí nián　Hànyǔ
十年　汉语

Wáng lǎoshī jiāole jǐ nián Hànyǔ le?
王老师教了几年汉语了？

Wáng lǎoshī jiāole shí nián Hànyǔ le.
王老师教了十年汉语了。

5

Ālǐ　zài Běijīng
阿里　在北京

shēnghuó　sān nián
生活　三年

새 단어 24-03

睡 shuì 동 자다
刻钟 kèzhōng 명 15분
分钟 fēnzhōng 명 분
游戏 yóuxì 명 게임 동 놀다, 장난치다

教 jiāo 동 가르치다
病 bìng 동 아프다, 병이 나다 명 병
生活 shēnghuó 동 살다, 생활하다

연습

1 보기의 단어를 각자의 성격에 맞게 분류해 봅시다.

보기							
	A 冬天 dōngtiān	B 今天 jīntiān	C 星期天 Xīngqītiān	D 晴天 qíngtiān	E 后天 hòutiān	F 夏天 xiàtiān	G 秋天 qiūtiān
	H 昨天 zuótiān	I 每天 měi tiān	J 阴天 yīntiān	K 明天 míngtiān	L 聊天儿 liáo tiānr	M 春天 chūntiān	N 前天 qiántiān

(1) 계절 _____

(2) 날씨 _____

(3) 날, 일 _____

(4) 기타 _____

2 제시된 낱말을 활용해 무엇을 얼마 동안 했는지 묻고 답해 봅시다. 24-04

예	jīntiān zǎoshang 今天早上	wǒ 我	Jīntiān zǎoshang nǐ zuò shénme le? 今天早上你做什么了?	Nǐ liànle jǐ ge xiǎoshí shūfǎ? 你练了几个小时书法?
	liàn shūfǎ 练书法	yí ge xiǎoshí 一个小时	Jīntiān zǎoshang wǒ liàn shūfǎ le. 今天早上我练书法了。	Wǒ liànle yí ge xiǎoshí shūfǎ. 我练了一个小时书法。

(1) 今天上午 jīntiān shàngwǔ / 安妮 Ānni / 练口语 liàn kǒuyǔ / 三个小时 sān ge xiǎoshí

(2) 昨天中午 zuótiān zhōngwǔ / 小李 Xiǎo Lǐ / 打乒乓球 dǎ pīngpāngqiú / 一个半小时 yí ge bàn xiǎoshí

(3) 昨天下午 zuótiān xiàwǔ / 李小姐 Lǐ xiǎojie / 拉小提琴 lā xiǎotíqín / 半个小时 bàn ge xiǎoshí

(4) 前天晚上 qiántiān wǎnshang / 金美英 Jīn Měiyīng / 听相声 tīng xiàngsheng / 两个小时 liǎng ge xiǎoshí

3 매일 무슨 일을 얼마 동안 하는지 말해 봅시다.

25

"Běijīng Lóu" de zhájiàngmiàn bǐ "Lǎo Běijīng" de hǎochī.
"北京楼"的炸酱面比"老北京"的好吃。
'베이징러우'의 짜장면이 '라오베이징'보다 맛있습니다.

● 녹음을 듣고, 다음 질문에 답해 봅시다. 25-01

> Nǎge fànguǎnr de jiàgé piányi?
> 哪个饭馆儿的价格便宜? 어느 식당의 가격이 싼가요?

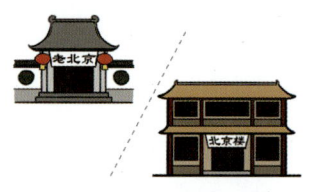

Běnjiémíng
本杰明
Xiǎoshuāng, wǒ xiǎng qǐng péngyou chī běijīngcài, nǎge fànguǎnr hǎo?
小双，我想请朋友吃北京菜，哪个饭馆儿好?

Liú Xiǎoshuāng
刘小双
"Lǎo Běijīng" hé "Běijīng Lóu" dōu hěn yǒumíng.
"老北京"和"北京楼"都很有名。

Běnjiémíng
本杰明
Nǎge fànguǎnr de cài hǎochī?
哪个饭馆儿的菜好吃?

Liú Xiǎoshuāng
刘小双
Liǎng ge fànguǎnr chàbuduō, búguò,
两个饭馆儿差不多，不过,
"Běijīng Lóu" de zhájiàngmiàn bǐ "Lǎo Běijīng" de hǎochī.
"北京楼"的炸酱面比"老北京"的好吃。

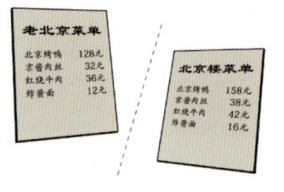

Běnjiémíng
本杰明
Tài hǎo le, wǒ xǐhuan chī zhájiàngmiàn. Jiàgé ne?
太好了，我喜欢吃炸酱面。价格呢?

Liú Xiǎoshuāng
刘小双
"Lǎo Běijīng" bǐ "Běijīng Lóu" piányi yìdiǎnr.
"老北京"比"北京楼"便宜一点儿。

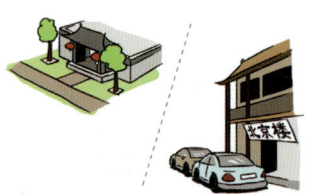

Běnjiémíng
本杰明
Fànguǎnr de huánjìng zěnmeyàng?
饭馆儿的环境怎么样?

Liú Xiǎoshuāng
刘小双
"Běijīng Lóu" méiyǒu "Lǎo Běijīng" ānjìng,
"北京楼"没有"老北京"安静,
"Lǎo Běijīng" méiyǒu "Běijīng Lóu" kuānchang.
"老北京"没有"北京楼"宽敞。

Běnjiémíng
本杰明
Nǎge jìn yìdiǎnr?
哪个近一点儿?

Liú Xiǎoshuāng
刘小双
"Lǎo Běijīng" jìn yìdiǎnr.
"老北京"近一点儿。

Běnjiémíng
本杰明
Nà zánmen míngtiān qù "Lǎo Běijīng" ba.
那咱们明天去"老北京"吧。

Liú Xiǎoshuāng
刘小双
Zánmen?
咱们?

Běnjiémíng
本杰明
Shì a, wǒ qǐng de péngyou jiù shì nǐ.
是啊，我请的朋友就是你。

새 단어 25-02

老北京 Lǎo Běijīng [고유] 라오베이징[식당 이름]
老 lǎo [형] 오래되다
北京楼 Běijīng Lóu [고유] 베이징러우[식당 이름]
有名 yǒumíng [형] 유명하다
差不多 chàbuduō [형] 비슷하다
不过 búguò [접] 그런데, 하지만
炸酱面 zhájiàngmiàn [명] 짜장면

比 bǐ [개] ~보다, ~에 비해
价格 jiàgé [명] 값, 가격
没有 méiyǒu [동] ~만 못하다
安静 ānjìng [형] 조용하다
宽敞 kuānchang [형] 넓다
一点儿 yìdiǎnr [수량] 조금
咱们 zánmen [대] 우리

핵심 표현

■ "北京楼"的炸酱面比"老北京"的好吃。
'A+比+B+형용사' 형식은 'A가 B보다 ~하다'라는 비교의 결과를 나타냅니다. 부정형은 'B+没有+A+형용사'입니다.

■ "老北京"比"北京楼"便宜一点儿。
'A+比+B+형용사'에 '一点儿'을 덧붙이면 '비교한 차이가 크지 않음'을 나타냅니다.

본문 해석

벤자민 샤오쌍, 친구를 초대해서 베이징 요리를 대접하고 싶은데 어느 식당이 좋을까?
리우샤오쌍 '라오베이징'과 '베이징러우' 모두 유명해.

벤자민 어느 식당 요리가 맛있어?
리우샤오쌍 두 식당이 비슷해. 그런데 '베이징러우'의 짜장면이 '라오베이징'보다 맛있어.

벤자민 잘됐다. 나 짜장면 좋아하는데. 가격은?
리우샤오쌍 '라오베이징'이 '베이징러우'보다 좀 더 싸.

벤자민 식당 환경은 어때?
리우샤오쌍 '베이징러우'는 '라오베이징'만큼 조용하지 않고, '라오베이징'은 '베이징러우'만큼 넓지 않아.

벤자민 어디가 더 가까워?
리우샤오쌍 '라오베이징'이 좀 더 가까워.

벤자민 그럼 우리 내일 '라오베이징'으로 가자.
리우샤오쌍 우리라고?
벤자민 응. 내가 초대하려던 친구가 바로 너야.

간체자

제시된 간체자들의 공통 부분이 무엇이고, 간체자의 뜻과 어떤 관련이 있는지 말해 봅시다.

钱 qián 돈	银 yín 은	钢 gāng 쇠	铅 qiān 납	钟 zhōng 시계
多少钱 duōshao qián	银色 yínsè	钢笔 gāngbǐ*	铅笔 qiānbǐ	闹钟 nàozhōng**

*펜　**자명종

26

Zhège chéngshì bǐ nàge chéngshì nuǎnhuo.
这个城市比那个城市暖和。
이 도시가 저 도시보다 따뜻합니다.

● 제시된 낱말을 활용해 녹음 속 질문에 답해 봅시다. 🔊 26-01 🔊 26-02

예)

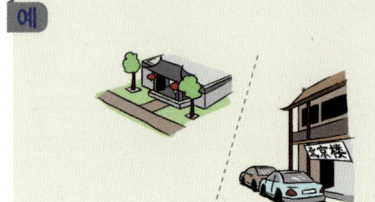

Lǎo Běijīng   Běijīng Lóu
老北京   北京楼

ānjìng
安静

"Lǎo Běijīng" ānjìng háishi "Běijīng Lóu" ānjìng?
"老北京"安静还是"北京楼"安静?

"Lǎo Běijīng" bǐ "Běijīng Lóu" ānjìng.
"老北京"比"北京楼"安静。

"Běijīng Lóu" méiyǒu "Lǎo Běijīng" ānjìng.
"北京楼"没有"老北京"安静。

1

Xiǎo Wáng
小王

Xiǎo Mǎ   dà
小马   大

2

mèimei
妹妹

dìdi   cōngming
弟弟   聪明

3

zhège chéngshì
这个城市

nàge chéngshì   nuǎnhuo
那个城市   暖和

4

yīshēng   lǎoshī
医生   老师

shōurù   gāo
收入   高

5

Ālǐ   Běnjiémíng
阿里   本杰明

diànnǎo shuǐpíng   gāo
电脑水平   高

6

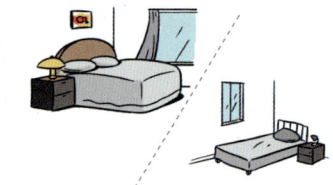

zhège bīnguǎn   nàge bīnguǎn
这个宾馆   那个宾馆

shūfu   yìdiǎnr
舒服   一点儿

7

zhège bān   nàge bān
这个班   那个班

chéngjì   hǎo   yìdiǎnr
成绩   好   一点儿

새 단어 🔊 26-03

大 dà	혱 나이가 많다	水平 shuǐpíng	몡 수준
聪明 cōngming	혱 똑똑하다	宾馆 bīnguǎn	몡 호텔
城市 chéngshì	몡 도시	班 bān	몡 반
收入 shōurù	몡 수입	成绩 chéngjì	몡 성적
高 gāo	혱 (수준, 정도 등이) 높다		

연습

1 반의어끼리 알맞게 연결해 봅시다.

(1)
- cháng 长
- duì 对
- lěng 冷
- kāi 开
- guān 关
- rè 热
- duǎn 短
- cuò 错

(2)
- chūqu 出去
- shànglai 上来
- shàngqu 上去
- dǎkāi 打开
- xiàqu 下去
- guānshang 关上
- jìnlai 进来
- xiàlai 下来

2 제시된 낱말을 활용해 묻고 답해 봅시다. 🔊 26-04

예)
gēge dìdi gāo
哥哥 弟弟 高

Gēge gāo háishi dìdi gāo?
哥哥高还是弟弟高?
Gēge bǐ dìdi gāo.
哥哥比弟弟高。
Dìdi méiyǒu gēge gāo.
弟弟没有哥哥高。

(1) jiějie 姐姐   mèimei 妹妹   piàoliang 漂亮

(2) zuótiān 昨天   jīntiān 今天   rè 热

(3) zhè jiàn yīfu 这件衣服   nà jiàn yīfu 那件衣服   piányi 便宜   yìdiǎnr 一点儿

(4) zhège shāngchǎng 这个商场   nàge shāngchǎng 那个商场   jìn 近   yìdiǎnr 一点儿

3 두 식당을 가격, 환경, 거리, 서비스 등 여러 방면에서 비교해 봅시다.

27

Nǐmen de xíguàn gēn wǒmen bù yíyàng.
你们的习惯跟我们不一样。
당신들의 관습은 우리와 다릅니다.

■ 녹음을 듣고, 다음 질문에 답해 봅시다. 🔊 27-01

> Zhōngguórén shōudào lǐwù de shíhou huì shuō shénme?
> 中国人收到礼物的时候会说什么? 중국인은 선물을 받을 때 뭐라고 말하나요?

Běnjiémíng 本杰明
Dàshuāng, míngtiān wǒ yào qù Zhōngguó péngyou jiā zuò kè,
大双，明天我要去中国朋友家做客，
yě xūyào dài lǐwù ma?
也需要带礼物吗?

Liú Dàshuāng 刘大双
Wǒmen gēn nǐmen yíyàng, dōu yào dài diǎnr lǐwù.
我们跟你们一样，都要带点儿礼物。

Běnjiémíng 本杰明
Tīngshuō nǐmen de xíguàn gēn wǒmen bù yíyàng. Wǒmen yìbān sòng
听说你们的习惯跟我们不一样。我们一般送
yǒu yìyì de xiǎo lǐwù, nǐmen xǐhuan sòng bǐjiào guìzhòng de lǐwù.
有意义的小礼物，你们喜欢送比较贵重的礼物。

Liú Dàshuāng 刘大双
Wǒmen yě sòng xiǎo lǐwù. Lǐ qīng qíngyì zhòng.
我们也送小礼物。礼轻情意重。

Běnjiémíng 本杰明
Wǒmen shōudào lǐwù de shíhou chángcháng shuō
我们收到礼物的时候常常说
"Xièxie, wǒ fēicháng xǐhuan". Nǐmen ne?
"谢谢，我非常喜欢"。你们呢?

Liú Dàshuāng 刘大双
Wǒmen gēn nǐmen bù yíyàng, wǒmen chángcháng shuō "Nín tài kèqi le".
我们跟你们不一样，我们常常说"您太客气了"。

Běnjiémíng 本杰明
Wǒmen shōudào lǐwù de shíhou huì mǎshàng dǎkāi.
我们收到礼物的时候会马上打开。
Nǐmen gēn wǒmen yíyàng ma?
你们跟我们一样吗?

Liú Dàshuāng 刘大双
Bù yíyàng, wǒmen bú huì mǎshàng dǎkāi.
不一样，我们不会马上打开。

Běnjiémíng 本杰明
Wèi shénme?
为什么?

Liú Dàshuāng 刘大双
Wǒmen juéde zhèyàng bù lǐmào.
我们觉得这样不礼貌。

새 단어  27-02

做客	zuò kè	통 손님이 되다, 방문하다	贵重	guìzhòng 형 귀중하다
礼物	lǐwù	명 선물	礼轻情意重	lǐ qīng qíngyì zhòng 선물은 가볍지만 정성을 담는다
一样	yíyàng	형 같다	收到	shōudào 받다
习惯	xíguàn	명 관습, 버릇	客气	kèqi 형 예의를 차리다, 겸손하다
一般	yìbān	형 보통이다, 일반적이다	这样	zhèyàng 대 이렇게, 이런
意义	yìyì	명 뜻, 의미	礼貌	lǐmào 형 예의바르다
比较	bǐjiào	부 비교적, ~한 편이다		

핵심 표현

- 我们跟你们一样。
  A와 B를 비교한 결과가 같을 때는 'A+跟+B+一样' 형식을, 다를 때는 부정형인 'A+跟+B+不一样'을 사용합니다. 그리고 'A+跟+B+一样+형용사' 형식은 A와 B가 '어떤 측면에서' 서로 같다는 것을 나타냅니다.

- 你们收到礼物的时候，会说什么?
  '……的时候'는 '~할 때'라는 뜻으로 '어떤 동작이나 행위를 하는 시점'을 나타냅니다. '~하면'으로 해석하는 게 더 자연스러운 경우도 있습니다.

본문 해석

벤자민	다샹, 내가 내일 중국 친구네 집에 손님으로 가는데 선물도 가져가야 할까?	벤자민	우리는 선물을 받으면 늘 "감사합니다. 너무 마음에 드네요."라고 말하는데, 너희는 뭐라고 말해?
리우다샹	우리나라도 너희 나라와 같아. 여기에서도 선물을 좀 가져가야 해.	리우다샹	우리는 너희와 달라. 우리는 늘 "뭘 이런 걸 다."라고 말해.
벤자민	너희의 관습은 우리랑 다르다고 하던데. 우리는 보통 작지만 의미 있는 선물을 주지만, 너희는 좀 귀중한 선물을 주는 걸 좋아한다면서.	벤자민	우리는 선물을 받으면 바로 열어 봐. 너희도 우리와 같니?
		리우다샹	아니. 우리는 바로 열어 보지 않아.
리우다샹	우리도 작은 선물을 해. 선물은 가볍지만 정성을 담는다고 하지.	벤자민	왜?
		리우다샹	우리는 그러면 예의가 없다고 생각해.

간체자

제시된 간체자들의 공통 부분이 무엇이고, 간체자의 뜻과 어떤 관련이 있는지 말해 봅시다.

打 dǎ (운동을) 하다	扫 sǎo 닦다	拉 lā (현악기를) 켜다	接 jiē 받다	搬 bān 옮기다
打篮球 dǎ lánqiú	打扫 dǎsǎo	拉小提琴 lā xiǎotíqín	接电话 jiē diànhuà	搬家 bānjiā

28

Jīntiān de jiémù gēn zuótiān yíyàng jīngcǎi.
今天的节目跟昨天一样精彩。
오늘 프로그램은 어제처럼 훌륭합니다.

● 제시된 낱말을 활용해 녹음 속 질문에 답해 봅시다. 🔊 28-01 🔊 28-02

 /

nǐmen　wǒmen
你们　我们
xíguàn　bù
习惯　不

Nǐmen de xíguàn gēn wǒmen de xíguàn yíyàng ma?
你们的习惯跟我们的习惯一样吗?

Wǒmen de xíguàn gēn nǐmen (de xíguàn) bù yíyàng.
我们的习惯跟你们(的习惯)不一样。

1

Xiānggǎng　Běijīng
香港　北京
shíjiān
时间

2

jiějie　mèimei
姐姐　妹妹
zhuānyè　bù
专业　不

3

érzi　bàba
儿子　爸爸
àihào　bù
爱好　不

4

zhège cí　nàge cí
这个词　那个词
yìsi　bù
意思　不

5

zhège dìfang
这个地方
nàge dìfang　qìhòu
那个地方　气候

예

zhè kuāng　nà kuāng　shuǐguǒ　xīnxian
这筐　那筐　水果　新鲜

Zhè kuāng shuǐguǒ xīnxian háishi nà kuāng shuǐguǒ xīnxian?
这筐水果新鲜还是那筐水果新鲜?

Zhè kuāng shuǐguǒ gēn nà kuāng (shuǐguǒ) yíyàng xīnxian.
这筐水果跟那筐(水果)一样新鲜。

6  /

jīntiān　zuótiān
今天　昨天
jiémù　jīngcǎi
节目　精彩

새 단어 🔊 28-03

香港 Xiānggǎng [고유] 홍콩
专业 zhuānyè [명] 전공
爱好 àihào [명] 기호, 취미
词 cí [명] 단어, 낱말
地方 dìfang [명] 장소, 곳

气候 qìhòu [명] 기후
水果 shuǐguǒ [명] 과일
新鲜 xīnxian [형] 신선하다
节目 jiémù [명] (라디오·TV) 프로그램
精彩 jīngcǎi [형] 훌륭하다, 뛰어나다

연습

1 그림이 나타내는 단어를 보기에서 찾아 봅시다.

보기	niúzǎikù A 牛仔裤	qúnzi B 裙子	qípáo C 旗袍	dàyī D 大衣
	yùndòngxié E 运动鞋	wàitào F 外套	tuōxié G 拖鞋	chènshān H 衬衫

(1)    (2)    (3)    (4)

(5)    (6)    (7)    (8)

2 제시된 낱말을 활용해 묻고 답해 봅시다. 🔊 28-04

예	mèimei 妹妹	kàn diànshì 看电视	chī dōngxi 吃东西	Mèimei kàn diànshì de shíhou xǐhuan zuò shénme? 妹妹看电视的时候喜欢做什么? Mèimei kàn diànshì de shíhou xǐhuan chī dōngxi. 妹妹看电视的时候喜欢吃东西。

(1) Xiǎo Lǐ 小李 / zǒu lù 走路 / chàng gē 唱歌
(2) Dīng lǜshī 丁律师 / zuò dìtiě 坐地铁 / kàn shū 看书
(3) bàba 爸爸 / chī zǎofàn 吃早饭 / kàn bàozhǐ 看报纸
(4) gēge 哥哥 / kāi chē 开车 / tīng yīnyuè 听音乐

3 우리나라의 관습 중 어떤 부분이 중국과 같고 다른지 말해 봅시다.

29

Wǒ zuòguo xiāoshòuyuán.
我做过销售员。
저는 판매원을 해 봤습니다.

● 녹음을 듣고, 다음 질문에 답해 봅시다. 🔊 29-01

> Mǎ Huá yǐqián zuò shénme gōngzuò?
> **马华以前做什么工作?** 마화는 전에 어떤 일을 했나요?

Jīnglǐ / 经理: Nǐ xiǎng yìngpìn shénme zhíwèi?
你想应聘什么职位?

Mǎ Huá / 马华: Diànnǎo xiāoshòuyuán.
电脑销售员。

Jīnglǐ / 经理: Nǐ wèi shénme yìngpìn zhège zhíwèi?
你为什么应聘这个职位?

Mǎ Huá / 马华: Wǒ juéde xiāoshòu gōngzuò hěn yǒu yìsi.
我觉得销售工作很有意思。

Jīnglǐ / 经理: Nǐ zuò zhège gōngzuò yǒu shénme yōushì?
你做这个工作有什么优势?

Mǎ Huá / 马华: Wǒ zài liǎng jiā diànnǎo gōngsī zuòguo xiāoshòuyuán, yǒu hěn duō kèhù.
我在两家电脑公司做过销售员,有很多客户。

Jīnglǐ / 经理: Nǐ de diànnǎo shuǐpíng zěnmeyàng?
你的电脑水平怎么样?

Mǎ Huá / 马华: Wǒ yòngguo gè zhǒng ruǎnjiàn, hái xiūguo diànnǎo.
我用过各种软件,还修过电脑。

Jīnglǐ / 经理: Xiāoshòu gōngzuò hěn lèi, nǐ zhīdao ma?
销售工作很累,你知道吗?

Mǎ Huá / 马华: Zhīdao. Xiāoshòu gōngzuò suīrán lèi, dànshì shōurù gāo.
知道。销售工作虽然累,但是收入高。

Jīnglǐ / 经理: Nà nǐ wèi shénme bú zài yǐqián de gōngsī jìxù gōngzuò le?
那你为什么不在以前的公司继续工作了?

Mǎ Huá / 马华: Yīnwèi wǒ gōngzuòguo de gōngsī dōu dǎobì le.
因为我工作过的公司都倒闭了。

새 단어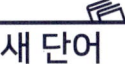

应聘	yìngpìn	동 지원하다	各种	gè zhǒng	여러 종류의, 다양한
职位	zhíwèi	명 자리, 직위	软件	ruǎnjiàn	명 소프트웨어
销售员	xiāoshòuyuán	명 판매원	知道	zhīdao	동 알다, 이해하다
销售	xiāoshòu	동 판매하다	虽然	suīrán	접 비록
有意思	yǒu yìsi	재미있다	但是	dànshì	접 그러나
优势	yōushì	명 강점, 장점	以前	yǐqián	명 이전
过	guo	조 ~해 본 적이 있다[과거의 경험을 나타냄]	继续	jìxù	동 계속하다
客户	kèhù	명 고객	倒闭	dǎobì	동 도산하다

핵심 표현

- 我在两家电脑公司做过销售员。
  '동사+过'는 과거에 어떤 동작이나 행위를 해 본 경험이 있음을 나타냅니다. 부정형은 '没(有)+동사+过'입니다.

- 销售工作虽然累，但是收入高。
  '虽然……，但是……'는 '비록 ~하지만, (그래도) ~하다'라는 뜻입니다.

본문 해석

사장	어떤 자리에 지원하고 싶으십니까?
마화	컴퓨터 판매원입니다.
사장	왜 이 자리에 지원하려고 하십니까?
마화	저는 판매 업무가 재미있습니다.
사장	이 업무에 있어 어떤 강점이 있습니까?
마화	컴퓨터 회사 두 곳에서 판매원을 해 봤습니다. 고객이 많았지요.

사장	컴퓨터 실력은 어떻습니까?
마화	여러 소프트웨어를 써 봤습니다. 컴퓨터를 고쳐 보기도 했고요.
사장	판매 업무가 힘들다는 것은 알고 있습니까?
마화	알고 있습니다. 판매 업무가 힘들기는 하지만 수입이 많지요.
사장	그러면 왜 이전 회사에서 계속 일하지 않았습니까?
마화	제가 일했던 회사가 모두 도산했기 때문입니다.

간체자

제시된 간체자들의 공통 부분이 무엇이고, 간체자의 뜻과 어떤 관련이 있는지 말해 봅시다.

看 kàn 보다	睡 shuì 자다	眼 yǎn 눈	睛 jīng 눈동자	目 mù 눈
看书 kàn shū	睡觉 shuì jiào	眼睛 yǎnjing	眼睛 yǎnjing	节目 jiémù

30 Nǐ qùguo duōshao ge guójiā?
你去过多少个国家?
얼마나 많은 나라에 가 봤나요?

● 제시된 낱말을 활용해 녹음 속 질문에 답해 봅시다. 🔊 30-01 🔊 30-02

예

Mǎ Huá zuò xiāoshòuyuán
马华 做 销售员

Mǎ Huá zuòguo xiāoshòuyuán ma?
马华做过销售员吗?

Mǎ Huá zuòguo xiāoshòuyuán.
马华做过销售员。

1

Ānni fàng fēngzheng
安妮 放 风筝

2

Měiyīng yǎng gǒu
美英 养 狗

3

jiàn xióngmāo
见 熊猫

4

qù Hángzhōu
去 杭州

5

chī Běijīng kǎoyā
吃 北京烤鸭

6

yòng zhè zhǒng ruǎnjiàn
用 这种软件

예

qù guójiā èrshí duō ge
去 国家 二十多个

Nǐ qùguo duōshao ge guójiā?
你去过多少个国家?

Wǒ qùguo èrshí duō ge guójiā.
我去过二十多个国家。

7

Fāngfāng kàn
方方 看
Hónglóu Mèng liǎng biàn
《红楼梦》 两遍

8

Wáng lǎoshī jiāo
王老师 教
shùxué shíwǔ nián
数学 十五年

새 단어 30-03

放 fàng 동 놓다	北京烤鸭 Běijīng kǎoyā 명 베이징 오리 구이
风筝 fēngzheng 명 연	烤鸭 kǎoyā 명 오리 구이
养 yǎng 동 기르다	红楼梦 Hónglóu Mèng 고유 홍루몽[중국 고전 소설]
狗 gǒu 명 개	梦 mèng 명 꿈
杭州 Hángzhōu 고유 항저우	数学 shùxué 명 수학

연습

1 '员' '馆儿' '馆'이 내포한 뜻에 주의하며 표의 빈칸을 채워 봅시다.

xiāoshòuyuán 销售员	yóudìyuán 邮递员	ānjiǎnyuán 安检员	guǎngbōyuán 广播员	fúwùyuán 服务员

cháguǎnr 茶馆儿	kāfēiguǎnr 咖啡馆儿	fànguǎnr 饭馆儿
찻집		

dàshǐguǎn 大使馆	tǐyùguǎn 体育馆	yóuyǒngguǎn 游泳馆
		수영장

2 제시된 낱말을 활용해 경험을 묻고 답해 봅시다.  30-04

예)
lái Zhōngguó
来 中国
liǎng cì
两次

Nǐ láiguo Zhōngguó ma?
你来过中国吗?
Wǒ láiguo Zhōngguó.
我来过中国。

Nǐ láiguo jǐ cì Zhōngguó?
你来过几次中国?
Wǒ láiguo liǎng cì Zhōngguó.
我来过两次中国。

Tā láiguo Zhōngguó ma?
他来过中国吗?
Tā méi láiguo Zhōngguó.
他没来过中国。

(1) qù Chángchéng yí cì
去 长城 一次

(2) chī zhájiàngmiàn sān cì
吃 炸酱面 三次

(3) tīng jīngjù liǎng cì
听 京剧 两次

(4) kàn Zhōngguó huàjù (중국 연극) hěn duō cì
看 中国话剧 很多次

3 음식, 여행 등 다양한 방면에서 자신이 경험한 것을 말해 봅시다.

31

Wǒ sòng tā yí shù huār.
我送她一束花儿。
저는 그녀에게 꽃 한 다발을 선물할 것입니다.

● 녹음을 듣고, 다음 질문에 답해 봅시다. 🔊 31-01

> Liú Dàshuāng sòng Wáng Fāngfāng shénme lǐwù?
> **刘大双送王方方什么礼物?** 리우다솽은 왕팡팡에게 무엇을 선물하려고 하나요?

Dàwèi　　Xiǎoshuāng, Xīngqīsān shì Fāngfāng de shēngrì.
大卫　　小双，星期三是方方的生日。

　　　　Nǐ dǎsuàn sòng tā shénme lǐwù?
　　　　你打算送她什么礼物？

Liú Xiǎoshuāng　Wǒ dǎsuàn sòng tā yí ge dà dàngāo.　Dàwèi,　nǐ ne?
刘小双　　我打算送她一个大蛋糕。大卫，你呢？

Dàwèi　　Wǒ sòng tā yí shù huār.
大卫　　我送她一束花儿。

Liú Xiǎoshuāng　Tài làngmàn le.　Tā yídìng hěn xǐhuan.
刘小双　　太浪漫了。她一定很喜欢。

Dàwèi　　Ānni,　nǐ sòng Fāngfāng shénme lǐwù?
大卫　　安妮，你送方方什么礼物？

Ānni　　Wǒ sòng tā yì dǐng hǎokàn de màozi.
安妮　　我送她一顶好看的帽子。

Dàwèi　　Tā yídìng kāixīn jí le.　Dàshuāng, nǐ zhǔnbèi sòng tā shénme?
大卫　　她一定开心极了。大双，你准备送她什么？

Liú Dàshuāng　Wǒ bú gàosu nǐmen.　Wǒ yào gěi tā yí ge jīngxǐ.
刘大双　　我不告诉你们。我要给她一个惊喜。

Ānni　　Shéi néng gěi wǒ yí ge jīngxǐ ne?
安妮　　谁能给我一个惊喜呢？

Liú Xiǎoshuāng　Nǐ shénme shíhou guò shēngrì?
刘小双　　你什么时候过生日？

2.29

Ānni　　Ài,　wǒ jīnnián、míngnián dōu bú guò shēngrì.
安妮　　唉，我今年、明年都不过生日。

Liú Xiǎoshuāng　Wèi shénme?
刘小双　　为什么？

Ānni　　Wǒ de shēngrì shì Èryuè èrshíjiǔ hào.
安妮　　我的生日是2月29号。

새 단어 🔊 31-02

生日 shēngrì 	명 생일
蛋糕 dàngāo 	명 케이크
束 shù 	양 다발, 묶음
花儿 huār 	명 꽃
浪漫 làngmàn 	형 낭만적이다
顶 dǐng 	양 [모자를 세는 단위]

帽子 màozi 	명 모자
极了 jí le 	매우, 대단히
准备 zhǔnbèi 	동 ~하려고 하다
惊喜 jīngxǐ 	형 놀랍고 기쁘다
唉 ài 	감 [슬픔, 후회 등을 나타냄]
明年 míngnián 	명 내년

핵심 표현

- **我送她一束花儿。**
  동사 '送' 및 일부 동사는 '주어+동사+간접목적어+직접목적어'의 형태로 쓰여 '~에게 ~를 ~하다'라는 뜻을 나타냅니다. 주로 간접목적어에는 '사람'이, 직접목적어에는 '사물'이 옵니다.

- **她一定开心极了。**
  '极了'는 형용사나 동사 뒤에 위치해 어떤 상태나 성질 등이 '대단히 ~하다'라는 뜻을 나타냅니다.

본문 해석

다비드	샤오쌍, 수요일이 팡팡 생일이야. 뭘 선물할 생각이야?
리우샤오쌍	큰 케이크 하나를 선물할 생각이야. 다비드, 너는?
다비드	나는 꽃 한 다발을 선물할 거야.
리우샤오쌍	아주 낭만적인걸. 분명 좋아할 거야.
다비드	애니, 팡팡에게 뭘 선물할 거야?
애니	예쁜 모자 하나를 선물할 거야.

다비드	분명 아주 기뻐할 거야. 다쌍, 너는 뭘 선물할 거야?
리우다쌍	안 알려 줄래. 나는 서프라이즈 할 거야.
애니	나한테는 누가 서프라이즈를 해 줄까?
리우샤오쌍	네 생일이 언젠데?
애니	에구. 나는 올해도 내년도 생일을 보내지 않아.
리우샤오쌍	왜?
애니	내 생일은 2월 29일이거든.

간체자

제시된 간체자들의 공통 부분이 무엇이고, 간체자의 발음과 어떤 관련이 있는지 말해 봅시다.

厅 tīng 큰 방	订 dìng 예약하다	停 tíng 멈추다	顶 dǐng 꼭대기	丁 Dīng 딩(성씨)
客厅 kètīng	预订 yùdìng*	停车 tíng chē	山顶 shāndǐng	丁老师 Dīng lǎoshī

*예약하다

32

Jǐngchá fále wǒ yìbǎi kuài qián.
警察罚了我一百块钱。
경찰이 저에게 벌금 100위앤을 물렸습니다.

● 녹음을 듣고 제시된 낱말을 활용해 그림을 묘사해 봅시다. 🔊 32-01 🔊 32-02

예)
Dàwèi　Wáng Fāngfāng
大卫　王方方

yí shù huār　sòng
一束花儿　送

Dàwèi sòng Wáng Fāngfāng yí shù huār.
大卫送王方方一束花儿。

1

bàba　nǚ'ér
爸爸　女儿
yí ge shūbāo　sòng
一个书包　送

2
māma　Xiǎomíng
妈妈　小明
yí kuàir xīgua　gěi
一块儿西瓜　给

3
Sūn lǎoshī　wǒmen
孙老师　我们
Zhōngguó wénhuà kè　jiāo
中国文化课　教

4

wǒmen　tā
我们　他
Xiǎo Lǐ　jiào
小李　叫

5

xuésheng　lǎoshī
学生　老师
hěn duō wèntí　wèn
很多问题　问

6

jīnglǐ　dàjiā
经理　大家
yí ge hǎo xiāoxi　gàosu
一个好消息　告诉

7

Liú Xiǎoshuāng　Běnjiémíng
刘小双　本杰明
yì bǎ sǎn　jièle
一把伞　借了

8

Dàwèi　túshūguǎn
大卫　图书馆
sān běn shū　huánle
三本书　还了

9

jǐngchá　wǒ
警察　我
yìbǎi kuài qián　fále
一百块钱　罚了

새 단어 🔊 32-03

女儿 nǚ'ér 명 딸		图书馆 túshūguǎn 명 도서관	
书包 shūbāo 명 책가방		图书 túshū 명 도서, 책	
西瓜 xīgua 명 수박		还 huán 동 돌려주다	
文化 wénhuà 명 문화		警察 jǐngchá 명 경찰	
问 wèn 동 묻다		百 bǎi 수 백, 100	
大家 dàjiā 대 모두, 여러분		罚 fá 동 처벌하다, 벌하다	
消息 xiāoxi 명 소식			

연습

1 단어 속 '生'이 나타내는 뜻을 보기에서 골라 봅시다.

보기 A 사람   B 발생하다   C 살다   D 새롭다   E 태어나다

(1) xiānsheng 先生 ☐   (2) shēngcí 生词 ☐   (3) shēngrì 生日 ☐   (4) shēngbìng 生病 ☐

(5) xuésheng 学生 ☐   (6) shēngqì 生气 ☐   (7) shēnghuó 生活 ☐   (8) yīshēng 医生 ☐

2 제시된 낱말을 활용해 그림 속 상황을 묘사해 봅시다. 🔊 32-04

예)
Ānni   yì hé qiǎokèlì
安妮   一盒巧克力
Liú Xiǎoshuāng sòng
刘小双   送

Liú Xiǎoshuāng sòng Ānni yì hé qiǎokèlì.
刘小双送安妮一盒巧克力。

(1)
Wáng jīnglǐ   yì zhāng huǒchē piào
王经理   一张火车票
mìshū   gěi
秘书   给

(2)
Fāngfāng   zìxíngchē
方方   自行车
Běnjiémíng   huán
本杰明   还

(3)
tā   Lǎo Zhāng
他   老张
dàjiā   jiào
大家   叫

(4)
Wú Míngyù   yí jiàn shìr
吴明玉   一件事儿
Lǎo Yú   gàosu
老于   告诉

3 가족이나 친구에게 무엇을 선물했었는지 이야기해 봅시다.

33

Háishi yǒudiǎnr guì.
还是有点儿贵。
그래도 좀 비쌉니다.

■ 녹음을 듣고, 다음 질문에 답해 봅시다. 🔊 33-01

> Nà tào fángzi wèi shénme nàme guì?
> **那套房子为什么那么贵？** 그 집은 왜 그렇게 비싼가요?

本杰明 Běnjiémíng　Qǐngwèn, nín de fángzi yào chūzū, shì ma?
请问，您的房子要出租，是吗？

房主 Fángzhǔ　Shì de.
是的。

本杰明 Běnjiémíng　Nín de fángzi yǒu jǐ ge fángjiān?
您的房子有几个房间？

房主 Fángzhǔ　Yǒu liǎng jiān wòshì、yí ge kètīng、yí ge cāntīng、
有两间卧室、一个客厅、一个餐厅、
yí ge chúfáng hé yí ge wèishēngjiān. Yígòng qīshí píngfāngmǐ.
一个厨房和一个卫生间。一共七十平方米。

本杰明 Běnjiémíng　Miànjī yǒudiǎnr xiǎo. Yǒu méiyǒu dà yìdiǎnr de?
面积有点儿小。有没有大一点儿的？

房主 Fángzhǔ　Méiyǒu. Zhège fángzi huánjìng fēicháng hǎo, jiāotōng yě hěn fāngbiàn.
没有。这个房子环境非常好，交通也很方便。

本杰明 Běnjiémíng　Fángzū duōshao qián?
房租多少钱？

房主 Fángzhǔ　Yí ge yuè liùqiān liùbǎi yuán. Rúguǒ nín yí cì jiāo bànnián de,
一个月六千六百元。如果您一次交半年的，
jiù kěyǐ piányi diǎnr, yí ge yuè liùqiān.
就可以便宜点儿，一个月六千。

本杰明 Běnjiémíng　Háishi yǒudiǎnr guì!
还是有点儿贵！

房主 Fángzhǔ　Bú guì! Zhè shì yí tào hǎijǐngfáng!
不贵！这是一套海景房！

本杰明 Běnjiémíng　Hǎijǐngfáng? Rúguǒ wǒ bú kàn chuānghu wàimian, yí ge yuè duōshao qián?
海景房？如果我不看窗户外面，一个月多少钱？

78

새 단어 33-02

出租 chūzū 동 세놓다, 임대하다
租 zū 동 돈을 주고 빌리다
房主 fángzhǔ 명 집주인
厨房 chúfáng 명 부엌
卫生间 wèishēngjiān 명 화장실
卫生 wèishēng 명 위생 형 위생적이다
平方米 píngfāngmǐ 양 제곱미터, 평방미터
面积 miànjī 명 면적
有点儿 yǒudiǎnr 부 조금

交通 jiāotōng 명 교통
房租 fángzū 명 집세
千 qiān 수 천, 1000
如果 rúguǒ 접 만일, 만약
交 jiāo 동 내다, 제출하다
可以 kěyǐ 조동 ~할 수 있다, ~해도 된다
套 tào 양 [시리즈, 세트를 세는 단위]
海景 hǎijǐng 명 바다 풍경

핵심 표현

- 面积**有点儿**小。
  '有点儿+형용사'는 형용사가 나타내는 성질이나 상태가 '썩 마음에 들지 않음'을 나타내는 표현입니다.

- 有没有大**一点儿**的?
  '형용사+一点儿'에서 형용사가 나타내는 성질이나 상태는 주로 '말하는 사람이 바라는 바'입니다.

- **如果**您一次交半年的，**就**可以便宜点儿。
  '如果……，就……'는 '만일 ~하면, ~하다'라는 뜻으로, '如果'는 '가정'이나 '조건' 등을, '就'는 '결과'를 나타냅니다.

본문 해석

벤자민	말씀 좀 여쭐게요. 집을 세놓으신다고요?	벤자민	집세는 얼마예요?
집주인	네.	집주인	한 달에 6600위앤이에요. 반년 치를 한꺼번에 내면 좀 싸게 해 줄 수 있어요. 한 달에 6000위앤으로요.
벤자민	집에 방이 몇 개인가요?	벤자민	그래도 좀 비싸네요!
집주인	침실 두 개, 거실 하나, 식당 하나, 부엌 하나, 화장실 하나이고요. 모두 70제곱미터예요.	집주인	비싸지 않아요! 바다가 보이는 집인걸요!
벤자민	면적이 좀 작네요. 좀 더 큰 집이 있나요?	벤자민	바다가 보이는 집이요? 만약 제가 창밖을 내다보지 않는다면 한 달에 얼마지요?
집주인	없어요. 이 집은 환경이 아주 좋고 교통도 편리해요.		

간체자

제시된 간체자들의 공통 부분이 무엇이고, 간체자의 발음과 어떤 관련이 있는지 말해 봅시다.

清 qīng 맑다	请 qǐng 청하다	晴 qíng 날씨가 맑다	静 jìng 조용하다	精 jīng 정신
清楚 qīngchu	请客 qǐng kè*	晴天 qíngtiān	安静 ānjìng	精神 jīngshén**

*한턱내다 **정신

34

Zhège cài yǒudiǎnr xián.
这个菜有点儿咸。
이 요리는 좀 짭니다.

● 그림을 보고 제시된 낱말을 활용해 말해 봅시다. 🔊 34-01　🔊 34-02

예
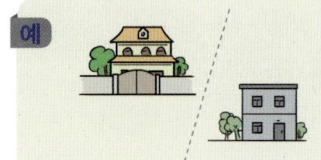
zhège fángzi　guì
这个房子　贵

nàge fángzi　piányi
那个房子　便宜

Zhège fángzi yǒudiǎnr guì,
这个房子有点儿贵，
nàge fángzi piányi yìdiǎnr.
那个房子便宜一点儿。

1
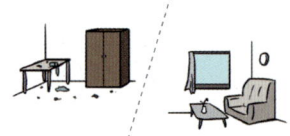
zhège fángjiān　zāng
这个房间　脏

nàge fángjiān　gānjìng
那个房间　干净

2

dìdi de wòshì　luàn
弟弟的卧室　乱

jiějie de wòshì　zhěngqí
姐姐的卧室　整齐

3

zhège shāfā　jiù
这个沙发　旧

nàge shāfā　xīn
那个沙发　新

4
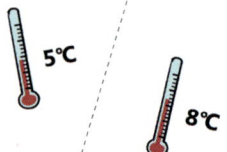
zuótiān de qìwēn　dī
昨天的气温　低

jīntiān de qìwēn　gāo
今天的气温　高

5

zhège cài　xián
这个菜　咸

nàge cài　dàn
那个菜　淡

6

zuò huǒchē　màn
坐火车　慢

zuò fēijī　kuài
坐飞机　快

예

zhè tiáo lǐngdài de yánsè　shēn　qiǎn
这条领带的颜色　深　浅

Zhè tiáo lǐngdài de yánsè yǒudiǎnr shēn,
这条领带的颜色有点儿深，
yǒu méiyǒu qiǎn (yì) diǎnr de?
有没有浅(一)点儿的？

7

zhè tiáo qúnzi　duǎn　cháng
这条裙子　短　长

8

zhè tiáo kùzi　féi　shòu
这条裤子　肥　瘦

새 단어  34-03

脏	zāng	형 더럽다		淡	dàn	형 담백하다
乱	luàn	형 어지럽다		深	shēn	형 (색깔이) 짙다
整齐	zhěngqí	형 정돈되어 있다, 가지런하다		浅	qiǎn	형 (색깔이) 옅다
旧	jiù	형 낡다, 오래되다		肥	féi	형 (옷 등이) 크다, 헐렁헐렁하다
低	dī	형 낮다		瘦	shòu	형 (옷 등이) 꼭 끼다, 작다

연습

1 그림이 나타내는 단어를 보기에서 골라 봅시다.

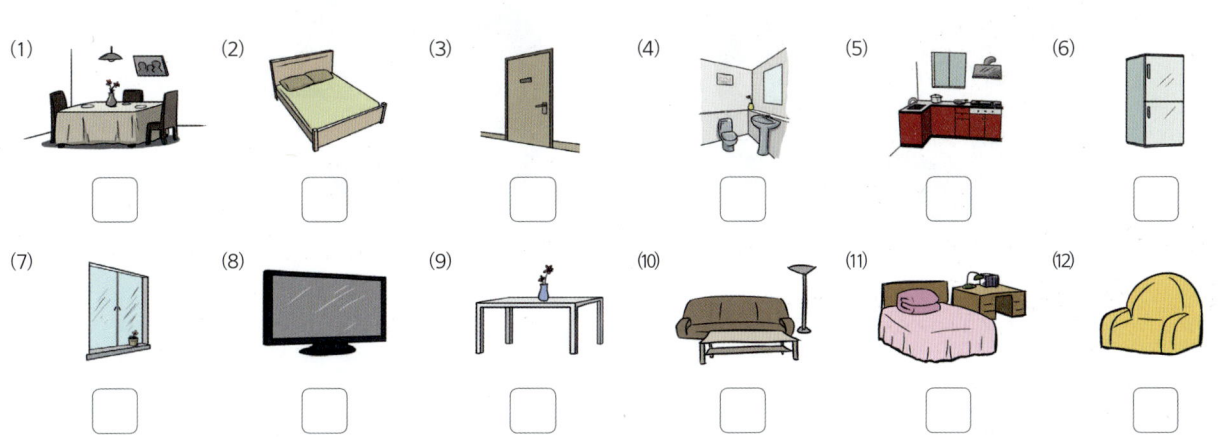

2 제시된 낱말을 활용해 묻고 답해 봅시다. 34-04

예				Nǐ zū zhège fángzi ma? 你租这个房子吗?
	néng piányi yìdiǎnr 能便宜一点儿	zū 租	fángzi 房子	Rúguǒ nín néng piányi yìdiǎnr, wǒmen jiù zū zhège fángzi. 如果您能便宜一点儿，我们就租这个房子。 Rúguǒ nín bù néng piányi, wǒmen jiù bù zū. 如果您不能便宜，我们就不租。

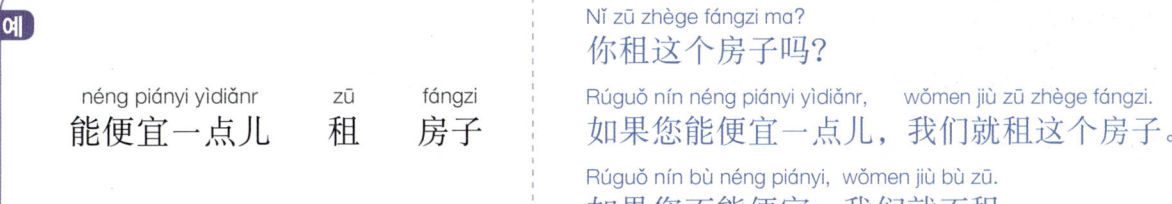

3 '有点儿' '一点儿'을 활용해 지금 살고 있는 집의 특징을 말해 봅시다.

34 这个菜有点儿咸。 81

35

Zài hǎibiān shàishai tàiyang.
在海边晒晒太阳。
해변에서 햇볕을 쬡니다.

■ 녹음을 듣고, 다음 질문에 답해 봅시다. 🔊 35-01

> Fāngfāng wèi shénme méi dùjià?
> **方方为什么没度假?** 팡팡은 왜 휴가를 가지 않았나요?

Fāngfāng 方方	Běnjiémíng, nǐmen dùjià huílai le? 本杰明，你们度假回来了？
Běnjiémíng 本杰明	Shì a! Zuótiān gāng huílai. 是啊！昨天刚回来。
Fāngfāng 方方	Jiàqī guò de zěnmeyàng? 假期过得怎么样？
Běnjiémíng 本杰明	Fēicháng hǎo! Hǎinán de dōngtiān zhēn shūfu. 非常好！海南的冬天真舒服。
Fāngfāng 方方	Nǐmen zuò shénme le? 你们做什么了？
Běnjiémíng 本杰明	Wǒmen zài hǎibiān shàishai tàiyang, 我们在海边晒晒太阳， yóuyou yǒng; yǒu shíhou qù guàngguang jiē. 游游泳；有时候去逛逛街。 Lèile jiù zài fángjiān li xiūxi xiūxi, 累了就在房间里休息休息， hēhe chá, liáoliao tiānr. 喝喝茶，聊聊天儿。
Běnjiémíng 本杰明	Fāngfāng, jiàqī nǐ shì zěnme guò de? 方方，假期你是怎么过的？
Fāngfāng 方方	Yīnwèi wǒ yào cānjiā yí ge Fǎyǔ kǎoshì, 因为我要参加一个法语考试， suǒyǐ zhǐ néng zài jiā zhǔnbèi zhǔnbèi, 所以只能在家准备准备， tīngting lùyīn, bèibei shēngcí, zuòzuo tí. 听听录音，背背生词，做做题。
Běnjiémíng 本杰明	Nǐ de jiàqī guò de zhēn chōngshí! 你的假期过得真充实！

새 단어 🔊 35-02

度假 dùjià 동 휴가를 보내다	逛 guàng 동 돌아다니다
刚 gāng 부 막, 방금	考试 kǎoshì 명 시험 kǎo shì 동 시험을 보다
假期 jiàqī 명 휴가 기간	所以 suǒyǐ 접 그래서
海南 Hǎinán 고유 하이난	录音 lùyīn 명 녹음
海边 hǎibiān 명 해변	背 bèi 동 외우다
晒 shài 동 햇볕을 쬐다	题 tí 명 문제
有时候 yǒu shíhou 어떤 때	充实 chōngshí 형 충실하다
逛街 guàng jiē 동 거리를 거닐며 구경하다	

핵심 표현

- 我们在海边**晒晒**太阳，**游游泳**。
  동사의 중첩은 '한번 해 보다' '시험 삼아 해 보다'라는 뜻을 나타냅니다. 1음절 동사는 AA형(晒晒)으로 중첩하고 2음절 동사는 ABAB형(休息休息) 또는 AAB형(游游泳)으로 중첩합니다.

- **因为**我要参加一个法语考试，**所以**只能在家准备准备。
  '因为……, 所以……'는 '왜냐하면 ~이기 때문에 그래서 ~이다'라는 뜻으로, 인과 관계의 두 문장을 연결합니다.

본문 해석

팡팡	벤자민, 휴가 갔다 왔어?		벤자민	팡팡, 너는 휴가 어떻게 보냈어?
벤자민	그럼! 어제 막 돌아왔어.		팡팡	나는 프랑스어 시험이 있어서 집에서 준비를 좀 해야 했어. 녹음 듣다가 단어 외우다가 문제 풀다가 그랬어.
팡팡	휴가 어떻게 보냈어?		벤자민	휴가를 정말 충실하게 보냈구나!
벤자민	정말 좋았어! 하이난의 겨울은 정말 포근하더라.			
팡팡	뭐 했어?			
벤자민	우리는 해변에서 햇볕을 쬐고, 수영을 좀 하기도 했어. 어떤 때는 거리로 나가 구경하기도 했지. 힘들면 방에서 쉬다가 차 마시다가 얘기하다가 그랬어.			

간체자

제시된 간체자들의 공통 부분이 무엇이고, 간체자의 뜻과 어떤 관련이 있는지 말해 봅시다.

远 yuǎn 멀다	进 jìn (안으로) 들다	送 sòng 주다	逛 guàng 돌아다니다	近 jìn 가깝다
很远 hěn yuǎn	进来 jìnlai	送礼物 sòng lǐwù	逛街 guàng jiē	很近 hěn jìn

36

Wǒ xiǎng shìshi nà jiàn lánsè de máoyī.

我想试试那件蓝色的毛衣。

저 파란색 스웨터를 입어 보고 싶습니다.

● 제시된 낱말을 활용해 녹음 속 질문에 답해 봅시다. 36-01 36-02

예

shài tàiyang　yóu yǒng
晒太阳　游泳

Míngtiān nǐ xiǎng zuò shénme?
明天你想做什么?

Wǒ xiǎng qù hǎibiān shàishai tàiyang, yóuyou yǒng.
我想去海边晒晒太阳，游游泳。

1

shàngwǔ　zài jiā　shōushi
上午　在家　收拾

2

xiàwǔ　qù cāochǎng　yùndòng
下午　去操场　运动

3

wǎnshang　zài fángjiān li　xiūxi
晚上　在房间里　休息

4

shì　nà jiàn lánsè de máoyī
试　那件蓝色的毛衣

5

cháng　Dàwèi zuò de nàge cài
尝　大卫做的那个菜

6

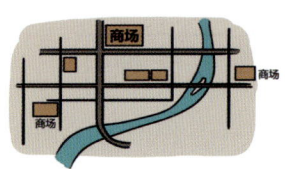

guàng　shì zhōngxīn de shāngchǎng
逛　市中心的商场

7

zhōumò　guàng jiē　gòu wù
周末　逛街　购物

8

míngtiān　jiàn miàn　liáo tiānr
明天　见面　聊天儿

9

jiàqī　shàng wǎng　shuì jiào
假期　上网　睡觉

새 단어 36-03

试 shì 동 해 보다, 시도하다
毛衣 máoyī 명 스웨터
尝 cháng 동 맛보다
市中心 shì zhōngxīn 명 시내 중심

市 shì 명 시
中心 zhōngxīn 명 중심, 센터
购物 gòu wù 물건을 사다, 쇼핑하다
见面 jiàn miàn 동 만나다

연습

1 보기의 단어를 각자의 성격에 알맞게 분류해 봅시다.

보기						
	A 游泳 yóu yǒng	B 考试 kǎo shì	C 逛街 guàng jiē	D 打篮球 dǎ lánqiú	E 写汉字 xiě Hànzì	F 听录音 tīng lùyīn
	G 晒太阳 shài tàiyang	H 打乒乓球 dǎ pīngpāngqiú	I 背生词 bèi shēngcí	J 聊天儿 liáo tiānr	K 踢足球 tī zúqiú	L 喝茶 hē chá

(1) 여가 _____

(2) 공부 _____

(3) 운동 _____

2 제시된 낱말을 활용해 묻고 답해 봅시다. 36-04

예

Dàwèi　shēng bìng le　méi lái shàng kè
大卫　生病了　没来上课

Dàwèi wèi shéme méi lái shàng kè?
大卫为什么没来上课?

Yīnwèi tā shēng bìng le, suǒyǐ méi lái shàng kè.
因为他生病了，所以没来上课。

(1) wǒ　qǐwǎn le　chídào le
　　我　起晚了　迟到了

(2) wǒ　yào xǐ yīfu　bú qù guàng jiē
　　我　要洗衣服　不去逛街

(3) tā　yào kàn zúqiú bǐsài　bú shuì jiào
　　他　要看足球比赛　不睡觉

(4) wǒ　bù xǐhuan nà tiáo lǐngdài de yánsè　méi mǎi
　　我　不喜欢那条领带的颜色　没买

3 휴가 때 보통 무엇을 하는지 말해 봅시다.

37 Gēbo bèi zhuàngshāng le.
胳膊被撞伤了。
팔을 부딪혀 다쳤습니다.

● 녹음을 듣고, 다음 질문에 답해 봅시다. 🔊 37-01

> Lín Mù zěnme le?
> 林木怎么了? 린무는 어떻게 됐나요?

	Tóngshì	Lín Mù, nǐ zěnme le?
	同事	林木，你怎么了？
	Lín Mù	Jīntiān zhēn dǎoméi! Wǒ bèi chē zhuàng le!
	林木	今天真倒霉！我被车撞了！

	Tóngshì	Āiyā, nǐ de gēbo bèi zhuàngshāng le, yīfu yě bèi huápò le.
	同事	哎呀，你的胳膊被撞伤了，衣服也被划破了。
	Lín Mù	Zuì zāogāo de shì, yǎnjìng yě bèi pènghuài le.
	林木	最糟糕的是，眼镜也被碰坏了。

	Tóngshì	Shì shénme chē zhuàng de?
	同事	是什么车撞的？
	Lín Mù	Zìxíngchē!
	林木	自行车！

	Tóngshì	Shì zěnme zhuàng de?
	同事	是怎么撞的？
	Lín Mù	Wǒ guò mǎlù de shíhou, nà liàng chē tūrán chōng guòlai, bǎ wǒ zhuàng le.
	林木	我过马路的时候，那辆车突然冲过来，把我撞了。

	Tóngshì	Qí chē de rén bú huì àn líng ma?
	同事	骑车的人不会按铃吗？
	Lín Mù	Wǒ yě zhème wèn tā. Tā shuō:
	林木	我也这么问她。她说：
		"Zhēn duìbuqǐ, wǒ huì àn líng, dànshì bú tài huì qí chē!"
		"真对不起，我会按铃，但是不太会骑车！"

새 단어 37-02

倒霉 dǎoméi	형 운이 나쁘다, 재수 없다	糟糕 zāogāo	형 엉망이다, 끔찍하다
被 bèi	개 ~에 의해	碰 pèng	동 부딪히다
撞 zhuàng	동 부딪히다	过 guò	동 건너다
哎呀 āiyā	감 [놀람이나 불만을 나타냄]	马路 mǎlù	명 길
胳膊 gēbo	명 팔	突然 tūrán	부 갑자기
伤 shāng	동 다치다	冲 chōng	동 달려들다, 돌진하다
划 huá	동 베다	按 àn	동 누르다
破 pò	동 터지다, 깨지다	铃 líng	명 벨, 종

핵심 표현

- 我被车撞了!

'~가 ~에 의해 ~당하다'라는 '피동'의 의미를 나타내는 '被'자문입니다. '被'자문의 형태는 '주어(동작의 객체)+被+목적어(동작의 주체)+동사+기타성분'으로, '把'자문에서와 같이 '기타성분'은 생략불가능한 요소입니다. 동작의 주체를 나타낼 필요가 없을 경우, '我被撞了!'처럼 목적어를 생략해서 쓰기도 합니다.

본문 해석

동료	린무 씨, 무슨 일이에요?
린무	오늘 정말 운이 없어요! 저 차에 부딪혔어요.
동료	아이고. 팔을 다쳤네요. 옷도 찢어지고요.
린무	최악인 건 안경도 망가졌다는 거예요.
동료	어떤 차에 부딪혔는데요?
린무	자전거에요!
동료	어떻게 부딪혔는데요?
린무	제가 길을 건너려고 하는데 자전거가 갑자기 달려오더니 저를 들이받았어요.
동료	그 사람은 벨을 울릴 줄 모른대요?
린무	저도 그렇게 물어봤지요. "정말 죄송해요. 제가 벨은 울릴 줄 아는데, 자전거는 잘 탈 줄 몰라요!"라고 하더라고요.

간체자

제시된 간체자들의 공통 부분이 무엇이고, 간체자의 뜻과 어떤 관련이 있는지 말해 봅시다.

肚 dù 배	脚 jiǎo 발	腿 tuǐ 다리	胖 pàng 뚱뚱하다	肥 féi 통통하다
肚子 dùzi	一只脚 yì zhī jiǎo	两条腿 liǎng tiáo tuǐ	不胖 bú pàng	肥胖 féipàng

37 胳膊被撞伤了。

38

Càidān bèi fúwùyuán názǒu le.
菜单被服务员拿走了。
메뉴는 종업원이 가져갔습니다.

● 그림을 보고 제시된 낱말을 활용해 말해 봅시다. 🔊 38-01 🔊 38-02

| 예  | wǒ　chē　zhuàngshāng
我　车　撞伤 | Wǒ bèi chē zhuàngshāng le.
我被车撞伤了。 |

1
gēge de shǒu
哥哥的手
dāo　huápò
刀　划破

2
māma de yīfu
妈妈的衣服
yǔ　línshī
雨　淋湿

3
wǎn　háizi
碗　孩子
shuāisuì
摔碎

4
Xiàndài Hànyǔ Cídiǎn
《现代汉语词典》
Dàwèi　jièzǒu
大卫　借走

5
wǒ de zìxíngchē
我的自行车
Ānni　qízǒu
安妮　骑走

6
càidān　fúwùyuán
菜单　服务员
názǒu
拿走

| 예  | Fāngfāng de qiánbāo　tōu
方方的钱包　偷 | Fāngfāng de qiánbāo bèi tōu le.
方方的钱包被偷了。 |

7
xiǎotōu　zhuā
小偷　抓

8
Xiǎo Wáng　piàn
小王　骗

새 단어 38-03

刀 dāo 명 칼
淋 lín 동 (비에) 젖다
湿 shī 형 축축하다, 질퍽하다
摔 shuāi 동 깨뜨리다, 부수다
碎 suì 동 깨지다, 산산조각나다
现代汉语词典 Xiàndài Hànyǔ Cídiǎn 고유 현대 중국어 사전

现代 xiàndài 명 현대 형 현대적이다
词典 cídiǎn 명 사전
偷 tōu 동 훔치다
小偷 xiǎotōu 명 소매치기, 좀도둑
抓 zhuā 동 붙잡다, 체포하다
骗 piàn 동 속이다

연습

1 빈칸에 알맞은 말을 보기에서 골라 봅시다.

보기: A 借 jiè   B 罚 fá   C 撞 zhuàng   D 淋 lín   E 摔 shuāi

(1) Tā de cídiǎn bèi péngyou _____ zǒu le.
她的词典被朋友_____走了。 그녀의 사전은 친구가 빌려 갔습니다.

(2) Yīnwèi méi dài sǎn, wǒ de yīfu bèi yǔ _____ shī le.
因为没带伞，我的衣服被雨_____湿了。 우산을 안 가져와서 제 옷은 비에 흠뻑 젖었습니다.

(3) Dīng Shān de tuǐ bèi zìxíngchē _____ shāng le.
丁山的腿被自行车_____伤了。 딩산의 다리는 자전거에 부딪혀 다쳤습니다.

(4) Nàge bēizi bèi dìdi _____ suì le.
那个杯子被弟弟_____碎了。 그 컵은 남동생이 깨뜨렸습니다.

(5) Wǒ bǎ chē tíng zài lùkǒu, bèi jǐngchá _____ le èrbǎi kuài qián.
我把车停在路口，被警察_____了二百块钱。 제가 차를 길목에 주차해서 경찰이 저에게 200위앤을 물렸습니다.

2 제시된 낱말을 활용해 묻고 답해 봅시다. 38-04

예)
tā de shǒu / dāo / huápò
他的手 刀 划破

Tā de shǒu zěnme le?
他的手怎么了?
Tā de shǒu bèi dāo huápò le.
他的手被刀划破了。

(1) wǒ de zìxíngchē / chūzūchē / zhuànghuài
我的自行车 出租车 撞坏

(2) yǎnjìng / dìdi / shuāihuài
眼镜 弟弟 摔坏

(3) wǒ / jǐngchá / wǔbǎi kuài qián / fále
我 警察 五百块钱 罚了

(4) tā / nàge niánqīngrén / piànle
她 那个年轻人 骗了

3 운이 안 좋았던 사건을 떠올려 말해 봅시다.

39

Wǒ yào huí guó le.
我要回国了。
저는 곧 귀국합니다.

■ 녹음을 듣고, 다음 질문에 답해 봅시다. 🔊 39-01

> Dàshuāng hé Xiǎoshuāng bì yè yǐhòu yǒu shénme dǎsuàn?
> **大双和小双毕业以后有什么打算?** 다솽과 샤오솽은 졸업 이후에 어떤 계획이 있나요?

Dàwèi
大卫
Yào bì yè le, Fāngfāng, nǐ yǒu shénme dǎsuàn?
要毕业了,方方,你有什么打算?

Wáng Fāngfāng
王方方
Wǒ xiǎng kǎo yánjiūshēng. Nǐ ne, Dàwèi?
我想考研究生。你呢,大卫?

Dàwèi
大卫
Wǒ yào huí guó le. Wǒ dǎsuàn dāng Hànyǔ lǎoshī.
我要回国了。我打算当汉语老师。
Dàshuāng、Xiǎoshuāng, nǐmen ne?
大双、小双,你们呢?

Liú Dàshuāng
刘大双
Wǒmen xià ge xīngqī jiù yào qù Shànghǎi gōngzuò le.
我们下个星期就要去上海工作了。

Ānni
安妮
Zhēn hǎo, nǐmen zǒngshì zài yìqǐ.
真好,你们总是在一起。

Liú Xiǎoshuāng
刘小双
Zhè huí wǒmen yào fēn kāi le, wǒ qù diànshìtái gōngzuò,
这回我们要分开了,我去电视台工作,
tā qù chūbǎnshè gōngzuò.
他去出版社工作。

Wáng Fāngfāng
王方方
Ānni, nǐ yě zhǔnbèi huí guó ma?
安妮,你也准备回国吗?

Ānni
安妮
Wǒ bù zhǔnbèi huí guó, wǒ xiǎng zǒubiàn Zhōngguó.
我不准备回国,我想走遍中国。
Míngtiān wǒ jiù yào chūfā le.
明天我就要出发了。

Dàjiā
大家
Běnjiémíng, nǐ ne?
本杰明,你呢?

Běnjiémíng
本杰明
Gàosu dàjiā yí ge hǎo xiāoxi, wǒ yào jié hūn le.
告诉大家一个好消息,我要结婚了。
Wǒ juédìng liú zài Zhōngguó dāng Zhōngguó nǚxu.
我决定留在中国当中国女婿。

새 단어 39-02

毕业	bì yè	동 졸업하다	电视台	diànshìtái 명 방송국
打算	dǎsuàn	명 계획	出版社	chūbǎnshè 명 출판사
研究生	yánjiūshēng	명 대학원생	出版	chūbǎn 동 출판하다
研究	yánjiū	동 연구하다	走遍	zǒubiàn 돌아다니다, 여행하다
回国	huí guó	귀국하다	结婚	jié hūn 동 결혼하다
当	dāng	동 ~가 되다	决定	juédìng 동 결정하다
总是	zǒngshì	부 늘, 언제나	留	liú 동 머무르다
一起	yìqǐ	명 같은 곳, 한 곳	女婿	nǚxu 명 사위
分开	fēn kāi	동 떨어지다, 헤어지다		

핵심 표현

- 要毕业了。
  '要……了'는 '막 ~하려고 한다'라는 뜻으로 임박한 상황을 나타낼 때 사용하는 표현입니다. 구체적인 시간과도 함께 쓰이며, '要' 앞에 '就'를 부가하면 좀 더 임박한 상황을 나타낼 수 있습니다.

- 你有什么打算？ / 我打算当汉语老师。
  '打算'은 명사로 쓰이면 '계획', 동사로 쓰이면 '~할 계획이다'라는 뜻입니다.

본문 해석

다비드	곧 졸업이네. 팡팡, 너는 어떤 계획이 있어?		왕팡팡	애니, 너도 귀국 준비해?
왕팡팡	나는 대학원 시험을 볼 거야. 다비드, 너는?		애니	나는 귀국 준비 안 해. 나는 중국을 돌아보고 싶어. 내일 출발해.
다비드	나는 돌아가서 중국어 선생님이 될 생각이야. 다쌍, 샤오쌍, 너희는?		모두	벤자민, 너는?
리우다쌍	우리는 다음 주면 상하이에 일하러 가.		벤자민	너희에게 좋은 소식을 하나 알려 줄게. 나 곧 결혼해. 중국에 남아서 중국 사위가 되기로 했어.
애니	잘됐다. 너희는 항상 함께구나.			
리우샤오쌍	이번에는 떨어지게 될 거야. 나는 방송국에서 일하고 얘는 출판사에서 일하거든.			

간체자

제시된 간체자들의 공통 부분이 무엇이고, 간체자의 뜻과 어떤 관련이 있는지 말해 봅시다.

海 hǎi 바다	洗 xǐ 씻다	酒 jiǔ 술	深 shēn 깊다	浅 qiǎn 얕다
海景 hǎijǐng	洗车 xǐ chē	喝酒 hē jiǔ	水深 shuǐ shēn	水浅 shuǐ qiǎn

40

Fēijī mǎshàng jiù yào qǐfēi le.
飞机马上就要起飞了。
비행기가 곧 이륙합니다.

■ 제시된 낱말을 활용해 녹음 속 질문에 답해 봅시다. 🔊 40-01 🔊 40-02

예

Dàwèi   huí guó
大卫   回国

Dàwèi yào huí guó le ma?
大卫要回国了吗?

Dàwèi yào huí guó le.
大卫要回国了。

1

nǐ   xià bān
你   下班

2

Lǐ yīshēng
李医生
xià ge yuè   xiū jià
下个月   休假

3

tā   xià ge xīngqī
他   下个星期
chū guó   liú xué
出国   留学

4

xià yǔ
下雨

5

chídào
迟到

6

xià kè
下课

예

fēijī   mǎshàng
飞机   马上
jiù   qǐfēi
就   起飞

Fēijī shénme shíhou qǐfēi?
飞机什么时候起飞?

Fēijī mǎshàng jiù yào qǐfēi le.
飞机马上就要起飞了。

7

huǒchē   mǎshàng
火车   马上
jiù   kāi
就   开

8

diànyǐng   mǎshàng
电影   马上
jiù   kāishǐ
就   开始

새 단어

下班	xià bān	퇴근하다	下课	xià kè 수업을 마치다
休假	xiū jià	휴가를 보내다	起飞	qǐfēi 이륙하다
出国	chū guó	출국하다	开始	kāishǐ 시작하다
留学	liú xué	유학하다		

연습

1 보기를 단어 속 '上'의 뜻에 따라 분류해 봅시다.

보기:
- A 上网 shàng wǎng
- B 晚上 wǎnshang
- C 上课 shàng kè
- D 上个星期 shàng ge xīngqī
- E 上面 shàngmian
- F 上班 shàng bān
- G 上边 shàngbian
- H 早上 zǎoshang
- I 上午 shàngwǔ
- J 上去 shàngqu
- K 上来 shànglai
- L 上个月 shàng ge yuè

(1) 위쪽으로 향하는 _____
(2) ~에 들어가다 _____
(3) (정해진 시간에) ~에 가다 _____
(4) 지난, 이전의 _____
(5) 시간대 _____
(6) 위쪽 _____

2 제시된 낱말을 활용해 앞으로의 계획을 묻고 답해 봅시다.

예:
gēge / bìyè yǐhòu / dāng lǜshī
哥哥 / 毕业以后 / 当律师

Gēge bì yè yǐhòu yǒu shénme dǎsuàn?
哥哥毕业以后有什么打算?

Gēge bì yè yǐhòu dǎsuàn dāng lǜshī.
哥哥毕业以后打算当律师。

(1) 大卫 Dàwèi / 回国以后 huí guó yǐhòu / 找个工作 zhǎo ge gōngzuò
(2) 小张 Xiǎo Zhāng / 出国以后 chū guó yǐhòu / 学习音乐 xuéxí yīnyuè
(3) 马经理 Mǎ jīnglǐ / 下个月 xià ge yuè / 休假 xiū jià
(4) 刘小姐 Liú xiǎojie / 假期 jiàqī / 去杭州旅游 qù Hángzhōu lǚyóu

3 '要……了'와 '打算'을 활용해 자신의 계획을 말해 봅시다.

부록

홀수 과	번체자 본문과 간체자 이해	96
짝수 과	녹음 대본과 모범답안	105
단어 색인		131

홀수 과
번체자 본문과 간체자 이해

01 我是坐飞机去的。 | 我是坐飛機去的。

阿里是怎么回北京的？	阿里是怎麽回北京的？
刘小双　阿里，你最近去哪儿旅游了？ 阿里　　我去西安了。 刘小双　你是什么时候去西安的？ 阿里　　我是7月12号去西安的。 刘小双　你是怎么去西安的？ 阿里　　我是坐飞机去的，坐飞机快。 刘小双　你是跟谁一起去的？ 阿里　　我是跟本杰明和金美英一起去的。 刘小双　你是怎么回北京的？ 阿里　　我是昨天跟本杰明一起坐火车回北京的，坐火车方便，也很便宜。 刘小双　你们是怎么回学校的？ 阿里　　我们是走回学校的，因为没钱了。	劉小雙　阿里，你最近去哪兒旅遊了？ 阿里　　我去西安了。 劉小雙　你是什麽時候去西安的？ 阿里　　我是7月12號去西安的。 劉小雙　你是怎麽去西安的？ 阿里　　我是坐飛機去的，坐飛機快。 劉小雙　你是跟誰一起去的？ 阿里　　我是跟本杰明和金美英一起去的。 劉小雙　你是怎麽回北京的？ 阿里　　我是昨天跟本杰明一起坐火車回北京的，坐火車方便，也很便宜。 劉小雙　你們是怎麽回學校的？ 阿里　　我們是走回學校的，因爲没錢了。

간체자 日 | '日(날 일)'이 포함된 간체자의 뜻은 대부분 '해'와 관련이 있습니다.

03 我要订一辆车。 | 我要訂一輛車。

刘永山为什么问"刘先生住哪个房间"？	劉永山爲什麽問"劉先生住哪個房間"？
刘永山　你好，我要去餐厅。请问餐厅在哪儿？ 服务员　餐厅在一层。 刘永山　我要复印。请问多少钱一张？ 服务员　一块钱一张。 刘永山　我要上网。上网免费吗？ 服务员　在大堂上网免费，在房间上网二十块钱一小时。 刘永山　我要订一辆车，明天早上九点去故宫。 服务员　好的。 刘永山　你好，刘永山先生住哪个房间？ 服务员　您不是刘先生吗？ 刘永山　我是啊，可是我忘了房间号了。	劉永山　你好，我要去餐廳。請問餐廳在哪兒？ 服務員　餐廳在一層。 劉永山　我要復印。請問多少錢一張？ 服務員　一塊錢一張。 劉永山　我要上網。上網免費嗎？ 服務員　在大堂上網免費，在房間上網二十塊錢一小時。 劉永山　我要訂一輛車，明天早上九點去故宫。 服務員　好的。 劉永山　你好，劉永山先生住哪個房間？ 服務員　您不是劉先生嗎？ 劉永山　我是啊，可是我忘了房間號了。

간체자 足 | '足(발 족)'이 포함된 간체자의 뜻은 대부분 '발' 또는 '걷는 일'과 관련이 있습니다.

05 你起得真早。 | 你起得真早。

小双几点起床？他起得早不早？	小雙幾點起床？他起得早不早？
大卫　　小双，你早上几点起床？ 刘小双　六点。	大衛　　小雙，你早上幾點起床？ 劉小雙　六點。

大卫	你起得真早啊! 天天都起得这么早吗?		大衛	你起得真早啊! 天天都起得這麼早嗎?
刘小双	是啊，中国有句话："起得早，身体好。"		劉小雙	是啊，中國有句話："起得早，身體好。"
大卫	你早饭吃什么?		大衛	你早飯吃什麼?
刘小双	一杯豆浆、八个包子、两个鸡蛋。		劉小雙	一杯豆漿、八個包子、兩個雞蛋。
大卫	你吃得太多了!		大衛	你吃得太多了!
刘小双	中国还有一句话："早饭吃得好，午饭吃得饱，晚饭吃得少。"		劉小雙	中國還有一句話："早飯吃得好，午飯吃得飽，晚飯吃得少。"
大卫	有个法国人也说了一句话："天天葡萄酒，活到九十九。"		大衛	有個法國人也說了一句話："天天葡萄酒，活到九十九。"
刘小双	哪个法国人说的?		劉小雙	哪個法國人說的?
大卫	我啊!		大衛	我啊!

간체자 亻 | '亻(사람 인)'이 포함된 간체자의 뜻은 대부분 '사람'과 관련이 있습니다.

07 我会唱京剧。 | 我會唱京劇。

大卫有什么特长?			大衛有什麼特長?	
大卫	你们有什么特长?		大衛	你們有什麼特長?
刘大双	我会踢足球。		劉大雙	我會踢足球。
大卫	小双，你也会踢足球吗?		大衛	小雙，你也會踢足球嗎?
刘小双	我不会踢足球，我会打乒乓球。		劉小雙	我不會踢足球，我會打乒乓球。
大卫	方方，你呢?		大衛	方方，你呢?
王方方	我会拉小提琴。		王方方	我會拉小提琴。
大卫	你会不会拉小提琴，安妮?		大衛	你會不會拉小提琴，安妮?
安妮	会啊，我还会弹钢琴。		安妮	會啊，我還會彈鋼琴。
大卫	阿里，你有什么特长?		大衛	阿里，你有什麼特長?
阿里	我会唱京剧，还会说相声。		阿里	我會唱京劇，還會說相聲。
王方方	大卫，你有什么特长?		王方方	大衛，你有什麼特長?
大卫	我啊，我会吃中国菜，我是美食家!		大衛	我啊，我會吃中國菜，我是美食家!

간체자 '便' '乐' '发' '和'는 두 가지 이상으로 발음되는 '다음자'입니다.

09 我方便的时候你不能来。 | 我方便的時候你不能來。

本杰明为什么说"我方便的时候你不能来"?			本杰明爲什麼說"我方便的時候你不能來"?	
刘大双	服务员，买单。能刷卡吗?		劉大雙	服務員，買單。能刷卡嗎?
服务员	能。		服務員	能。
刘小双	对不起，我去方便一下。		劉小雙	對不起，我去方便一下。
本杰明	方便? 这里不方便吗?		本杰明	方便?這裏不方便嗎?
刘小双	这里不能方便。"方便"是去洗手间的意思。		劉小雙	這裏不能方便。"方便"是去洗手間的意思。
本杰明	哦，那我也去方便一下。		本杰明	哦，那我也去方便一下。
……			……	
王方方	下个星期我要去法国旅游。		王方方	下個星期我要去法國旅遊。
本杰明	好啊。我有很多法国的旅游书。		本杰明	好啊。我有很多法國的旅遊書。

王方方	你能借我看一下吗？	王方方	你能借我看一下嗎？
本杰明	没问题。	本杰明	沒問題。
王方方	太好了，谢谢。你方便的时候告诉我，我去你家拿。	王方方	太好了，謝謝。你方便的時候告訴我，我去你家拿。
本杰明	我方便的时候？我方便的时候你不能来。	本杰明	我方便的時候？我方便的時候你不能來。

간체자 巴 | 제시된 간체자들의 발음은 '巴 bā'에서 비롯됐습니다. '巴'가 포함된 간체자의 발음에는 대부분 성모 'b'나 'p', 운모 'a'가 있습니다.

11 你能爬上去吗？ | 你能爬上去嗎？

小李找到门钥匙了吗？　　　　　　　　　　小李找到門鑰匙了嗎？

小李	怎么不上去啊？	小李	怎麼不上去啊？
老王	电梯坏了。	老王	電梯壞了。
小李	找修理工了吗？	小李	找修理工了嗎？
老王	打电话了，修理工很快就过来。	老王	打電話了，修理工很快就過來。
小李	我要去机场，得上去拿行李。	小李	我要去機場，得上去拿行李。
老王	十层楼你能爬上去吗？	老王	十層樓你能爬上去嗎？
老王	怎么这么快就下来了？	老王	怎麼這麼快就下來了？
小李	没带门钥匙，门钥匙可能在车里。	小李	沒帶門鑰匙，門鑰匙可能在車裏。
老王	找到门钥匙了吗？	老王	找到門鑰匙了嗎？
小李	车钥匙在包里，包刚才放在楼上了。	小李	車鑰匙在包裏，包剛才放在樓上了。

간체자 木 | '木(나무 목)'이 포함된 간체자의 뜻은 대부분 '나무' 또는 '뿌리 식물'과 관련 있습니다.

13 现在还买得到票吗？ | 現在還買得到票嗎？

大卫为什么问那么多问题？　　　　　　　　大衛爲什麼問那麼多問題？

安妮	听说《梅兰芳》这个电影很好，今天晚上我们一起去看吧。	安妮	聽說《梅蘭芳》這個電影很好，今天晚上我們一起去看吧。
大卫	好啊! 现在还买得到票吗？	大衛	好啊! 現在還買得到票嗎？
安妮	我刚才上网看了，还有票。	安妮	我剛才上網看了，還有票。
大卫	我要前面的座位，坐在后面我看不清楚。	大衛	我要前面的座位，坐在後面我看不清楚。
安妮	我再看一下。……哦，还有第1排的票，肯定看得清楚。	安妮	我再看一下。……哦，還有第1排的票，肯定看得清楚。
大卫	太近了! 声音太大!	大衛	太近了! 聲音太大!
安妮	第12排，怎么样？	安妮	第12排，怎麼樣？
大卫	座位在中间吗？在中间看得清楚。	大衛	座位在中間嗎？在中間看得清楚。
安妮	太好了，有中间的票。	安妮	太好了，有中間的票。
大卫	哦，十点前演得完吗？	大衛	哦，十點前演得完嗎？
安妮	你怎么有这么多问题，你想不想看？	安妮	你怎麼有這麼多問題，你想不想看？
大卫	当然想，可是我怕听不懂。	大衛	當然想，可是我怕聽不懂。

간체자 土 | '土(흙 토)'가 포함된 간체자의 뜻은 대부분 '흙' '땅'과 관련이 있습니다.

15 请把行李箱打开。 | 請把行李箱打開。

	林木忘了做什么？
安检员	您好！先生，请把外套脱下来，把钥匙、手机放在筐里。
林木	好。
安检员	请把行李箱放在这儿。
林木	好。
安检员	请把鞋脱下来。
林木	好。
安检员	先生，请把行李箱打开。
林木	有问题吗？
安检员	指甲刀不能带。请把指甲刀拿出来。
林木	不好意思。
广播员	哪位先生忘了穿鞋？请马上到安检处。
林木	是我？怪不得这么多人看我！

	林木忘了做什麼？
安檢員	您好！先生。請把外套脫下來，把鑰匙、手機放在筐裏。
林木	好。
安檢員	請把行李箱放在這兒。
林木	好。
安檢員	請把鞋脫下來。
林木	好。
安檢員	先生，請把行李箱打開。
林木	有問題嗎？
安檢員	指甲刀不能帶。請把指甲刀拿出來。
林木	不好意思。
廣播員	哪位先生忘了穿鞋？請馬上到安檢處。
林木	是我？怪不得這麼多人看我！

간체자 心 | '心(마음 심)'이 포함된 간체자의 뜻은 대부분 '마음' '생각'과 관련이 있습니다.

17 哪个队会赢？ | 哪個隊會贏？

	哪个队赢了？
方方	爸爸，今天的比赛真激烈！
爸爸	是啊，太紧张了！
方方	你猜，哪个队会赢？
爸爸	我认为意大利队会赢。
方方	我觉得西班牙队会赢。
爸爸	为什么？
方方	西班牙队射门好，一定会赢！
爸爸	意大利队防守 好，一定不会输！
	……
爸爸	哪个队赢了？
方方	都没进球，还是零比零。
爸爸	那我什么也没耽误。

	哪個隊贏了？
方方	爸爸，今天的比賽真激烈！
爸爸	是啊，太緊張了！
方方	你猜，哪個隊會贏？
爸爸	我認爲意大利隊會贏。
方方	我覺得西班牙隊會贏。
爸爸	爲什麼？
方方	西班牙隊射門好，一定會贏！
爸爸	意大利隊防守好，一定不會輸！
	……
爸爸	哪個隊贏了？
方方	都沒進球，還是零比零。
爸爸	那我什麼也沒耽誤。

간체자 艹 | '艹(풀 초)'가 포함된 간체자의 뜻은 대부분 '식물'과 관련이 있습니다.

19 我看了一场中文电影。 | 我看了一場中文電影。

	周末本杰明跟谁做什么了？
本杰明	大双，周末你做什么了？
刘大双	我看了一个画展，参观了历史博物馆，还参加了一个聚会。你呢？
本杰明	我跟老师学汉语了。
刘大双	你是怎么学的？

	周末本杰明跟誰做什麼了？
本杰明	大雙，周末你做什麼了？
劉大雙	我看了一個畫展，參觀了歷史博物館，還參加了一個聚會。你呢？
本杰明	我跟老師學漢語了。
劉大雙	你是怎麼學的？

本杰明	我读了一篇课文，写了很多汉字，看了一场中文电影，还去商场练习了口语。	本傑明	我讀了一篇課文，寫了很多漢字，看了一場中文電影，還去商場練習了口語。
刘大双	真忙啊。你的中文老师是谁啊？	劉大雙	真忙啊。你的中文老師是誰啊？
本杰明	我女朋友。	本傑明	我女朋友。

간체자 讠 | '讠(말씀 언)'이 포함된 간체자의 뜻은 대부분 '말' '언어'와 관련이 있습니다.

21 我们举行了一次演讲比赛。 | 我們舉行了一次演講比賽。

校长叫了三遍小明，他为什么前两遍不答应？ | 校長叫了三遍小明，他為什麼前兩遍不答應？

于老师	同学们，上个星期我们举行了一次演讲比赛，有三名同学获奖。现在请校长发奖。	于老師	同學們，上個星期我們舉行了一次演講比賽，有三名同學獲獎。現在請校長發獎。
校长	请听到名字的同学上来领奖。你们的名字我只叫一遍。李华！	校長	請聽到名字的同學上來領獎。你們的名字我祇叫一遍。李華！
李华	到！	李華	到！
校长	张山！	校長	張山！
张山	谢谢校长！	張山	謝謝校長！
校长	王小明！	校長	王小明！
小明	……	小明	……
校长	王小明！	校長	王小明！
小明	……	小明	……
校长	王小明同学来了吗？	校長	王小明同學來了嗎？
小明	来了，我在这儿！	小明	來了，我在這兒！
校长	我叫了三遍，你怎么才答应？	校長	我叫了三遍，你怎麼才答應？
小明	我怕同学们听不清楚！	小明	我怕同學們聽不清楚！

간체자 '长' '大' '得' '行'은 두 가지 이상으로 발음되는 '다음자'입니다.

23 我学了两年汉语了。 | 我學了兩年漢語了。

安妮怎么学汉字？ | 安妮怎麼學漢字？

林木	安妮，你汉语说得真好！	林木	安妮，你漢語說得真好！
安妮	哪里哪里。	安妮	哪裏哪裏。
林木	你学了多长时间汉语了？	林木	你學了多長時間漢語了？
安妮	我学了两年汉语了。	安妮	我學了兩年漢語了。
林木	你有什么好方法？	林木	你有什麼好方法？
安妮	每天看一个小时中文电视，跟中国朋友聊两个小时天儿。	安妮	每天看一個小時中文電視，跟中國朋友聊兩個小時天兒。
林木	你的汉字写得很好看，你是怎么学的？	林木	你的漢字寫得很好看，你是怎麼學的？
安妮	我每个星期上两个小时书法课。	安妮	我每個星期上兩個小時書法課。
林木	你经常上中文网吗？	林木	你經常上中文網嗎？
安妮	是啊。我刚才就在网上浏览了一个半小时。	安妮	是啊。我剛才就在網上瀏覽了一個半小時。
林木	你学的是什么教材啊？	林木	你學的是什麼教材啊？
安妮	《新概念汉语》啊。	安妮	《新概念漢語》啊。

간체자 方 | 제시된 간체자들의 발음은 '方 fāng'에서 비롯됐습니다.

25 "北京楼"的炸酱面比"老北京"的好吃。 | "北京樓"的炸醬麵比"老北京"的好吃。

哪个饭馆儿的价格便宜？

本杰明	小双，我想请朋友吃北京菜，哪个饭馆儿好？
刘小双	"老北京"和"北京楼"都很有名。
本杰明	哪个饭馆儿的菜好吃？
刘小双	两个饭馆儿差不多，不过，"北京楼"的炸酱面比"老北京"的好吃。
本杰明	太好了，我喜欢吃炸酱面。价格呢？
刘小双	"老北京"比"北京楼"便宜一点儿。
本杰明	饭馆儿的环境怎么样？
刘小双	"北京楼"没有"老北京"安静，"老北京"没有"北京楼"宽敞。
本杰明	哪个近一点儿？
刘小双	"老北京"近一点儿。
本杰明	那咱们明天去"老北京"吧。
刘小双	咱们？
本杰明	是啊，我请的朋友就是你。

哪個飯館兒的價格便宜？

本杰明	小雙，我想請朋友吃北京菜，哪個飯館兒好？
劉小雙	"老北京"和"北京樓"都很有名。
本杰明	哪個飯館兒的菜好吃？
劉小雙	兩個飯館兒差不多，不過，"北京樓"的炸醬麵比"老北京"的好吃。
本杰明	太好了，我喜歡吃炸醬麵。價格呢？
劉小雙	"老北京"比"北京樓"便宜一點兒。
本杰明	飯館兒的環境怎麼樣？
劉小雙	"北京樓"沒有"老北京"安靜，"老北京"沒有"北京樓"寬敞。
本杰明	哪個近一點兒？
劉小雙	"老北京"近一點兒。
本杰明	那咱們明天去"老北京"吧。
劉小雙	咱們？
本杰明	是啊，我請的朋友就是你。

간체자 金 | '金(쇠 금)'이 포함된 간체자의 뜻은 대부분 '쇠' '철' '금속'과 관련이 있습니다.

27 你们的习惯跟我们不一样。 | 你們的習慣跟我們不一樣。

中国人收到礼物的时候会说什么？

本杰明	大双，明天我要去中国朋友家做客，也需要带礼物吗？
刘大双	我们跟你们一样，都要带点儿礼物。
本杰明	听说你们的习惯跟我们不一样。我们一般送有意义的小礼物，你们喜欢送比较贵重的礼物。
刘大双	我们也送小礼物。礼轻情意重。
本杰明	我们收到礼物的时候常常说"谢谢，我非常喜欢"。你们呢？
刘大双	我们跟你们不一样，我们常常说"您太客气了"。
本杰明	我们收到礼物的时候会马上打开。你们跟我们一样吗？
刘大双	不一样，我们不会马上打开。
本杰明	为什么？
刘大双	我们觉得这样不礼貌。

中國人收到禮物的時候會說什麼？

本杰明	大雙，明天我要去中國朋友家做客，也需要帶禮物嗎？
劉大雙	我們跟你們一樣，都要帶點兒禮物。
本杰明	聽說你們的習慣跟我們不一樣。我們一般送有意義的小禮物，你們喜歡送比較貴重的禮物。
劉大雙	我們也送小禮物。禮輕情意重。
本杰明	我們收到禮物的時候常常說"謝謝，我非常喜歡"。你們呢？
劉大雙	我們跟你們不一樣，我們常常說"您太客氣了"。
本杰明	我們收到禮物的時候會馬上打開。你們跟我們一樣嗎？
劉大雙	不一樣，我們不會馬上打開。
本杰明	爲什麼？
劉大雙	我們覺得這樣不禮貌。

간체자 扌 | '扌(손 수)'가 포함된 간체자의 뜻은 대부분 '손'과 관련이 있습니다.

29 我做过销售员。 | 我做過銷售員。

马华以前做什么工作?	馬華以前做什麼工作?
经理　你想应聘什么职位? 马华　电脑销售员。 经理　你为什么应聘这个职位? 马华　我觉得销售工作很有意思。 经理　你做这个工作有什么优势? 马华　我在两家电脑公司做过销售员,有很多客户。 经理　你的电脑水平怎么样? 马华　我用过各种软件,还修过电脑。 经理　销售工作很累,你知道吗? 马华　知道。销售工作虽然累,但是收入高。 经理　那你为什么不在以前的公司继续工作了? 马华　因为我工作过的公司都倒闭了。	經理　你想應聘什麼職位? 馬華　電腦銷售員。 經理　你爲什麼應聘這個職位? 馬華　我覺得銷售工作很有意思。 經理　你做這個工作有什麼優勢? 馬華　我在兩家電腦公司做過銷售員,有很多客戶。 經理　你的電腦水平怎麼樣? 馬華　我用過各種軟件,還修過電腦。 經理　銷售工作很累,你知道嗎? 馬華　知道。銷售工作雖然累,但是收入高。 經理　那你爲什麼不在以前的公司繼續工作了? 馬華　因爲我工作過的公司都倒閉了。

간체자 目 | '目(눈 목)'이 포함된 간체자의 뜻은 대부분 '눈'과 관련이 있습니다.

31 我送她一束花儿。 | 我送她一束花兒。

刘大双送王方方什么礼物?	劉大雙送王方方什麼禮物?
大卫　小双,星期三是方方的生日。你打算送她什么礼物? 刘小双　我打算送她一个大蛋糕。大卫,你呢? 大卫　我送她一束花儿。 刘小双　太浪漫了。她一定很喜欢。 大卫　安妮,你送方方什么礼物? 安妮　我送她一顶好看的帽子。 大卫　她一定开心极了。大双,你准备送她什么? 刘大双　我不告诉你们。我要给她一个惊喜。 安妮　谁能给我一个惊喜呢? 刘小双　你什么时候过生日? 安妮　唉,我今年、明年都不过生日。 刘小双　为什么? 安妮　我的生日是2月29号。	大衛　小雙,星期三是方方的生日。你打算送她什麼禮物? 劉小雙　我打算送她一個大蛋糕。大衛,你呢? 大衛　我送她一束花兒。 劉小雙　太浪漫了。她一定很喜歡。 大衛　安妮,你送方方什麼禮物? 安妮　我送她一頂好看的帽子。 大衛　她一定開心極了。大雙,你準備送她什麼? 劉大雙　我不告訴你們。我要給她一個驚喜。 安妮　誰能給我一個驚喜呢? 劉小雙　你什麼時候過生日? 安妮　唉,我今年、明年都不過生日。 劉小雙　爲什麼? 安妮　我的生日是2月29號。

간체자 丁 | 제시된 간체자들의 발음은 '丁 dīng'에서 비롯됐습니다. '丁'이 포함된 간체자의 발음에는 대부분 성모 'd'나 't', 운모 'ing'이 있습니다.

33 还是有点儿贵。 | 還是有點兒貴。

那套房子为什么那么贵?	那套房子爲什麼那麼貴?
本杰明　请问,您的房子要出租,是吗? 房主　是的。	本杰明　請問,您的房子要出租,是嗎? 房主　是的。

本杰明	您的房子有几个房间?
房主	有两间卧室、一个客厅、一个餐厅、一个厨房和一个卫生间。一共七十平方米。
本杰明	面积有点儿小。有没有大一点儿的?
房主	没有。这个房子环境非常好,交通也很方便。
本杰明	房租多少钱?
房主	一个月六千六百元。如果您一次交半年的,就可以便宜点儿,一个月六千。
本杰明	还是有点儿贵!
房主	不贵!这是一套海景房!
本杰明	海景房?如果我不看窗户外面,一个月多少钱?

本杰明	您的房子有幾個房間?
房主	有兩間臥室、一個客廳、一個餐廳、一個廚房和一個衛生間。一共七十平方米。
本杰明	面積有點兒小。有沒有大一點兒的?
房主	沒有。這個房子環境非常好,交通也很方便。
本杰明	房租多少錢?
房主	一個月六千六百元。如果您一次交半年的,就可以便宜點兒,一個月六千。
本杰明	還是有點兒貴!
房主	不貴!這是一套海景房!
本杰明	海景房?如果我不看窗戶外面,一個月多少錢?

> 간체자 青 | 제시된 간체자들의 발음은 '靑 qīng'에서 비롯됐습니다. '靑'이 포함된 간체자의 발음에는 대부분 성모 'j'나 'q', 운모 'ing'이 있습니다.

35 在海边晒晒太阳。 | 在海邊曬曬太陽。

方方为什么没度假?

方方	本杰明,你们度假回来了?
本杰明	是啊!昨天刚回来。
方方	假期过得怎么样?
本杰明	非常好!海南的冬天真舒服。
方方	你们做什么了?
本杰明	我们在海边晒晒太阳,游游泳;有时候去逛逛街。累了就在房间里休息休息,喝喝茶,聊聊天儿。
本杰明	方方,假期你是怎么过的?
方方	因为我要参加一个法语考试,所以只能在家准备准备,听听录音,背背生词,做做题。
本杰明	你的假期过得真充实!

方方爲什麽沒度假?

方方	本杰明,你們度假回來了?
本杰明	是啊!昨天剛回來。
方方	假期過得怎麽樣?
本杰明	非常好!海南的冬天真舒服。
方方	你們做什麽了?
本杰明	我們在海邊曬曬太陽,游游泳;有時候去逛逛街。累了就在房間裏休息休息,喝喝茶,聊聊天兒。
本杰明	方方,假期你是怎麽過的?
方方	因爲我要參加一個法語考試,所以祇能在家準備準備,聽聽錄音,背背生詞,做做題。
本杰明	你的假期過得真充實!

> 간체자 辶 | '辶(쉬엄쉬엄 갈 착)'이 포함된 간체자의 뜻은 대부분 '걷다' '가다'와 관련이 있습니다.

37 胳膊被撞伤了。 | 胳膊被撞傷了。

林木怎么了?

同事	林木,你怎么了?
林木	今天真倒霉!我被车撞了!
同事	哎呀,你的胳膊被撞伤了,衣服也被划破了。
林木	最糟糕的是,眼镜也被碰坏了。
同事	是什么车撞的?
林木	自行车!
同事	是怎么撞的?
林木	我过马路的时候,那辆车突然冲过来,把我撞了。

林木怎麽了?

同事	林木,你怎麽了?
林木	今天真倒黴!我被車撞了!
同事	哎呀,你的胳膊被撞傷了,衣服也被劃破了。
林木	最糟糕的是,眼鏡也被碰壞了。
同事	是什麽車撞的?
林木	自行車!
同事	是怎麽撞的?
林木	我過馬路的時候,那輛車突然衝過來,把我撞了。

同事	骑车的人不会按铃吗？
林木	我也这么问她。她说："真对不起，我会按铃，但是不太会骑车！"

同事	騎車的人不會按鈴嗎？
林木	我也這麼問她。她說："真對不起，我會按鈴，但是不太會騎車！"

`간체자` 月 | '月(肉의 변형, 육달 월)'이 포함된 간체자의 뜻은 대부분 '고기' 또는 '신체 부위'와 관련이 있습니다.

39 我要回国了。 | 我要回國了。

大双和小双毕业以后有什么打算？

大卫	要毕业了，方方，你有什么打算？
王方方	我想考研究生。你呢，大卫？
大卫	我要回国了。我打算当汉语老师。大双、小双，你们呢？
刘大双	我们下个星期就要去上海工作了。
安妮	真好，你们总是在一起。
刘小双	这回我们要分开了，我去电视台工作，他去出版社工作。
王方方	安妮，你也准备回国吗？
安妮	我不准备回国，我想走遍中国。明天我就要出发了。
大家	本杰明，你呢？
本杰明	告诉大家一个好消息，我要结婚了。我决定留在中国当中国女婿。

大雙和小雙畢業以後有什麼打算？

大衛	要畢業了，方方，你有什麼打算？
王方方	我想考研究生。你呢，大衛？
大衛	我要回國了。我打算當漢語老師。大雙、小雙，你們呢？
劉大雙	我們下個星期就要去上海工作了。
安妮	真好，你們總是在一起。
劉小雙	這回我們要分開了，我去電視臺工作，他去出版社工作。
王方方	安妮，你也準備回國嗎？
安妮	我不準備回國，我想走遍中國。明天我就要出發了。
大家	本杰明，你呢？
本杰明	告訴大家一個好消息，我要結婚了。我決定留在中國當中國女婿。

`간체자` 氵 | '氵(물 수)'가 포함된 간체자의 뜻은 대부분 '물'과 관련이 있습니다.

짝수 과
녹음 대본과 모범답안

02 我是今年来中国的。

🔊 02-02

| 예 | 你是什么时候去西安的?
我是7月12号去西安的。
我是7月12号去的。 | 예 | 언제 시안에 갔나요?
저는 7월 12일에 시안에 갔습니다.
저는 7월 12일에 갔습니다. |

1 你是什么时候来中国的?
  我是今年来中国的。
  我是今年来的。

1 언제 중국에 왔나요?
  저는 올해 중국에 왔습니다.
  저는 올해 왔습니다.

2 你是什么时候来办公室的?
  我是七点半来办公室的。
  我是七点半来的。

2 언제 사무실에 왔나요?
  저는 7시 반에 사무실에 왔습니다.
  저는 7시 반에 왔습니다.

3 你是什么时候去大使馆的?
  我是前天去大使馆的。
  我是前天去的。

3 언제 대사관에 갔나요?
  저는 그저께 대사관에 갔습니다.
  저는 그저께 갔습니다.

4 你是怎么去意大利的?
  我是坐飞机去意大利的。
  我是坐飞机去的。

4 이탈리아에 어떻게 갔나요?
  저는 비행기를 타고 이탈리아에 갔습니다.
  저는 비행기를 타고 갔습니다.

5 你是怎么去故宫的?
  我是开车去故宫的。
  我是开车去的。

5 고궁에 어떻게 갔나요?
  저는 운전해서 고궁에 갔습니다.
  저는 운전해서 갔습니다.

6 你是怎么去颐和园的?
  我是坐公共汽车去颐和园的。
  我是坐公共汽车去的。

6 이허위앤에 어떻게 갔나요?
  저는 버스를 타고 이허위앤에 갔습니다.
  저는 버스를 타고 갔습니다.

7 你是跟谁一起去爬山的?
  我是跟朋友一起去爬山的。
  我是跟朋友一起去的。

7 누구와 함께 등산을 갔나요?
  저는 친구와 함께 등산을 갔습니다.
  저는 친구와 함께 갔습니다.

8 你是跟谁一起去吃饭的?
  我是跟客人一起去吃饭的。
  我是跟客人一起去的。

8 누구와 함께 밥을 먹으러 갔나요?
  저는 손님과 함께 밥을 먹으러 갔습니다.
  저는 손님과 함께 갔습니다.

9 你是在哪儿看见阿里的?
  我是在咖啡馆儿看见阿里的。

9 어디에서 알리를 봤나요?
  저는 커피숍에서 알리를 봤습니다.

연 습

1

qí 骑	qí (zìxíng)chē 骑(自行)车
	자전거를 타다

부록 105

kāi 开	kāi chē 开车	kāi gōnggòng qìchē 开公共汽车	kāi huǒchē 开火车	kāi fēijī 开飞机	kāi chūzūchē 开出租车
	자동차를 몰다	버스를 몰다	기차를 몰다	비행기를 몰다	택시를 몰다

zuò 坐	zuò chē 坐车	zuò gōnggòng qìchē 坐公共汽车	zuò huǒchē 坐火车	zuò fēijī 坐飞机	zuò chūzūchē 坐出租车
	자동차를 타다	버스를 타다	기차를 타다	비행기를 타다	택시를 타다

2 🔊 02-04

예 本杰明后天跟谁一起去西安?
本杰明后天跟金美英一起去西安。

(1) 刘老师明天跟谁一起去大使馆?
刘老师明天跟张老师一起去大使馆。

(2) 于小姐周末跟谁一起去故宫?
于小姐周末跟同事一起去故宫。

(3) 爸爸晚上跟谁一起去吃饭?
爸爸晚上跟经理一起去吃饭。

(4) 哥哥常常跟谁一起去爬山?
哥哥常常跟朋友一起去爬山。

예 벤자민은 모레 누구와 함께 시안에 가요?
벤자민은 모레 김미영과 함께 시안에 갑니다.

(1) 리우 선생님은 내일 누구와 함께 대사관에 가요?
리우 선생님은 내일 장 선생님과 함께 대사관에 갑니다.

(2) 위 양은 주말에 누구와 함께 고궁에 가요?
위 양은 주말에 동료와 함께 고궁에 갑니다.

(3) 아빠는 저녁에 누구와 함께 밥을 먹으러 가요?
아빠는 저녁에 사장님과 함께 밥을 먹으러 갑니다.

(4) 형은 늘 누구와 함께 등산을 가요?
형은 늘 친구와 함께 등산을 갑니다.

3 A 你是什么时候去北京的? 언제 베이징에 갔나요?
B 我是上个月去北京的。 지난달에 갔습니다.
A 你是怎么去北京的? 베이징에 어떻게 갔나요?
B 我是坐飞机去的。 비행기를 타고 갔습니다.
A 你是跟谁一起去北京的? 누구와 함께 베이징에 갔나요?
B 我是跟朋友一起去北京的。 친구와 함께 갔습니다.

04 我要退房。

🔊 04-02

예 您要做什么?
我要上网。

1 您要做什么?
我要订房间。

2 您要做什么?
我要去健身。

3 您要做什么?
我要找个人。

4 您需要帮助吗?
我要洗衣服。

예 무엇을 하시려고요?
인터넷을 하고 싶습니다.

1 무엇을 하시려고요?
방을 예약하고 싶습니다.

2 무엇을 하시려고요?
헬스를 하러 가려고 합니다.

3 무엇을 하시려고요?
사람을 찾고 싶습니다.

4 도움이 필요하신가요?
옷을 세탁하고 싶습니다.

5	您需要帮助吗? 我要订飞机票。		5	도움이 필요하신가요? 비행기 표를 예약하고 싶습니다.
6	您需要帮助吗? 我要复印护照。		6	도움이 필요하신가요? 여권을 복사하고 싶습니다.
7	您需要什么帮助? 我要退房。		7	어떤 도움이 필요하신가요? 체크아웃하려고 합니다.
8	您需要什么帮助? 我要借一把伞。		8	어떤 도움이 필요하신가요? 우산을 하나 빌리고 싶습니다.
9	您需要什么帮助? 我要存行李。		9	어떤 도움이 필요하신가요? 짐을 맡기고 싶습니다.

연습

1 (1) E (2) B (3) A (4) D (5) C (6) D

2 🔊 04-04

예	复印两块钱一张。 复印不是一块钱一张吗?		예	복사는 1장에 2콰이입니다. 복사는 1장에 1콰이 아닌가요?
(1)	餐厅在一层。 餐厅不是在二层吗?		(1)	식당은 1층에 있습니다. 식당은 2층에 있지 않나요?
(2)	刘先生十点去故宫。 刘先生不是九点去故宫吗?		(2)	리우 선생님은 10시에 고궁에 갑니다. 리우 선생님은 9시에 고궁에 가지 않나요?
(3)	他是王先生。 他不是刘先生吗?		(3)	저 분은 왕 선생님입니다. 저 분은 리우 선생님 아닌가요?
(4)	马经理要订火车票。 马经理不是要订飞机票吗?		(4)	마 사장은 기차표를 예약하려고 합니다. 마 사장은 비행기 표를 예약하려고 하지 않나요?

3 我要去餐厅,餐厅在哪儿? 식당에 가려고 하는데, 식당은 어디에 있나요?

我要上网,房间里能上网吗? 인터넷을 하려고 하는데, 방에서 할 수 있나요?

06 安妮汉语说得很流利。

🔊 06-02

예	他们来得早吗? 王秘书来得很早,张经理来得很晚。		예	그들은 일찍 오나요? 왕 비서는 일찍 오고, 장 사장은 늦게 옵니다.
1	他们走得快吗? 哥哥走得很快,弟弟走得很慢。		1	그들은 빨리 걷나요? 형은 빨리 걷고, 동생은 천천히 걷습니다.

2	他们吃得多吗? 爸爸吃得很多，妈妈吃得很少。		2	그들은 많이 먹나요? 아버지는 많이 드시고, 어머니는 적게 드십니다.
3	他们住得远吗? 刘老师住得很远，张老师住得很近。		3	그들은 멀리 사나요? 리우 선생님은 멀리 살고, 장 선생님은 가까이 삽니다.
4	菜做得好吃不好吃? 这个菜做得很好吃，那个菜做得不好吃。		4	요리가 맛있게 됐나요? 이 요리는 맛있게 됐지만, 저 요리는 맛없게 됐습니다.
5	照片照得好看不好看? 这张照片照得很好看，那张照片照得不好看。		5	사진이 예쁘게 찍혔나요? 이 사진은 예쁘게 찍혔지만, 저 사진은 안 예쁘게 찍혔습니다.
6	他们汉语说得怎么样? 安妮汉语说得很流利，大卫汉语说得不流利。		6	그들의 중국어 실력은 어떤가요? 애니는 중국어를 유창하게 하지만, 다비드는 중국어를 유창하게 하지 못합니다.
7	昨天你们玩儿得怎么样? 昨天我玩儿得很开心，昨天他玩儿得不开心。		7	어제 모두들 잘 놀았나요? 어제 저는 즐겁게 놀았지만, 그는 즐겁게 놀지 않았습니다.

연 습

1

zǎoshang 早上	zhōngwǔ 中午	wǎnshang 晚上	shàngwǔ 上午	xiàwǔ 下午
아침	점심	저녁	오전	오후

zǎofàn 早饭	zhōngfàn 中饭	wǎnfàn 晚饭
zǎocān 早餐	zhōngcān 中餐	wǎncān 晚餐
아침밥	점심밥	저녁밥

2 🔊 06-04

예	早上弟弟吃得多吗? 早上弟弟吃得很多。 早上妹妹吃得多不多? 早上妹妹吃得不多。		예	아침에 남동생은 많이 먹나요? 아침에 남동생은 많이 먹습니다. 아침에 여동생은 많이 먹나요? 아침에 여동생은 많이 먹지 않습니다.
(1)	昨天你睡得好吗? 昨天我睡得很好。 昨天她睡得好不好? 昨天她睡得不好。		(1)	어제 잘 잤나요? 어제 잘 잤습니다. 어제 그녀는 잘 잤나요? 어제 그녀는 잘 못 잤습니다.
(2)	周末你休息得好吗? 周末我休息得很好。 周末他休息得好不好? 周末他休息得不好。		(2)	주말에 잘 쉬었나요? 주말에 잘 쉬었습니다. 주말에 그는 잘 쉬었나요? 주말에 그는 잘 못 쉬었습니다.
(3)	今天王小姐穿得漂亮吗? 今天王小姐穿得很漂亮。 今天李小姐穿得漂亮不漂亮? 今天李小姐穿得不漂亮。		(3)	오늘 왕 양은 예쁘게 입었나요? 오늘 왕 양은 예쁘게 입었습니다. 오늘 리 양은 예쁘게 입었나요? 오늘 리 양은 예쁘게 입지 않았습니다.

(4) 星期六大卫玩儿得高兴吗?
星期六大卫玩儿得很高兴。
星期六阿里玩儿得高兴不高兴?
星期六阿里玩儿得不高兴。

(4) 토요일에 다비드는 즐겁게 놀았나요?
토요일에 다비드는 즐겁게 놀았습니다.
토요일에 알리는 즐겁게 놀았나요?
토요일에 알리는 즐겁게 놀지 않았습니다.

3 安妮汉语说得很流利。大卫汉语说得不流利。 애니는 중국어를 유창하게 하고, 다비드는 중국어를 유창하게 하지 못합니다.

方方汉语说得很快。小双汉语说得不快。 팡팡은 중국어를 빨리 말하고, 샤오솽은 중국어를 빨리 말하지 않습니다.

08 你会用筷子吗?

08-02

예 你有什么特长? 我会弹钢琴。	예 어떤 특기가 있나요? 저는 피아노를 칠 줄 압니다.
1 你有什么特长? 我会画中国画。	1 어떤 특기가 있나요? 저는 중국화를 그릴 줄 압니다.
2 你有什么特长? 我会讲故事。	2 어떤 특기가 있나요? 저는 이야기를 할 줄 압니다.
3 你有什么特长? 我会修电脑。	3 어떤 특기가 있나요? 저는 컴퓨터를 고칠 줄 압니다.
4 你会查汉语字典吗? 我会查汉语字典。	4 중국어 자전을 찾을 줄 아나요? 저는 중국어 자전을 찾을 줄 압니다.
5 你会打太极拳吗? 我会打太极拳。	5 태극권을 할 줄 아나요? 저는 태극권을 할 줄 압니다.
6 你会用筷子吗? 我会用筷子。	6 젓가락을 쓸 줄 아나요? 저는 젓가락을 쓸 줄 압니다.
예 你会不会用中文写信? 我不会用中文写信，我会用英文写信。	예 중국어로 편지를 쓸 줄 아나요? 저는 중국어로 편지를 쓸 줄 모릅니다. 저는 영어로 편지를 쓸 줄 압니다.
7 你会不会踢足球? 我不会踢足球，我会打篮球。	7 축구를 할 줄 아나요? 저는 축구를 할 줄 모릅니다. 저는 농구를 할 줄 압니다.
8 你会不会唱京剧? 我不会唱京剧，我会唱中文歌。	8 경극을 할 줄 아나요? 저는 경극을 할 줄 모릅니다. 저는 중국 노래를 부를 줄 압니다.

연습

1 (1) D (2) C (3) A (4) E (5) B (6) F

2 08-04

예 你会拉小提琴吗? 我会拉小提琴，还会弹钢琴。	예 바이올린을 켤 줄 아나요? 저는 바이올린을 켤 줄 알고, 피아노도 칠 줄 압니다.
(1) 你喜欢唱中文歌吗? 我喜欢唱中文歌，还喜欢画中国画。	(1) 중국 노래 부르기를 좋아하나요? 저는 중국 노래 부르기를 좋아하고, 중국화 그리기도 좋아합니다.
(2) 你有哥哥吗? 我有一个哥哥，还有一个姐姐。	(2) 형이 있나요? 저는 형이 하나 있고, 누나도 하나 있습니다.
(3) 王小姐买衣服了吗? 王小姐买衣服了，还买鞋了。	(3) 왕 양은 옷을 샀나요? 왕 양은 옷을 샀고, 신발도 샀습니다.
(4) 丁先生订飞机票了吗? 丁先生订飞机票了，还订车了。	(4) 딩 선생님은 비행기 표를 예약했나요? 딩 선생님은 비행기 표를 예약했고, 차도 예약했습니다.
(5) 林秘书去银行了吗? 林秘书去银行了，还去邮局了。	(5) 린 비서는 은행에 갔나요? 린 비서는 은행에 갔고, 우체국에도 갔습니다.

3 安妮会唱中文歌。 애니는 중국 노래를 부를 줄 압니다.

大卫会踢足球。 다비드는 축구를 할 줄 압니다.

方方会拉小提琴。 팡팡은 바이올린을 켤 줄 압니다.

小双会打乒乓球。 샤오쑹은 탁구를 칠 줄 압니다.

10 这儿能不能停车?

 10-02

예 能刷卡吗? 能刷卡。	예 카드 결제가 되나요? 카드 결제가 됩니다.
1 能打折吗? 能打折。	1 할인이 되나요? 할인 됩니다.
2 能换人民币吗? 能换人民币。	2 인민폐를 바꿀 수 있나요? 인민폐를 바꿀 수 있습니다.
3 能用欧元吗? 能用欧元。	3 유로를 쓸 수 있나요? 유로를 쓸 수 있습니다.
4 这儿能不能停车? 这儿不能停车。	4 여기에 주차해도 되나요? 여기에 주차하면 안 됩니다.
5 这儿能不能吸烟? 这儿不能吸烟。	5 여기서 담배 피워도 되나요? 여기서 담배 피우면 안 됩니다.
6 这儿能不能拍照? 这儿不能拍照。	6 여기서 사진 찍어도 되나요? 여기서 사진 찍으면 안 됩니다.
7 星期一能不能参观? 不能参观。	7 월요일에 참관할 수 있나요? 참관할 수 없습니다.

8	明天能不能请假? 不能请假。						
9	今天晚上能不能给你打电话? 能给我打电话。						

8	내일 휴가 내도 되나요? 휴가 내면 안 됩니다.						
9	오늘 저녁에 전화해도 되나요? 전화해도 됩니다.						

연 습

1

국가	Zhōngguó 中国	Déguó 德国	Fǎguó 法国	Měiguó 美国	Xībānyá 西班牙	Yìdàlì 意大利	Yīngguó 英国
화폐 단위	A	B	B	C	B	B	D

2 🔊 10-04

예	你要做什么? 我要停一下车。		예	무엇을 하시려고요? 주차를 좀 하려고요.
(1)	你要做什么? 我要洗一下手。		(1)	무엇을 하시려고요? 손을 좀 씻으려고요.
(2)	你要做什么? 我要查一下字典。		(2)	무엇을 하시려고요? 자전을 좀 찾으려고요.
(3)	你要做什么? 我要换一下人民币。		(3)	무엇을 하시려고요? 인민폐를 좀 바꾸려고요.
(4)	你要做什么? 我要收拾一下行李。		(4)	무엇을 하시려고요? 짐을 좀 정리하려고요.

3 这儿不能吸烟。여기서 담배 피우면 안 됩니다.

这儿不能停车。여기에 주차하면 안 됩니다.

这儿不能通行。여기는 통행할 수 없습니다.

这儿不能拍照。여기서 사진 찍으면 안 됩니다.

12 太阳出来了。

🔊 12-02

예	小李上去了吗? 小李上去了。	예	샤오리가 올라갔나요? 샤오리는 올라갔습니다.
1	老师进来了吗? 老师没进来。	1	선생님이 들어오셨나요? 선생님은 안 들어오셨습니다.
2	熊猫进去了吗? 熊猫没进去。	2	판다가 들어갔나요? 판다는 들어가지 않았습니다.

3	太阳出来了吗? 太阳出来了。	3	해가 나왔나요? 해가 나왔습니다.
4	小李爬上去了吗? 小李爬上去了。	4	샤오리가 걸어 올라갔나요? 샤오리는 걸어 올라갔습니다.
5	老师走进来了吗? 老师没走进来。	5	선생님이 걸어 들어오셨나요? 선생님은 걸어 들어오지 않으셨습니다.
6	同学们跑出去了吗? 同学们跑出去了。	6	학우들이 뛰어나갔나요? 학우들은 뛰어나갔습니다.
예	那个年轻人搬进来什么? 那个年轻人搬进来一个箱子。	예	그 젊은이가 무엇을 옮겨 왔나요? 그 젊은이는 상자 하나를 옮겨 왔습니다.
7	那个孩子拿出来什么? 那个孩子拿出来一盒铅笔。	7	그 아이가 무엇을 가지고 나왔나요? 그 아이는 연필 한 상자를 가지고 나왔습니다.
8	爷爷带回来什么? 爷爷带回来很多糖。	8	할아버지가 무엇을 가지고 돌아오셨나요? 할아버지는 사탕을 많이 가지고 돌아오셨습니다.

연 습

1

	shàng 上	xià 下	jìn 进	chū 出	huí 回	guò 过	qǐ 起
lái 来	shànglai 上来	xiàlai 下来	jìnlai 进来	chūlai 出来	huílai 回来	guòlai 过来	qǐlai 起来
qù 去	shàngqu 上去	xiàqu 下去	jìnqu 进去	chūqu 出去	huíqu 回去	guòqu 过去	

2  12-04

예	老师出来了吗? 老师出来了。 学生出来了吗? 学生没出来。	예	선생님은 나오셨나요? 선생님은 나오셨습니다. 학생은 나왔나요? 학생은 나오지 않았습니다.
(1)	爷爷上去了吗? 爷爷上去了。 奶奶上去了吗? 奶奶没上去。	(1)	할아버지는 올라가셨나요? 할아버지는 올라가셨습니다. 할머니는 올라가셨나요? 할머니는 올라가지 않으셨습니다.
(2)	哥哥下来了吗? 哥哥下来了。 姐姐下来了吗? 姐姐没下来。	(2)	형은 내려왔나요? 형은 내려왔습니다. 누나는 내려왔나요? 누나는 내려오지 않았습니다.
(3)	弟弟跑进来了吗? 弟弟跑进来了。 妹妹跑进来了吗? 妹妹没跑进来。	(3)	남동생은 뛰어 들어왔나요? 남동생은 뛰어 들어왔습니다. 여동생은 뛰어 들어왔나요? 여동생은 뛰어 들어오지 않았습니다.

(4) 安妮游过去了吗? 安妮游过去了。 阿里游过去了吗? 阿里没游过去。	(4) 애니는 헤엄쳐 건너갔나요? 애니는 헤엄쳐 건너갔습니다. 알리는 헤엄쳐 건너갔나요? 알리는 헤엄쳐 건너가지 않았습니다.

3 小双走进来了。 샤오솽이 걸어 들어왔습니다.

   大双跑出去了。 다솽이 뛰어 나갔습니다.

14 方方听不懂西班牙语。

🔊 14-02

예 你看得清楚那些汉字吗? 我看得清楚那些汉字。	예 저 한자들이 명확히 보이나요? 저 한자들이 명확히 보입니다.
1 他修得好这个电梯吗? 他修得好这个电梯。	1 그는 이 엘리베이터를 고칠 수 있나요? 그는 이 엘리베이터를 고칠 수 있습니다.
2 阿里查得到安妮的电话号码吗? 阿里查不到安妮的电话号码。	2 알리는 애니의 전화번호를 찾을 수 있나요? 알리는 애니의 전화번호를 찾을 수 없습니다.
3 你记得住这些生词吗? 我记得住这些生词。	3 이 새 낱말들을 기억할 수 있나요? 이 새 낱말들을 기억할 수 있습니다.
4 小明做得完做不完作业? 小明做不完作业。	4 샤오밍은 숙제를 다 끝낼 수 있나요? 샤오밍은 숙제를 다 끝낼 수 없습니다.
5 方方听得懂听不懂西班牙语? 方方听不懂西班牙语。	5 팡팡은 스페인어를 알아들을 수 있나요? 팡팡은 스페인어를 알아들을 수 없습니다.
6 他买得起买不起这种房子? 他买不起这种房子。	6 그는 이런 집을 (돈이 있어서) 살 수 있나요? 그는 이런 집을 (돈이 없어서) 살 수 없습니다.
예 这座山你爬得上去吗? 这座山我爬不上去。	예 이 산을 올라갈 수 있나요? 이 산을 올라갈 수 없습니다.
7 那个行李箱你搬得上来吗? 那个行李箱我搬不上来。	7 그 짐을 위로 옮겨 올 수 있나요? 그 짐을 위로 옮겨 올 수 없습니다.
8 电子邮件发得出去吗? 电子邮件发得出去。	8 메일을 발송할 수 있나요? 메일을 발송할 수 있습니다.

1 (1) B (2) E (3) G (4) C (5) A (6) D (7) F (8) H

2 🔊 14-04

예 火车票你买得到买不到? 火车票我买得到。 火车票我买不到。	예 기차표를 살 수 있나요? 기차표를 살 수 있습니다. 기차표를 살 수 없습니다.
(1) 那双鞋你找得到找不到? 那双鞋我找得到。 那双鞋我找不到。	(1) 그 신발을 찾을 수 있나요? 그 신발을 찾을 수 있습니다. 그 신발을 찾을 수 없습니다.
(2) 这些衣服你洗得完洗不完? 这些衣服我洗得完。 这些衣服我洗不完。	(2) 이 옷들 세탁을 끝낼 수 있나요? 이 옷들 세탁을 끝낼 수 있습니다. 이 옷들 세탁을 끝낼 수 없습니다.
(3) 他们的名字你记得住记不住? 他们的名字我记得住。 他们的名字我记不住。	(3) 그들의 이름을 기억할 수 있나요? 그들의 이름을 기억할 수 있습니다. 그들의 이름을 기억할 수 없습니다.
(4) 她的回答你听得清楚听不清楚? 她的回答我听得清楚。 她的回答我听不清楚。	(4) 그녀의 대답이 명확히 들리나요? 그녀의 대답이 명확히 들립니다. 그녀의 대답이 명확히 들리지 않습니다.

3 A 你听得懂录音吗? 녹음을 알아들을 수 있나요?
B 我听得懂录音。 녹음을 알아들을 수 있습니다.
A 你记得住生词吗? 새 낱말을 기억할 수 있나요?
B 我记得住生词。 새 낱말을 기억할 수 있습니다.

16 你把车停在哪儿了?

🔊 16-02

예 你把行李箱放在哪儿了? 我把行李箱放在那儿了。	예 짐을 어디에 두었나요? 짐을 저기에 두었습니다.
1 你把包放在哪儿了? 我把包放在教室里了。	1 가방을 어디에 두었나요? 가방을 교실에 두었습니다.
2 你把眼镜放在哪儿了? 我把眼镜放在桌子上了。	2 안경을 어디에 두었나요? 안경을 탁자 위에 두었습니다.
3 你把啤酒放在哪儿了? 我把啤酒放在冰箱里了。	3 맥주를 어디에 두었나요? 맥주를 냉장고 안에 두었습니다.
4 你把车停在哪儿了? 我把车停在车库里了。	4 차를 어디에 세웠나요? 차를 차고 안에 세웠습니다.
5 你把大衣挂在哪儿了? 我把大衣挂在衣柜里了。	5 외투를 어디에 걸었나요? 외투를 옷장 안에 걸었습니다.
6 你把椅子搬到哪儿了? 我把椅子搬到花园里了。	6 의자를 어디로 옮겼나요? 의자를 정원으로 옮겼습니다.
예 需要帮忙吗? 请把门关上。	예 도움이 필요하신가요? 문을 닫아 주세요.

7	需要帮忙吗? 请把窗户打开。	**7**	도움이 필요하신가요? 창문을 열어 주세요.
8	需要帮忙吗? 请把菜单拿过来。	**8**	도움이 필요하신가요? 메뉴판을 가져다 주세요.

연 습

1 (1) 打车 택시를 타다 | 打折 할인하다 | 打电话 전화를 걸다 | 打开 열다

(2) 打篮球 농구를 하다 | 打太极拳 태극권을 하다 | 打算 계획하다 | 打扫 청소하다

2 🔊 16-04

예	你是不是把手机放在桌子上了? 我没把手机放在桌子上。 你把手机放在哪儿了? 我把手机放在包里了。	예	휴대전화를 탁자 위에 두었지요? 휴대전화를 탁자 위에 두지 않았습니다. 휴대전화를 어디에 두었나요? 휴대전화를 가방 안에 두었습니다.
(1)	你是不是把大衣挂在衣柜里了? 我没把大衣挂在衣柜里。 你把大衣挂在哪儿了? 我把大衣挂在门后面了。	(1)	외투를 옷장 안에 걸었지요? 외투를 옷장 안에 걸지 않았습니다. 외투를 어디에 걸었나요? 외투를 문 뒤에 걸었습니다.
(2)	你是不是把护照放在书柜里了? 我没把护照放在书柜里。 你把护照放在哪儿了? 我把护照放在桌子上了。	(2)	여권을 책장에 두었지요? 여권을 책장에 두지 않았습니다. 여권을 어디에 두었나요? 여권을 탁자 위에 두었습니다.
(3)	你是不是把那些书搬到外面了? 我没把那些书搬到外面。 你把书搬到哪了? 我把书搬到书房里了。	(3)	그 책들을 밖으로 옮겼지요? 그 책들을 밖으로 옮기지 않았습니다. 책을 어디로 옮겼나요? 책을 서재로 옮겼습니다.
(4)	你是不是把车停在车库里了? 我没把车停在车库里。 你把车停在哪儿了? 我把车停在楼下了。	(4)	차를 차고에 세웠지요? 차를 차고에 세우지 않았습니다. 차를 어디에 세웠나요? 차를 아래층에 세웠습니다.

3 我把包放在书柜里。 가방을 책장에 두었습니다.

我把护照放在桌子上。 여권을 탁자 위에 두었습니다.

我把手机放在书包里。 휴대전화를 가방에 넣어 두었습니다.

18 明天会下雨吗?

🔊 18-02

예 意大利队会赢吗? 　　意大利队会赢。	예 이탈리아 팀이 이길까요? 　　이탈리아 팀이 이길 것입니다.
1 明天会下雨吗? 　 明天不会下雨。	1 내일 비가 올까요? 　 내일 비가 오지 않을 것입니다.
2 姐姐会来吗? 　 姐姐不会来。	2 누나가 올까요? 　 누나는 오지 않을 것입니다.
3 哥哥会去机场接爸爸吗? 　 哥哥会去机场接爸爸。	3 형이 공항에 아버지를 마중하러 나갈까요? 　 형은 공항에 아버지를 마중하러 나갈 것입니다.
4 你下个星期会不会去上海? 　 我下个星期不会去上海。	4 다음 주에 상하이에 갈 건가요? 　 다음 주에 상하이에 가지 않을 것입니다.
5 你明天会不会见到王经理? 　 我明天会见到王经理。	5 내일 왕 사장님을 만날 건가요? 　 내일 왕 사장님을 만날 것입니다.
6 你明年会不会去中国旅游? 　 我明年会去中国旅游。	6 내년에 중국 여행을 갈 건가요? 　 내년에 중국 여행을 갈 것입니다.
예 下次比赛会在哪个国家举行? 　　下次比赛会在西班牙举行。	예 다음 경기는 어느 나라에서 열릴까요? 　　다음 경기는 스페인에서 열릴 것입니다.
7 你会跟谁一起过春节? 　 我会跟爸爸、妈妈一起过春节。	7 누구와 함께 춘지에를 보낼 건가요? 　 아빠, 엄마와 함께 춘지에를 보낼 것입니다.
8 你们会在哪儿过圣诞节? 　 我们会在伦敦过圣诞节。	8 여러분은 어디에서 크리스마스를 보낼 건가요? 　 저희는 런던에서 크리스마스를 보낼 것입니다.

연 습

1 (1) 赢－输 | 脱－穿 | 早－晚 | 进去－出来 | 快－慢

　(2) 大－小 | 高－矮 | 多－少 | 好－坏 | 远－近

2 🔊 18-04

예 爷爷买什么了? 　　爷爷什么也没买。	예 할아버지가 무엇을 샀나요? 　　할아버지는 아무것도 사지 않았습니다.
(1) 李小姐说什么了? 　　李小姐什么也没说。	(1) 리 양이 뭐라고 말했나요? 　　리 양은 아무것도 말하지 않았습니다.
(2) 周末你去哪儿了? 　　周末我哪儿也没去。	(2) 주말에 어디 갔었나요? 　　주말에 아무 데도 가지 않았습니다.
(3) 你看见谁了? 　　我谁也没看见。	(3) 누구를 봤나요? 　　아무도 보지 않았습니다.
(4) 谁在这儿拍照了? 　　谁也没在这儿拍照。	(4) 누가 여기서 사진을 찍었나요? 　　아무도 여기서 사진을 찍지 않았습니다.

3 下星期我会去中国。 다음 주에 저는 중국에 갈 것입니다.

下星期天气不会冷。 다음 주에 날씨가 춥지 않을 것입니다.

20 你学了几门外语?

🔊 20-02

예	周末大双做什么了? 周末大双参加了一个聚会。	예	주말에 다솽은 무엇을 했나요? 주말에 다솽은 모임에 참석했습니다.
1	前天安妮做什么了? 前天安妮听了一场音乐会。	1	그저께 애니는 무엇을 했나요? 그저께 애니는 음악회를 관람했습니다.
2	昨天你们做什么了? 昨天我们参观了一所大学。	2	어제 당신들은 무엇을 했나요? 어제 저희는 대학을 참관했습니다.
3	刚才你做什么了? 刚才我发了一个短信。	3	방금 무엇을 했나요? 방금 저는 문자 메시지를 보냈습니다.
예	你借了几本杂志? 我借了五本杂志。	예	잡지를 몇 권 빌렸나요? 잡지를 다섯 권 빌렸습니다.
4	弟弟画了几张画儿? 弟弟画了三张画儿。	4	남동생은 그림을 몇 장 그렸나요? 남동생은 그림을 세 장 그렸습니다.
5	奶奶学了几门外语? 奶奶学了两门外语。	5	할머니께서 외국어를 몇 가지 배우셨나요? 할머니께서는 외국어를 두 가지 배우셨습니다.
6	金美英选了几门课? 金美英选了六门课。	6	김미영은 수업을 몇 가지 선택했나요? 김미영은 수업을 여섯 가지 선택했습니다.
7	阿里买了几件衬衫? 阿里买了两件衬衫。	7	알리는 셔츠를 몇 벌 샀나요? 알리는 셔츠를 두 벌 샀습니다.
8	你照了几张照片? 我照了很多张照片。	8	사진을 몇 장 찍었나요? 사진을 여러 장 찍었습니다.

연 습

1 (1) 我看了一场英文电影。

(2) 大双照了三张照片。

(3) 安妮借了两本杂志。

(4) 她选了五门课。

2 🔊 20-04

예) 她在跟谁学西班牙语? 她在跟朋友学西班牙语。	예) 그녀는 누구에게 스페인어를 배우고 있나요? 그녀는 친구에게 스페인어를 배우고 있습니다.
(1) 小明在跟谁学画画儿? 小明在跟王老师学画画儿。	(1) 샤오밍은 누구에게 그림 그리기를 배우고 있나요? 샤오밍은 왕 선생님께 그림 그리기를 배우고 있습니다.
(2) 姐姐在跟谁要电话号码? 姐姐在跟男朋友要电话号码。	(2) 누나는 누구한테 전화번호를 달라고 하는 건가요? 누나는 남자친구한테 전화번호를 달라고 하고 있습니다.
예) 你是跟谁要的这张照片? 我是跟小双要的这张照片。	예) 누구에게 이 사진을 달라고 했나요? 샤오샹에게 이 사진을 달라고 했습니다.
(3) 大卫是跟谁借的那本杂志? 大卫是跟方方借的那本杂志。	(3) 다비드는 누구에게 그 잡지를 빌렸나요? 다비드는 팡팡에게 그 잡지를 빌렸습니다.
(4) 小李是跟谁借的伞? 小李是跟同事借的伞。	(4) 샤오리는 누구에게 우산을 빌렸나요? 샤오리는 동료에게 우산을 빌렸습니다.

3 我哥哥周末看了一场电影。 우리 오빠(형)는 주말에 영화를 한 편 봤습니다.

我妈妈周末跟我参观了一所大学。 우리 엄마는 주말에 저와 대학 한 곳을 참관했습니다.

我朋友周末去商场买了很多东西。 제 친구는 주말에 쇼핑몰에 가서 물건을 많이 샀습니다.

22 我打了三次电话。

🔊 22-02

예) 你们举行了几次演讲比赛? 我们举行了一次演讲比赛。	예) 여러분은 말하기 대회를 몇 번 개최했나요? 저희는 말하기 대회를 한 번 개최했습니다.
1 你写了几遍生词? 我写了四遍生词。	1 새 단어를 몇 번 썼나요? 새 단어를 네 번 썼습니다.
2 你复习了几遍课文? 我复习了三遍课文。	2 본문을 몇 번 복습했나요? 본문을 세 번 복습했습니다.
3 你检查了几遍作业? 我检查了两遍作业。	3 숙제를 몇 번 검사했나요? 숙제를 두 번 검사했습니다.
4 你打了几次电话? 我打了三次电话。	4 전화를 몇 번 걸었나요? 전화를 세 번 걸었습니다.
5 你搬了几次家? 我搬了八次家。	5 몇 번 이사했나요? 여덟 번 이사했습니다.
6 你去了几趟医院? 我去了两趟医院。	6 병원에 몇 번 다녀왔나요? 병원에 두 번 다녀왔습니다.
7 这个月你迟到了几次? 这个月我迟到了一次。	7 이번 달에 몇 번 늦었나요? 이번 달에 한 번 늦었습니다.
8 上个星期你锻炼了几次? 上个星期我锻炼了五次。	8 지난주에 운동을 몇 번 했나요? 지난주에 운동을 다섯 번 했습니다.

9	这个学期你们考了几次？ 这个学期我们考了三次。		9	이번 학기에 여러분은 시험을 몇 번 봤나요? 이번 학기에 저희는 시험을 세 번 봤습니다.	

 연 습

1

일(日)	qiántiān 前天 그저께	zuótiān 昨天 어제	jīntiān 今天 오늘	míngtiān 明天 내일	hòutiān 后天 모레

주(周)	shàng ge xīngqī 上个星期 지난주	zhège xīngqī 这个星期 이번 주	xià ge xīngqī 下个星期 다음 주		

월(月)	shàng ge yuè 上个月 지난달	zhège yuè 这个月 이번 달	xià ge yuè 下个月 다음 달		

연(年)	qiánnián 前年 재작년	qùnián 去年 작년	jīnnián 今年 올해	míngnián 明年 내년	hòunián 后年 후년

2 🔊 22-04

예	他想请谁吃晚饭？ 他想请女朋友吃晚饭。 他想请女朋友做什么？ 他想请女朋友吃晚饭。	예	그는 누구를 청해 저녁을 먹으려 하나요？ 그는 여자친구를 청해 저녁을 먹으려 합니다. 그는 여자친구를 청해 무엇을 하려 하나요？ 그는 여자친구를 청해 저녁을 먹으려 합니다.
(1)	你想请谁参加周末的聚会？ 我想请林木参加周末的聚会。 你想请林木做什么？ 我想请林木参加周末的聚会。	(1)	누구를 청해 주말 모임에 참가하려 하나요？ 저는 린무를 청해 주말 모임에 참가하려 합니다. 린무를 청해 무엇을 하려 하나요？ 저는 린무를 청해 주말 모임에 참가하려 합니다.
(2)	你想请谁跳舞？ 我想请那位漂亮的女士跳舞。 你想请那位漂亮的女士做什么？ 我想请那位漂亮的女士跳舞。	(2)	누구를 청해 춤을 추려 하나요？ 저는 저 예쁜 여자 분을 청해 춤을 추려 합니다. 저 예쁜 여자 분을 청해 무엇을 하려 하나요？ 저는 저 예쁜 여자 분을 청해 춤을 추려 합니다.
(3)	老师叫谁回答这个问题？ 老师叫安妮回答这个问题。 老师叫安妮做什么？ 老师叫安妮回答这个问题。	(3)	선생님은 누구에게 이 질문에 대답하게 하나요？ 선생님은 애니에게 이 질문에 대답하게 합니다. 선생님은 애니에게 무엇을 하게 하나요？ 선생님은 애니에게 이 질문에 대답하게 합니다.
(4)	她让谁明天早上八点来？ 她让我明天早上八点来。 她让你做什么？ 她让我明天早上八点来。	(4)	그녀는 누구에게 내일 아침 8시에 오라고 하나요？ 그녀는 저에게 내일 아침 8시에 오라고 합니다. 그녀는 당신에게 무엇을 하게 하나요？ 그녀는 저에게 내일 아침 8시에 오라고 합니다.

3 我今天读了三遍课文，写了五遍生词，听了十遍录音。
저는 오늘 본문을 세 번 읽고, 새 단어를 다섯 번 쓰고, 녹음을 열 번 들었습니다.

24 王老师教了十年汉语了。

🔊 24-02

예 安妮每天跟中国朋友聊多长时间? 安妮每天跟中国朋友聊两个小时。	예 애니는 매일 중국 친구와 얼마나 이야기를 나누나요? 애니는 매일 중국 친구와 두 시간 동안 이야기를 나눕니다.
1 刘老师每天睡多长时间? 刘老师每天睡八个小时。	1 리우 선생님은 매일 얼마나 주무시나요? 리우 선생님은 매일 여덟 시간 동안 주무십니다.
2 老王每天中午休息多长时间? 老王每天中午休息一刻钟。	2 라오왕은 매일 낮에 얼마나 쉬나요? 라오왕은 매일 낮에 15분 동안 쉽니다.
예 丁老师教了多长时间汉语? 丁老师教了十年汉语。	예 딩 선생님은 중국어를 얼마나 가르치셨나요? 딩 선생님은 중국어를 10년 동안 가르치셨습니다.
3 小明玩儿了多长时间游戏? 小明玩儿了二十分钟游戏。	3 샤오밍은 얼마나 게임을 했나요? 샤오밍은 20분 동안 게임을 했습니다.
4 李经理病了多长时间? 李经理病了一个星期。	4 리 사장님은 얼마나 아팠나요? 리 사장님은 한 주 동안 아팠습니다.
예 王老师教了几年汉语了? 王老师教了十年汉语了。	예 왕 선생님은 몇 년째 중국어를 가르치고 계신가요? 왕 선생님은 10년째 중국어를 가르치고 계십니다.
5 阿里在北京生活了几年了? 阿里在北京生活了三年了。	5 알리는 베이징에서 몇 년째 생활하고 있나요? 알리는 베이징에서 3년째 생활하고 있습니다.

연습

1 ⑴ A, F, G, M ⑵ D, J ⑶ B, C, E, H, I, K, N ⑷ L

2 🔊 24-04

예 今天早上你做什么了? 今天早上我练书法了。 你练了几个小时书法? 我练了一个小时书法。	예 오늘 아침에 무엇을 했나요? 오늘 아침에 서예 연습을 했습니다. 서예 연습을 몇 시간 동안 했나요? 한 시간 동안 서예 연습을 했습니다.
⑴ 今天上午安妮做什么了? 今天上午安妮练口语了。 她练了几个小时口语? 她练了三个小时口语。	⑴ 오늘 오전에 애니는 무엇을 했나요? 오늘 오전에 애니는 회화 연습을 했습니다. 그녀는 회화 연습을 몇 시간 동안 했나요? 그녀는 세 시간 동안 회화 연습을 했습니다.
⑵ 昨天中午小李做什么了? 昨天中午小李打乒乓球了。 他打了几个小时乒乓球? 他打了一个半小时乒乓球。	⑵ 어제 낮에 샤오리는 무엇을 했나요? 어제 낮에 샤오리는 탁구를 쳤습니다. 그는 탁구를 몇 시간 동안 쳤나요? 그는 한 시간 반 동안 탁구를 쳤습니다.
⑶ 昨天下午李小姐做什么了? 昨天下午李小姐拉小提琴了。 她拉了几个小时小提琴? 她拉了半个小时小提琴。	⑶ 어제 오후에 리 양은 무엇을 했나요? 어제 오후에 리 양은 바이올린을 켰습니다. 그녀는 바이올린을 몇 시간 동안 켰나요? 그녀는 30분 동안 바이올린을 켰습니다.

(4) 前天晚上金美英做什么了？ 前天晚上金美英听相声了。 她听了几个小时相声？ 她听了两个小时相声。	(4) 그제 저녁에 김미영은 무엇을 했나요? 그제 저녁에 김미영은 상성을 들었습니다. 그녀는 상성을 몇 시간 동안 들었나요? 그녀는 두 시간 동안 상성을 들었습니다.

3 我每天看一个小时电视。 저는 매일 한 시간 동안 텔레비전을 봅니다.

   我每天玩儿半个小时游戏。 저는 매일 30분 동안 게임을 합니다.

   我每天睡七个小时觉。 저는 매일 일곱 시간 동안 잠을 잡니다.

26 这个城市比那个城市暖和。

🔊 26-02

예) "老北京"安静还是"北京楼"安静？ "老北京"比"北京楼"安静。 "北京楼"没有"老北京"安静。	예) '라오베이징'이 조용한가요, '베이징러우'가 조용한가요? '라오베이징'이 '베이징러우'보다 조용합니다. '베이징러우'는 '라오베이징'만큼 조용하지 않습니다.
1 小王大还是小马大？ 小王比小马大。 小马没有小王大。	1 샤오왕이 나이가 많나요, 샤오마가 나이가 많나요? 샤오왕이 샤오마보다 나이가 많습니다. 샤오마는 샤오왕만큼 나이가 많지 않습니다.
2 妹妹聪明还是弟弟聪明？ 妹妹比弟弟聪明。 弟弟没有妹妹聪明。	2 여동생이 똑똑한가요, 남동생이 똑똑한가요? 여동생이 남동생보다 똑똑합니다. 남동생은 여동생만큼 똑똑하지 않습니다.
3 这个城市暖和还是那个城市暖和？ 这个城市比那个城市暖和。 那个城市没有这个城市暖和。	3 이 도시가 따뜻한가요, 저 도시가 따뜻한가요? 이 도시가 저 도시보다 따뜻합니다. 저 도시는 이 도시만큼 따뜻하지 않습니다.
4 谁的收入高？ 医生的收入比老师高。 老师的收入没有医生高。	4 누구의 수입이 많은가요? 의사 선생님의 수입이 선생님보다 많습니다. 선생님의 수입은 의사 선생님만큼 많지 않습니다.
5 谁的电脑水平高？ 阿里的电脑水平比本杰明高。 本杰明的电脑水平没有阿里高。	5 누구의 컴퓨터 실력이 높은가요? 알리의 컴퓨터 실력이 벤자민보다 높습니다. 벤자민의 컴퓨터 실력은 알리만큼 높지 않습니다.
6 哪个宾馆舒服？ 这个宾馆比那个宾馆舒服一点儿。 那个宾馆没有这个宾馆舒服。	6 어느 호텔이 편안한가요? 이 호텔이 저 호텔보다 좀 더 편안합니다. 저 호텔은 이 호텔만큼 편안하지 않습니다.
7 哪个班的成绩好？ 这个班的成绩比那个班好一点儿。 那个班的成绩没有这个班好。	7 어느 반의 성적이 좋은가요? 이 반의 성적이 저 반보다 좀 더 좋습니다. 저 반의 성적은 이 반만큼 좋지 않습니다.

연 습

1 (1) 长－短｜对－错｜冷－热｜开－关

   (2) 出去－进来｜上来－下去｜上去－下来｜打开－关上

2 🔊 26-04

예) 哥哥高还是弟弟高? 哥哥比弟弟高。 弟弟没有哥哥高。	예) 형이 키가 큰가요, 동생이 키가 큰가요? 형이 동생보다 키가 큽니다. 동생은 형만큼 키가 크지 않습니다.
(1) 姐姐漂亮还是妹妹漂亮? 姐姐比妹妹漂亮。 妹妹没有姐姐漂亮。	(1) 언니가 예쁜가요, 여동생이 예쁜가요? 언니가 여동생보다 예쁩니다. 여동생은 언니만큼 예쁘지 않습니다.
(2) 昨天热还是今天热? 昨天比今天热。 今天没有昨天热。	(2) 어제가 더웠나요, 오늘이 덥나요? 어제가 오늘보다 더웠습니다. 오늘은 어제만큼 덥지 않습니다.
(3) 这件衣服便宜还是那件衣服便宜? 这件衣服比那件衣服便宜一点儿。 这件衣服比那件便宜一点儿。 那件衣服没有这件衣服便宜。 那件衣服没有这件便宜。	(3) 이 옷이 싼가요, 저 옷이 싼가요? 이 옷이 저 옷보다 좀 더 쌉니다. 이 옷이 저것보다 좀 더 쌉니다. 저 옷은 이 옷만큼 싸지 않습니다. 저 옷은 이것만큼 싸지 않습니다.
(4) 这个商场近还是那个商场近? 这个商场比那个商场近一点儿。 这个商场比那个近一点儿。 那个商场没有这个商场近。 那个商场没有这个近。	(4) 이 상점이 가까운가요, 저 상점이 가까운가요? 이 상점이 저 상점보다 좀 더 가깝습니다. 이 상점이 저기보다 좀 더 가깝습니다. 저 상점은 이 상점만큼 가깝지 않습니다. 저 상점은 여기보다 가깝지 않습니다.

3 这个饭店的价格比那个饭店便宜。 이 호텔의 가격이 저 호텔보다 쌉니다.

这个饭店的环境没有那个饭店好。 이 호텔 환경은 저 호텔만큼 좋지 않습니다.

这个饭店比那个饭店近一点儿。 이 호텔이 저 호텔보다 좀 더 가깝습니다.

这个饭店的服务没有那个饭店好。 이 호텔 서비스는 저 호텔만큼 좋지 않습니다.

28 今天的节目跟昨天一样精彩。

🔊 28-02

예) 你们的习惯跟我们的习惯一样吗? 我们的习惯跟你们的习惯不一样。 我们的习惯跟你们不一样。	예) 당신들의 관습이 우리의 관습과 같나요? 우리의 관습은 당신들의 관습과 다릅니다. 우리의 관습은 당신들과 다릅니다.
1 香港的时间跟北京的时间一样吗? 香港的时间跟北京的时间一样。 香港的时间跟北京一样。	1 홍콩의 시간이 베이징의 시간과 같나요? 홍콩의 시간은 베이징의 시간과 같습니다. 홍콩의 시간은 베이징과 같습니다.
2 姐姐的专业跟妹妹的专业一样吗? 姐姐的专业跟妹妹的专业不一样。 姐姐的专业跟妹妹不一样。	2 언니의 전공이 여동생의 전공과 같습니까? 언니의 전공은 여동생의 전공과 다릅니다. 언니의 전공은 여동생과 다릅니다.
3 儿子的爱好跟爸爸的爱好一样吗? 儿子的爱好跟爸爸的爱好不一样。 儿子的爱好跟爸爸不一样。	3 아들의 취미가 아빠의 취미와 같습니까? 아들의 취미는 아빠의 취미와 다릅니다. 아들의 취미는 아빠와 다릅니다.

4 这个词的意思跟那个词的意思一样不一样? 这个词的意思跟那个词的意思不一样。 这个词的意思跟那个词不一样。	4 이 낱말의 뜻이 저 낱말의 뜻과 같습니까? 이 낱말의 뜻은 저 낱말의 뜻과 다릅니다. 이 낱말의 뜻은 저 낱말과 다릅니다.
5 这个地方的气候跟那个地方的气候一样不一样? 这个地方的气候跟那个地方的气候一样。 这个地方的气候跟那个地方一样。	5 이 지역의 기후가 저 지역의 기후와 같습니까? 이 지역의 기후는 저 지역의 기후와 같습니다. 이 지역의 기후는 저 지역과 같습니다.
예 这筐水果新鲜还是那筐水果新鲜? 这筐水果跟那筐水果一样新鲜。 这筐水果跟那筐一样新鲜。	예 이 바구니의 과일이 신선한가요, 저 바구니의 과일이 신선한가요? 이 바구니의 과일은 저 바구니의 과일처럼 신선합니다. 이 바구니의 과일은 저 바구니처럼 신선합니다.
6 今天的节目精彩还是昨天的节目精彩? 今天的节目跟昨天的节目一样精彩。 今天的节目跟昨天一样精彩。	6 오늘 프로그램이 훌륭했나요, 어제 프로그램이 훌륭했나요? 오늘 프로그램은 어제 프로그램처럼 훌륭했습니다. 오늘 프로그램은 어제처럼 훌륭했습니다.

연 습

1 ⑴ B ⑵ G ⑶ A ⑷ F ⑸ C ⑹ H ⑺ D ⑻ E

2 🔊 28-04

예 妹妹看电视的时候喜欢做什么? 妹妹看电视的时候喜欢吃东西。	예 여동생은 텔레비전을 볼 때 무엇을 하는 걸 좋아하나요? 여동생은 텔레비전을 볼 때 음식 먹는 걸 좋아합니다.
⑴ 小李走路的时候喜欢做什么? 小李走路的时候喜欢唱歌。	⑴ 샤오리는 걸을 때 무엇을 하는 걸 좋아하나요? 샤오리는 걸을 때 노래 부르는 걸 좋아합니다.
⑵ 丁律师坐地铁的时候喜欢做什么? 丁律师坐地铁的时候喜欢看书。	⑵ 딩 변호사는 지하철을 탈 때 무엇을 하는 걸 좋아하나요? 딩 변호사는 지하철을 탈 때 책 보는 걸 좋아합니다.
⑶ 爸爸吃早饭的时候喜欢做什么? 爸爸吃早饭的时候喜欢看报纸。	⑶ 아빠는 아침을 먹을 때 무엇을 하는 걸 좋아하시나요? 아빠는 아침을 먹을 때 신문 보는 걸 좋아하십니다.
⑷ 哥哥开车的时候喜欢做什么? 哥哥开车的时候喜欢听音乐。	⑷ 형은 운전할 때 무엇을 하는 걸 좋아하나요? 형은 운전할 때 음악 듣는 걸 좋아합니다.

3 韩国人讲究礼貌的习惯跟中国人一样。 한국인이 예의를 중시하는[jiǎngjiu] 관습은 중국인과 같습니다.

韩国人吃饭的习惯跟中国人不一样。 한국인의 밥 먹는 관습은 중국인과 다릅니다.

30 你去过多少个国家?

🔊 30-02

예 马华做过销售员吗? 马华做过销售员。	예 마화는 판매원을 해 본 적이 있나요? 마화는 판매원을 해 본 적이 있습니다.
1 安妮放过风筝吗? 安妮放过风筝。	1 애니는 연을 날려 본 적이 있나요? 애니는 연을 날려 본 적이 있습니다.

2	美英养过狗吗? 美英没养过狗。	2	미영이는 개를 길러 본 적이 있나요? 미영이는 개를 길러 본 적이 없습니다.
3	你见过熊猫吗? 我见过熊猫。	3	판다를 본 적이 있나요? 판다를 본 적이 있습니다.
4	你去没去过杭州? 我没去过杭州。	4	항저우에 가 본 적이 있나요? 항저우에 가 본 적이 없습니다.
5	你吃没吃过北京烤鸭? 我吃过北京烤鸭。	5	베이징 오리 구이를 먹어 본 적이 있나요? 베이징 오리 구이를 먹어 본 적이 있습니다.
6	你用没用过这种软件? 我没用过这种软件。	6	이런 소프트웨어를 써 본 적이 있나요? 이런 소프트웨어를 써 본 적이 없습니다.
예	你去过多少个国家? 我去过二十多个国家。	예	얼마나 많은 나라에 가 봤나요? 20여 개의 나라에 가 봤습니다.
7	方方看过多少遍《红楼梦》? 方方看过两遍《红楼梦》。	7	팡팡은 「홍루몽」을 몇 번 봤나요? 팡팡은 「홍루몽」을 두 번 봤습니다.
8	王老师教过多长时间数学? 王老师教过十五年数学。	8	왕 선생님은 수학을 얼마나 오래 가르치셨나요? 왕 선생님은 15년 동안 수학을 가르치셨습니다.

연 습

1

xiāoshòuyuán 销售员	yóudìyuán 邮递员	ānjiǎnyuán 安检员	guǎngbōyuán 广播员	fúwùyuán 服务员
판매원	우체부	보안검색요원	아나운서	종업원

cháguǎnr 茶馆儿	kāfēiguǎnr 咖啡馆儿	fànguǎnr 饭馆儿
찻집	커피숍	식당

dàshǐguǎn 大使馆	tǐyùguǎn 体育馆	yóuyǒngguǎn 游泳馆
대사관	체육관	수영장

2 🔊 30-04

예) 你来过中国吗? 我来过中国。 你来过几次中国? 我来过两次中国。 他来过中国吗? 他没来过中国。	예) 중국에 와 본 적이 있나요? 중국에 와 본 적이 있습니다. 중국에 몇 번 와 봤나요? 중국에 두 번 와 봤습니다. 그는 중국에 와 본 적이 있나요? 그는 중국에 와 본 적이 없습니다.
(1) 你去过长城吗? 我去过长城。 你去过几次长城? 我去过一次长城。 他去过长城吗? 他没去过长城。	(1) 만리장성에 가 본 적이 있나요? 만리장성에 가 본 적이 있습니다. 만리장성에 몇 번 가 봤나요? 만리장성에 한 번 가 봤습니다. 그는 만리장성에 가 본 적이 있나요? 그는 만리장성에 가 본 적이 없습니다.

(2) 你吃过炸酱面吗? 我吃过炸酱面。 你吃过几次炸酱面? 我吃过三次炸酱面。 他吃过炸酱面吗? 他没吃过炸酱面。	(2) 짜장면을 먹어 본 적이 있나요? 짜장면을 먹어 본 적이 있습니다. 짜장면을 몇 번 먹어 봤나요? 짜장면을 세 번 먹어 봤습니다. 그는 짜장면을 먹어 본 적이 있나요? 그는 짜장면을 먹어 본 적이 없습니다.
(3) 你听过京剧吗? 我听过京剧。 你听过几次京剧? 我听过两次京剧。 他听过京剧吗? 他没听过京剧。	(3) 경극을 본 적이 있나요? 경극을 본 적이 있습니다. 경극을 몇 번 봤나요? 경극을 두 번 봤습니다. 그는 경극을 본 적이 있나요? 그는 경극을 본 적이 없습니다.
(4) 你看过中国话剧吗? 我看过中国话剧。 你看过几次中国话剧? 我看过很多次中国话剧。 他看过中国话剧吗? 他没看过中国话剧。	(4) 중국 연극을 본 적이 있나요? 중국 연극을 본 적이 있습니다. 중국 연극을 몇 번 봤나요? 중국 연극을 여러 번 봤습니다. 그는 중국 연극을 본 적이 있나요? 그는 중국 연극을 본 적이 없습니다.

3 我去过杭州。 저는 항저우에 가 본 적이 있습니다.

我吃过北京烤鸭。 저는 베이징 오리 구이를 먹어 본 적이 있습니다.

我做过咖啡馆儿的服务员。 저는 커피숍 종업원을 해 본 적이 있습니다.

32 警察罚了我一百块钱。

🔊 32-02

예	大卫送王方方一束花儿。	예	다비드가 왕팡팡에게 꽃 한 다발을 선물합니다.
1	爸爸送女儿一个书包。	1	아빠가 딸에게 책가방을 선물합니다.
2	妈妈给小明一块儿西瓜。	2	엄마가 샤오밍에게 수박 한 조각을 줍니다.
3	孙老师教我们中国文化课。	3	쑨 선생님은 우리에게 중국 문화 과목을 가르치십니다.
4	我们叫他小李。	4	우리는 그를 샤오리라고 부릅니다.
5	学生问老师很多问题。	5	학생이 선생님에게 질문을 많이 합니다.
6	经理告诉大家一个好消息。	6	사장이 모두에게 좋은 소식을 알려 줍니다.
7	刘小双借了本杰明一把伞。	7	리우샤오쌍이 벤자민에게 우산 하나를 빌렸습니다.
8	大卫还了图书馆三本书。	8	다비드는 도서관에 책 세 권을 반납했습니다.
9	警察罚了我一百块钱。	9	경찰이 저에게 벌금 100위앤을 물렸습니다.

연습

1 (1) A (2) D (3) E (4) B (5) A (6) B (7) C (8) A

2 🔊 32-04

예 刘小双送安妮一盒巧克力。	예 리우샤오쌍이 애니에게 초콜릿 한 상자를 선물합니다.
(1) 秘书给王经理一张火车票。	(1) 비서가 왕 사장에게 기차표 한 장을 줍니다.
(2) 本杰明还方方自行车。	(2) 벤자민이 팡팡에게 자전거를 돌려줍니다.
(3) 大家叫他老张。	(3) 모두가 그를 라오장이라고 부릅니다.
(4) 老于告诉吴明玉一件事儿。	(4) 라오위가 우밍위에게 사건에 대해 알려 줍니다.

3 我送过我爸爸一个钱包。 저는 아빠에게 지갑을 선물해 봤습니다.

我送过我女朋友一盒巧克力。 저는 여자친구에게 초콜릿 한 상자를 선물해 봤습니다.

34 这个菜有点儿咸。

🔊 34-02

예 这个房子有点儿贵，那个房子便宜一点儿。	예 이 집은 좀 비싸고, 저 집은 좀 더 쌉니다.
1 这个房间有点儿脏，那个房间干净一点儿。	1 이 방은 좀 더럽고, 저 방은 좀 더 깨끗합니다.
2 弟弟的卧室有点儿乱，姐姐的卧室整齐一点儿。	2 남동생 침실은 좀 어지럽고, 누나의 침실은 좀 더 정돈돼 있습니다.
3 这个沙发有点儿旧，那个沙发新一点儿。	3 이 소파는 좀 낡았고, 저 소파는 좀 더 새것입니다.
4 昨天的气温有点儿低，今天的气温高一点儿。	4 어제 기온은 좀 낮았고, 오늘 기온은 좀 더 높습니다.
5 这个菜有点儿咸，那个菜淡一点儿。	5 이 요리는 좀 짜고, 저 요리는 좀 더 담백합니다.
6 坐火车有点儿慢，坐飞机快一点儿。	6 기차를 타면 좀 느리고, 비행기를 타면 좀 더 빠릅니다.
예 这条领带的颜色有点儿深，有没有浅(一)点儿的?	예 이 넥타이는 색깔이 좀 짙네요. 좀 더 연한 색이 있나요?
7 这条裙子有点儿短，有没有长(一)点儿的?	7 이 치마는 좀 짧네요. 좀 더 긴 것이 있나요?
8 这条裤子有点儿肥，有没有瘦(一)点儿的?	8 이 바지는 좀 헐렁하네요. 좀 더 타이트한 것이 있나요?

연습

1 (1) E (2) K (3) F (4) B (5) D (6) I (7) G (8) H (9) L (10) C (11) A (12) J

2 🔊 34-04

예 你租这个房子吗? 如果您能便宜一点儿，我们就租这个房子。 如果您不能便宜，我们就不租。	예 이 집을 세 얻으시려고요? 좀 더 싸게 해주신다면 저희는 이 집을 세 얻겠습니다. 싸게 해 주실 수 없다면 저희는 세를 얻지 않겠습니다.
(1) 你们去爬山吗? 如果天气好，我们就去爬山。 如果天气不好，我们就不去。	(1) 등산 가세요? 날씨가 좋다면 저희는 등산을 갈 것입니다. 날씨가 좋지 않다면 저희는 가지 않을 것입니다.
(2) 您去大使馆吗? 如果我有时间，就去大使馆。 如果我没有时间，就不去。	(2) 대사관에 가세요? 제가 시간이 있다면 대사관에 갈 것입니다. 제가 시간이 없다면 가지 않을 것입니다.
(3) 咱们去看画展吗? 如果买得到票，就去看画展。 如果买不到票，就不去。	(3) 우리 그림 전시회에 가는 건가요? 표를 살 수 있으면 그림 전시회에 갈 것입니다. 표를 살 수 없다면 가지 않을 것입니다.
(4) 你去应聘销售员吗? 如果收入高，我就去应聘销售员。 如果收入不高，我就不去。	(4) 판매원에 지원할 건가요? 수입이 많으면 판매원에 지원할 것입니다. 수입이 많지 않다면 지원하지 않을 것입니다.

3 我住的房子有点儿旧。제가 사는 집은 좀 낡았습니다.

我房间有点儿小，我哥哥的房间大一点儿。제 방은 좀 작고, 형 방은 좀 더 큽니다.

36 我想试试那件蓝色的毛衣。

🔊 36-02

예 明天你想做什么? 我想去海边晒晒太阳，游游泳。	예 내일 무엇을 하고 싶나요? 해변에 가서 햇볕도 좀 쐬고 수영도 좀 하고 싶습니다.
1 上午你想做什么? 上午我想在家收拾收拾。	1 오전에 무엇을 하고 싶나요? 오전에 집에서 정리를 좀 하고 싶습니다.
2 下午你想做什么? 下午我想去操场运动运动。	2 오후에 무엇을 하고 싶나요? 오후에 운동장에 가서 운동을 좀 하고 싶습니다.
3 晚上你想做什么? 晚上我想在房间里休息休息。	3 저녁에 무엇을 하고 싶나요? 저녁에 방에서 좀 쉬고 싶습니다.
4 您想试试哪件毛衣? 我想试试那件蓝色的毛衣。	4 어느 스웨터를 입어 보고 싶나요? 저 파란색 스웨터를 좀 입어 보고 싶습니다.
5 你想尝尝哪个菜? 我想尝尝大卫做的那个菜。	5 어느 요리를 먹어 보고 싶나요? 다비드가 만든 저 요리를 좀 먹어 보고 싶습니다.
6 你想逛逛哪家商场? 我想逛逛市中心的商场。	6 어느 쇼핑몰을 둘러보고 싶어요? 시내 중심의 쇼핑몰을 좀 둘러보고 싶습니다.
7 周末安妮打算做什么? 周末安妮打算跟同学逛逛街，购购物。	7 주말에 애니는 무엇을 할 계획인가요? 주말에 애니는 학우와 거리 구경도 하고 물건도 좀 살 계획입니다.

8	明天方方打算做什么? 明天方方打算跟朋友见见面，聊聊天儿。		8	내일 팡팡은 무엇을 할 계획인가요? 내일 팡팡은 친구들도 보고 이야기도 좀 할 계획입니다.
9	假期本杰明打算做什么? 假期本杰明打算在家里上上网，睡睡觉。		9	휴가에 벤자민은 무엇을 할 계획인가요? 휴가에 벤자민은 집에서 인터넷도 하고 잠도 좀 잘 계획입니다.

연 습

1　⑴ C, G, J, L　⑵ B, E, F, I　⑶ A, D, H, K

2　🔊 36-04

예	大卫为什么没来上课? 因为他生病了，所以没来上课。		예	다비드는 왜 수업에 오지 않았나요? 그는 병이 나서 수업에 오지 않았습니다.
⑴	你为什么迟到了? 因为我起晚了，所以迟到了。		⑴	왜 늦었나요? 늦게 일어나서 늦었습니다.
⑵	你为什么不去逛街? 因为我要洗衣服，所以不去逛街。		⑵	왜 거리 구경하러 가지 않나요? 빨래를 해야 해서 거리 구경하러 가지 않으려 합니다.
⑶	他为什么不睡觉? 因为他要看足球比赛，所以不睡觉。		⑶	그는 왜 잠을 자지 않나요? 그는 축구 경기를 봐야 해서 잠을 자지 않습니다.
⑷	你为什么没买那条领带? 因为我不喜欢那条领带的颜色，所以没买。		⑷	그 넥타이 왜 안 샀나요? 그 넥타이 색깔이 싫어서 사지 않았습니다.

3　假期我常常在家里休息。 휴가에 저는 늘 집에서 쉽니다.

38　菜单被服务员拿走了。

🔊 38-02

예	我被车撞伤了。		예	저는 차에 부딪혀 다쳤습니다.
1	哥哥的手被刀划破了。		1	오빠의 손이 칼에 베었습니다.
2	妈妈的衣服被雨淋湿了。		2	엄마의 옷이 비에 흠뻑 젖었습니다.
3	碗被孩子摔碎了。		3	그릇은 아이가 깨뜨렸습니다.
4	《现代汉语词典》被大卫借走了。		4	「현대 중국어 사전」은 다비드가 빌려갔습니다.
5	我的自行车被安妮骑走了。		5	제 자전거는 애니가 타고 갔습니다.
6	菜单被服务员拿走了。		6	메뉴는 종업원이 가져갔습니다.
예	方方的钱包被偷了。		예	팡팡의 지갑이 도둑맞았습니다.

7 小偷被抓了。	7 소매치기가 잡혔습니다.
8 小王被骗了。	8 샤오왕은 속았습니다.

연습

1　⑴ A　⑵ D　⑶ C　⑷ E　⑸ B

2　🔊 38-04

예 他的手怎么了? 　　他的手被刀划破了。	예 그 사람 손이 왜 그런가요? 　　그 사람 손은 칼에 베었습니다.
⑴ 你的自行车怎么了? 　　我的自行车被出租车撞坏了。	⑴ 당신 자전거가 왜 그런가요? 　　제 자전거는 택시에 부딪혀 망가졌습니다.
⑵ 你的眼镜怎么了? 　　我的眼镜被弟弟摔坏了。	⑵ 당신 안경이 왜 그런가요? 　　제 안경은 남동생이 부서뜨렸습니다.
⑶ 你怎么了? 　　我被警察罚了五百块钱。	⑶ 무슨 일인가요? 　　경찰이 저에게 벌금 500위앤을 물렸습니다.
⑷ 她怎么了? 　　她被那个年轻人骗了。	⑷ 그녀는 왜 그런가요? 　　그녀는 그 젊은이에게 속았습니다.

3　我的钱包在地铁上被小偷偷走了。 제 지갑을 지하철에서 소매치기 당했습니다.

40 飞机马上就要起飞了。

🔊 40-02

예 大卫要回国了吗? 　　大卫要回国了。	예 다비드는 곧 귀국하나요? 　　다비드는 곧 귀국합니다.
1 你要下班了吗? 　　我要下班了。	1 곧 퇴근하나요? 　　곧 퇴근합니다.
2 李医生下个月要休假了吗? 　　李医生下个月要休假了。	2 리 (의사) 선생님은 다음 달에 휴가인가요? 　　리 (의사) 선생님은 다음 달에 휴가입니다.
3 他下个星期要出国留学了吗? 　　他下个星期要出国留学了。	3 그는 다음 주에 곧 유학하러 출국하나요? 　　그는 다음 주에 곧 유학하러 출국합니다.
4 要下雨了吗? 　　要下雨了。	4 비가 곧 오나요? 　　비가 곧 옵니다.
5 要迟到了吗? 　　要迟到了。	5 늦을 건가요? 　　늦을 것입니다.

6	要下课了吗? 要下课了。	6	수업이 곧 끝나요? 수업이 곧 끝납니다.
예	飞机什么时候起飞? 飞机马上就要起飞了。	예	비행기가 언제 이륙하나요? 비행기는 곧 이륙합니다.
7	火车什么时候开? 火车马上就要开了。	7	기차가 언제 떠나나요? 기차는 곧 떠납니다.
8	电影什么时候开始? 电影马上就要开始了。	8	영화가 언제 시작하나요? 영화는 곧 시작합니다.

연 습

1 ⑴ J, K ⑵ A ⑶ C, F ⑷ D, L ⑸ B, H, I ⑹ E, G

2  40-04

예	哥哥毕业以后有什么打算? 哥哥毕业以后打算当律师。	예	오빠는 졸업한 뒤 무엇을 할 계획인가요? 오빠는 졸업한 뒤 변호사가 될 계획입니다.
⑴	大卫回国以后有什么打算? 大卫回国以后打算找个工作。	⑴	다비드는 귀국한 뒤 무엇을 할 계획인가요? 다비드는 귀국한 뒤 일을 찾을 계획입니다.
⑵	小张出国以后有什么打算? 小张出国以后打算学习音乐。	⑵	샤오장은 출국한 뒤 무엇을 할 계획인가요? 샤오장은 출국한 뒤 음악을 공부할 계획입니다.
⑶	马经理下个月有什么打算? 马经理下个月打算休假。	⑶	마 사장은 다음 달에 무엇을 할 계획인가요? 마 사장은 다음 달에 휴가를 낼 계획입니다.
⑷	刘小姐假期有什么打算? 刘小姐假期打算去杭州旅游。	⑷	리우 양은 휴가에 무엇을 할 계획인가요? 리우 양은 휴가에 항저우로 여행 갈 계획입니다.

3 我要跟朋友去看电影了。 저는 곧 친구와 영화를 보러 갑니다.

今年夏天我打算去北京了。 올해 여름에 저는 베이징에 갑니다.

단어 색인

간체자	번체자	한어병음	품사	해당 과
A				
哎呀	哎呀	āiyā	감	37
唉	唉	ài	감	31
爱好	愛好	àihào	명	28
安检	安檢	ānjiǎn	동	15
安检处	安檢處	ānjiǎnchù	명	15
安检员	安檢員	ānjiǎnyuán	명	15
安静	安靜	ānjìng	형	25
按	按	àn	동	37
B				
把	把	bǎ	양, 개	4, 15
百	百	bǎi	수	32
班	班	bān	명	26
搬	搬	bān	동	12
办公室	辦公室	bàngōngshì	명	2
帮忙	幫忙	bāng máng	동	16
帮助	幫助	bāngzhù	동	4
包	包	bāo	명	11
包子	包子	bāozi	명	5
北京烤鸭	北京烤鴨	Běijīng kǎoyā	명	30
北京楼	北京樓	Běijīng Lóu	고유	25
背	背	bèi	동	35
被	被	bèi	개	37
本	本	běn	양	20
比	比	bǐ	동, 개	17, 25
比较	比較	bǐjiào	부	27
比赛	比賽	bǐsài	명	17
毕业	畢業	bì yè	동	39
遍	遍	biàn	양	21
宾馆	賓館	bīnguǎn	명	26
冰箱	冰箱	bīngxiāng	명	16
病	病	bìng	동, 명	24
博物馆	博物館	bówùguǎn	명	19
不过	不過	búguò	접	25
不好意思	不好意思	bù hǎoyìsi		15
C				
猜	猜	cāi	동	17
才	才	cái	부	21
菜	菜	cài	명	6
菜单	菜單	càidān	명	16
参观	參觀	cānguān	동	10
参加	參加	cānjiā	동	19
餐厅	餐廳	cāntīng	명	3

간체자	번체자	한어병음	품사	해당 과
层	層	céng	양	3
查	查	chá	동	8
差不多	差不多	chàbuduō	형	25
长	長	cháng	형	23
尝	嘗	cháng	동	36
场	場	chǎng	양	19
唱	唱	chàng	동	7
车库	車庫	chēkù	명	16
衬衫	襯衫	chènshān	명	20
成绩	成績	chéngjì	명	26
城市	城市	chéngshì	명	26
迟到	遲到	chídào	동	22
冲	衝	chōng	동	37
充实	充實	chōngshí	형	35
出版	出版	chūbǎn	동	39
出版社	出版社	chūbǎnshè	명	39
出国	出國	chū guó	동	40
出租	出租	chūzū	동	33
厨房	厨房	chúfáng	명	33
窗户	窗户	chuānghu	명	16
词	詞	cí	명	28
词典	詞典	cídiǎn	명	38
次	次	cì	양	18
聪明	聰明	cōngming	형	26
存	存	cún	동	4
D				
答应	答應	dāying	동	21
打(开)	打(開)	dǎ (kāi)	동	15
打算	打算	dǎsuàn	명	39
打折	打折	dǎ zhé	동	10
大	大	dà	형	26
大家	大家	dàjiā	대	32
大使	大使	dàshǐ	명	2
大使馆	大使館	dàshǐguǎn	명	2
大堂	大堂	dàtáng	명	3
大学	大學	dàxué	명	20
带	帶	dài	동	11
耽误	耽誤	dānwu	동	17
但是	但是	dànshì	접	29
淡	淡	dàn	형	34
蛋糕	蛋糕	dàngāo	명	31
当	當	dāng	동	39
当然	當然	dāngrán	부	13
刀	刀	dāo	명	38
倒闭	倒閉	dǎobì	동	29
倒霉	倒楣	dǎoméi	형	37

간체자	번체자	한어병음	품사	해당 과
到	到	dào	동	11
……的时候	……的時候	……de shíhou		9
得	得	de	조	5
得	得	děi	조동	11
低	低	dī	형	34
地方	地方	dìfang	명	28
电视台	電視臺	diànshìtái	명	39
电梯	電梯	diàntī	명	11
电子	電子	diànzǐ	명	14
电子邮件	電子郵件	diànzǐ yóujiàn		14
顶	頂	dǐng	양	31
订	訂	dìng	동	3
度假	度假	dùjià	동	35
短信	短信	duǎnxìn	명	20
锻炼	鍛煉	duànliàn	동	22
队	隊	duì	명	17
多	多	duō	부	23

F

간체자	번체자	한어병음	품사	해당 과
发	發	fā	동	14
发奖	發獎	fā jiǎng		21
罚	罰	fá	동	32
方便	方便	fāngbiàn	형, 동	1, 9
方法	方法	fāngfǎ	명	23
防守	防守	fángshǒu	동	17
房子	房子	fángzi	명	14
房主	房主	fángzhǔ	명	33
房租	房租	fángzū	명	33
放	放	fàng	동	11, 30
肥	肥	féi	형	34
分开	分開	fēn kāi	동	39
分钟	分鐘	fēnzhōng	명	24
风筝	風箏	fēngzheng	명	30
复习	復習	fùxí	동	22
复印	復印	fùyìn	동	3

G

간체자	번체자	한어병음	품사	해당 과
概念	概念	gàiniàn	명	23
刚	剛	gāng	부	35
刚才	剛才	gāngcái	명	11
钢琴	鋼琴	gāngqín	명	7
高	高	gāo	형	26
告诉	告訴	gàosu	동	9
胳膊	胳膊	gēbo	명	37
歌	歌	gē	명	8
各种	各種	gè zhǒng		29
给	給	gěi	개	10
跟	跟	gēn	접, 개	1, 19
狗	狗	gǒu	명	30
购物	購物	gòu wù		36
故宫	故宮	Gùgōng	고유	2

간체자	번체자	한어병음	품사	해당 과
故事	故事	gùshi	명	8
挂	掛	guà	동	16
怪不得	怪不得	guàibude	부	15
关	關	guān	동	16
广播	廣播	guǎngbō	동	15
广播员	廣播員	guǎngbōyuán	명	15
逛	逛	guàng	동	35
逛街	逛街	guàng jiē	동	35
贵重	貴重	guìzhòng	형	27
国家	國家	guójiā	명	18
过	過	guò	동	18, 37
过来	過來	guòlai	동	11
过	過	guo	조	29

H

간체자	번체자	한어병음	품사	해당 과
还	還	hái	부	5, 13
孩子	孩子	háizi	명	12
海边	海邊	hǎibiān	명	35
海景	海景	hǎijǐng	명	33
海南	海南	Hǎinán	고유	35
杭州	杭州	Hángzhōu	고유	30
好吃	好吃	hǎochī	형	6
号	號	hào	명	3
号码	號碼	hàomǎ	명	14
红楼梦	紅樓夢	Hónglóu Mèng	고유	30
护照	護照	hùzhào	명	4
花儿	花兒	huār	명	31
花园	花園	huāyuán	명	16
划	劃	huá	동	37
画	畫	huà	동	8
画展	畫展	huàzhǎn	명	19
话	話	huà	명	5
坏	壞	huài	형	11
还	還	huán	동	32
换	換	huàn	동	10
回	回	huí	동, 양	1
回国	回國	huí guó		39
会	會	huì	조동	7, 17
活	活	huó	동	5
获奖	獲獎	huò jiǎng		21

J

간체자	번체자	한어병음	품사	해당 과
激烈	激烈	jīliè	형	17
极了	極了	jí le		31
记	記	jì	동	14
继续	繼續	jìxù	동	29
价格	價格	jiàgé	명	25
假期	假期	jiàqī	명	35
检查	檢查	jiǎnchá	동	22
见到	見到	jiàndào		18
见面	見面	jiàn miàn	동	36

간체자	번체자	한어병음	품사	해당 과
讲	講	jiǎng	동	8
交	交	jiāo	동	33
交通	交通	jiāotōng	명	33
教	教	jiāo	동	24
教材	教材	jiàocái	명	23
教室	教室	jiàoshì	명	16
接	接	jiē	동	18
节目	節目	jiémù	명	28
结婚	結婚	jié hūn	동	39
借	借	jiè	동	4
紧张	緊張	jǐnzhāng	형	17
进	進	jìn	동	17
近	近	jìn	형	6
经常	經常	jīngcháng	부	23
惊喜	驚喜	jīngxǐ	형	31
精彩	精彩	jīngcǎi	형	28
警察	警察	jǐngchá	명	32
酒	酒	jiǔ	명	5
旧	舊	jiù	형	34
就	就	jiù	부	11
举行	舉行	jǔxíng	동	18
句	句	jù	양	5
聚会	聚會	jùhuì	명, 동	19
决定	決定	juédìng	동	39
觉得	覺得	juéde	동	17

K

간체자	번체자	한어병음	품사	해당 과
咖啡馆儿	咖啡館兒	kāfēiguǎnr	명	2
开始	開始	kāishǐ	동	40
开心	開心	kāixīn	형	6
看见	看見	kàn jiàn	동	2
考	考	kǎo	동	22
考试	考試	kǎoshì, kǎo shì	명, 동	35
烤鸭	烤鴨	kǎoyā	명	30
可是	可是	kěshì	접	3
可以	可以	kěyǐ	조동	33
刻钟	刻鐘	kèzhōng	명	24
客户	客戶	kèhù	명	29
客气	客氣	kèqi	형	27
客人	客人	kèren	명	2
课	課	kè	명	20
课文	課文	kèwén	명	19
肯定	肯定	kěndìng	부	13
口语	口語	kǒuyǔ	명	19
快	快	kuài	형	6
筷子	筷子	kuàizi	명	8
宽敞	寬敞	kuānchang	형	25
筐	筐	kuāng	명	15

L

간체자	번체자	한어병음	품사	해당 과
拉	拉	lā	동	7
来	來	lái	동	2

간체자	번체자	한어병음	품사	해당 과
浪漫	浪漫	làngmàn	형	31
老	老	lǎo	형	25
老北京	老北京	Lǎo Běijīng	고유	25
礼貌	禮貌	lǐmào	형	27
礼轻情意重	禮輕情意重	lǐ qīng qíngyì zhòng		27
礼物	禮物	lǐwù	명	27
历史	歷史	lìshǐ	명	19
练习	練習	liànxí	동	19
辆	輛	liàng	양	3
聊	聊	liáo	동	23
聊天儿	聊天兒	liáo tiānr	동	23
淋	淋	lín	동	38
铃	鈴	líng	명	37
领奖	領獎	lǐng jiǎng		21
浏览	瀏覽	liúlǎn	동	23
流利	流利	liúlì	형	6
留	留	liú	동	39
留学	留學	liú xué	동	40
录音	錄音	lùyīn	명	35
乱	亂	luàn	형	34
伦敦	倫敦	Lúndūn	고유	18

M

간체자	번체자	한어병음	품사	해당 과
马路	馬路	mǎlù	명	37
马上	馬上	mǎshàng	부	15
买单	買單	mǎidān	동	9
慢	慢	màn	형	6
毛衣	毛衣	máoyī	명	36
帽子	帽子	màozi	명	31
没有	沒有	méiyǒu	동	25
梅兰芳	梅蘭芳	Méi Lánfāng	고유	13
每	每	měi	대	23
美食	美食	měishí	명	7
美食家	美食家	měishíjiā	명	7
门	門	mén	명, 양	11, 20
梦	夢	mèng	명	30
免费	免費	miǎn fèi	동	3
面积	面積	miànjī	명	33
名	名	míng	양	21
明年	明年	míngnián	명	31

N

간체자	번체자	한어병음	품사	해당 과
拿	拿	ná	동	9
哪里	哪裏	nǎli	대	23
那	那	nà	접	9
能	能	néng	조동	9, 11
年轻	年輕	niánqīng	형	12
女儿	女兒	nǚ'ér	명	32
女朋友	女朋友	nǚpéngyou	명	19
女婿	女婿	nǚxu	명	39

간체자	번체자	한어병음	품사	해당 과
O				
哦	哦	ò	감	9
欧元	歐元	ōuyuán	명	10
P				
爬	爬	pá	동	2
爬山	爬山	pá shān		2
怕	怕	pà	동	13
拍	拍	pāi	동	10
拍照	拍照	pāi zhào	동	10
排	排	pái	양	13
朋友	朋友	péngyou	명	2
碰	碰	pèng	동	37
啤酒	啤酒	píjiǔ	명	16
篇	篇	piān	양	19
便宜	便宜	piányi	형	1
骗	騙	piàn	동	38
票	票	piào	명	4
乒乓球	乒乓球	pīngpāngqiú	명	7
平方米	平方米	píngfāngmǐ	양	33
破	破	pò	동	37
葡萄酒	葡萄酒	pútaojiǔ	명	5
Q				
起(床)	起(床)	qǐ (chuáng)	동	5
起飞	起飛	qǐfēi	동	40
气候	氣候	qìhòu	명	28
千	千	qiān	수	33
铅笔	鉛筆	qiānbǐ	명	12
浅	淺	qiǎn	형	34
请	請	qǐng	동	15, 21
请假	請假	qǐng jià	동	10
R				
人民	人民	rénmín	명	10
人民币	人民幣	rénmínbì	명	10
认为	認爲	rènwéi	동	17
如果	如果	rúguǒ	접	33
软件	軟件	ruǎnjiàn	명	29
S				
伞	傘	sǎn	명	4
晒	曬	shài	동	35
山	山	shān	명	2
伤	傷	shāng	동	37
商场	商場	shāngchǎng	명	19
上	上	shàng	명	21
上课	上課	shàng kè	동	23
上去	上去	shàngqu	동	11
少	少	shǎo	형	5
射门	射門	shè mén	동	17
身体	身體	shēntǐ	명	5
深	深	shēn	형	34
生词	生詞	shēngcí	명	14
生活	生活	shēnghuó	동	24
生日	生日	shēngrì	명	31
声音	聲音	shēngyīn	명	13
湿	濕	shī	형	38
时候	時候	shíhou	명	1
时间	時間	shíjiān	명	23
市	市	shì	명	36
市中心	市中心	shì zhōngxīn	명	36
试	試	shì	동	36
收到	收到	shōudào	동	27
收入	收入	shōurù	명	26
瘦	瘦	shòu	형	34
书包	書包	shūbāo	명	32
书法	書法	shūfǎ	명	23
输	輸	shū	동	17
束	束	shù	양	31
数学	數學	shùxué	명	30
摔	摔	shuāi	동	38
水果	水果	shuǐguǒ	명	28
水平	水平	shuǐpíng	명	26
睡	睡	shuì	동	24
说	説	shuō	동	5
虽然	雖然	suīrán	접	29
碎	碎	suì	동	38
所	所	suǒ	양	20
所以	所以	suǒyǐ	접	35
T				
太阳	太陽	tàiyang	명	12
弹	彈	tán	동	7
糖	糖	táng	명	12
趟	趟	tàng	양	22
套	套	tào	양	33
特长	特長	tècháng	명	7
题	題	tí	명	35
听说	聽説	tīngshuō	동	13
停	停	tíng	동	10
偷	偷	tōu	동	38
突然	突然	tūrán	부	37
图书	圖書	túshū	명	32
图书馆	圖書館	túshūguǎn	명	32
退房	退房	tuì fáng		4
脱	脱	tuō	동	15

간체자	번체자	한어병음	품사	해당 과
W				
外套	外套	wàitào	명	15
外语	外語	wàiyǔ	명	20
晚	晚	wǎn	형	6
网上	網上	wǎng shang		23
忘	忘	wàng	동	3
卫生	衛生	wèishēng	형, 명	33
卫生间	衛生間	wèishēngjiān	명	33
文化	文化	wénhuà	명	32
问	問	wèn	동	32
午饭	午飯	wǔfàn	명	5
X				
西安	西安	Xī'ān	고유	1
西班牙语	西班牙語	Xībānyáyǔ	고유	14
西瓜	西瓜	xīgua	명	32
吸烟	吸烟	xī yān		10
习惯	習慣	xíguàn	명	27
洗手间	洗手間	xǐshǒujiān	명	9
下	下	xià	명	9
下班	下班	xià bān	동	40
下课	下課	xià kè	동	40
下来	下來	xiàlai	동	11
现代	現代	xiàndài	명, 형	38
现代汉语词典	現代漢語詞典	Xiàndài Hànyǔ Cídiǎn	고유	38
香港	香港	Xiānggǎng	고유	28
箱子	箱子	Xiāngzi	명	12
想	想	xiǎng	조동	13
相声	相聲	xiàngsheng	명	7
消息	消息	xiāoxi	명	32
销售	銷售	xiāoshòu	동	29
销售员	銷售員	xiāoshòuyuán	명	29
小时	小時	xiǎoshí	명	3
小提琴	小提琴	xiǎotíqín	명	7
小偷	小偷	xiǎotōu	명	38
校长	校長	xiàozhǎng	명	21
新	新	xīn	형	23
新概念汉语	新概念漢語	Xīn Gàiniàn Hànyǔ	고유	23
新鲜	新鮮	xīnxian	형	28
信	信	xìn	명	8
行李	行李	xíngli	명	4
行李箱	行李箱	xínglixiāng	명	14
熊猫	熊貓	xióngmāo	명	12
休假	休假	xiū jià	동	40
修	修	xiū	동	8
修理	修理	xiūlǐ	동	11
修理工	修理工	xiūlǐgōng	명	11
选	選	xuǎn	동	20
学期	學期	xuéqī	명	22

간체자	번체자	한어병음	품사	해당 과
Y				
研究	研究	yánjiū	동	39
研究生	研究生	yánjiūshēng	명	39
眼镜	眼鏡	yǎnjìng	명	16
演	演	yǎn	동	13
演讲	演講	yǎnjiǎng	명	21
养	養	yǎng	동	30
要	要	yào	조동	3
一定	一定	yídìng	부	17
一下	一下	yíxià	수량	9
一样	一樣	yíyàng	형	27
一般	一般	yìbān	형	27
一点儿	一點兒	yìdiǎnr	수량	25
一起	一起	yìqǐ	부, 명	1, 39
以前	以前	yǐqián	명	29
意大利	意大利	Yìdàlì	고유	2
意思	意思	yìsi	명	9
意义	意義	yìyì	명	27
因为	因爲	yīnwèi	접	1
英文	英文	Yīngwén	고유	8
赢	贏	yíng	동	17
应聘	應聘	yìngpìn	동	29
用	用	yòng	동	8
优势	優勢	yōushì	명	29
邮件	郵件	yóujiàn	명	14
游戏	遊戲	yóuxì	명, 동	24
有点儿	有點兒	yǒudiǎnr	부	33
有名	有名	yǒumíng	형	25
有时候	有時候	yǒu shíhou		35
有意思	有意思	yǒu yìsi		29
远	遠	yuǎn	형	6
Z				
杂志	雜誌	zázhì	명	20
咱们	咱們	zánmen	대	25
脏	髒	zāng	형	34
糟糕	糟糕	zāogāo	형	37
早	早	zǎo	형	5
早饭	早飯	zǎofàn	명	5
怎么	怎么	zěnme	대	11
炸酱面	炸醬麵	zhájiàngmiàn	명	25
张	張	zhāng	양	3
找	找	zhǎo	동	4
照	照	zhào	동	6
照片	照片	zhàopiàn	명	6
这里	這裏	zhèli	대	9
这样	這樣	zhèyàng	대	27
真	真	zhēn	부	5
整齐	整齊	zhěngqí	형	34
知道	知道	zhīdao	동	29
指甲刀	指甲刀	zhǐjiadāo	명	15
职位	職位	zhíwèi	명	29

간체자	번체자	한어병음	품사	해당 과
只	祇	zhǐ	부	21
中国画	中國畫	zhōngguóhuà	명	8
中间	中間	zhōngjiān	명	13
中文	中文	Zhōngwén	고유	8
中心	中心	zhōngxīn	명	36
种	種	zhǒng	양	14
住	住	zhù	동	3, 14
抓	抓	zhuā	동	38
专业	專業	zhuānyè	명	28
撞	撞	zhuàng	동	37
准备	準備	zhǔnbèi	동	31
字典	字典	zìdiǎn	명	8
总是	總是	zǒngshì	부	39
走遍	走遍	zǒubiàn		39
租	租	zū	동	33
最近	最近	zuìjìn	명	1
座	座	zuò	양	14
座位	座位	zuòwèi	명	13
做客	做客	zuò kè	동	27

New Concept Chinese
신개념 중국어와 함께 보면 좋은 책

어휘를 더 공부하고 싶다면,
다락원 TSC VOCA 마스터
장민영 저 | 296면 | 14,000원
(MP3파일 무료 다운로드)

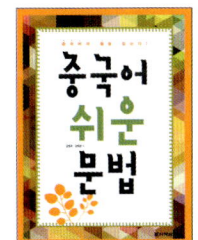

어법을 더 공부하고 싶다면,
중국어 쉬운 문법
김종호, 강희명 저 | 224면 | 13,000원

작문을 더 공부하고 싶다면,
중국어 쉬운 작문 1
陈作宏, 邓秀均 저 | 152면 | 10,000원

중국어 쉬운 작문 2
陈作宏, 张璟, 邓秀均 저 | 224면 | 11,000원

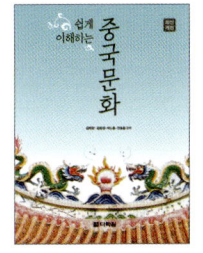

문화를 더 공부하고 싶다면,
쉽게 이해하는 중국 문화
최신개정
김태만, 김창경, 박노종, 안승웅 저 | 336면 | 17,000원

신개념 중국어

New Concept Chinese

왜 '신개념' 중국어인가?

- 한 과의 '학습'이 딱 **두 페이지**로 끝! 부담감 DOWN, 성취감 UP!
- 지루할 틈 없이 이어지는 본 과(홀수 과)+**복습 과**(짝수 과) **세트 학습**!
- 홀수 과의 쉬운 본문과 핵심 표현으로 **코어 학습**!
- 짝수 과의 연습 문제로 배운 표현을 복습하며 **실전 적응**!

2

다락원 홈페이지에서 MP3 파일
다운로드 및 실시간 재생 서비스

ISBN 978-89-277-2190-1
ISBN 978-89-277-2183-3(set)

정가 15,000원
(본책·워크북·MP3 무료 다운로드)

편저
崔永华

북경어언대학 교수
북경어언대학출판사 대외한어교재 총괄 편집·심사자
前 HSK 위원회 위원
前 세계한어교학학회 상무이사
前 중국대외한어교학학회 부회장

편역
임대근

한국외국어대학교 중국어통번역학과 교수
한국외국어대학교 대학원 글로벌문화콘텐츠학과 교수
『베이직 중국어 1~3』 공저 (중국어뱅크)
『드라마 중국어회화 핵심패턴 233』 공저 (길벗이지톡)
『팅리에 강해지는 听和说』 편역 (다락원)
『중한대역문고 중국 얼거(儿歌)선』 편역 (다락원)
『한국通 중국어』 저 (다락원)

New Concept Chinese

신개념 중국어 2

북경어언대학출판사 편
원제 新概念汉语 2 - 练习册
편저 崔永华 | 편역 임대근

워크북

다락원

차 례

01 我是坐飞机去的。 저는 비행기를 타고 갔습니다. 4

02 我是今年来中国的。 저는 올해 중국에 왔습니다. 7

03 我要订一辆车。 차를 한 대 예약하려고 합니다. 10

04 我要退房。 체크아웃하려고 합니다. 13

05 你起得真早。 당신은 정말 일찍 일어나는군요. 16

06 安妮汉语说得很流利。 애니는 중국어를 유창하게 합니다. 19

07 我会唱京剧。 저는 경극을 할 줄 압니다. 22

08 你会用筷子马? 젓가락질할 줄 아나요? 25

09 我方便的时候你不能来。 제가 '方便'할 때는 오면 안 됩니다. 28

10 这儿能不能停车? 여기 주차할 수 있나요? 31

11 你能爬上去吗? 올라갈 수 있겠어요? 34

12 太阳出来了。 해가 나왔습니다. 37

13 现在还买得到票吗? 지금도 표를 살 수 있나요? 40

14 方方听不懂西班牙语。 팡팡은 스페인어를 알아듣지 못합니다. 43

15 请把行李箱打开。 여행용 가방을 열어 주세요. 46

16 你把车停在哪儿了? 차를 어디에 세웠나요? 49

17 哪个队会赢? 어느 팀이 이길까요? 51

18 明天会下雨吗? 내일 비가 올까요? 53

19 我看了一场中文电影。 저는 중국 영화를 한 편 봤습니다. 56

20 你学了几门外语? 외국어를 몇 가지 배웠나요? 59

21 我们举行了一次演讲比赛。 우리는 말하기 대회를 개최했습니다. 61

22	我打了三次电话。 저는 전화를 세 번 걸었습니다.	63
23	我学了两年汉语了。 저는 중국어를 2년째 배우고 있습니다.	66
24	王老师教了十年汉语了。 왕 선생님은 중국어를 10년째 가르치고 계십니다.	69
25	"北京楼"的炸酱面比"老北京"的好吃。 '베이징러우'의 짜장면이 '라오베이징'보다 맛있습니다.	72
26	这个城市比那个城市暖和。 이 도시가 저 도시보다 따뜻합니다.	75
27	你们的习惯跟我们不一样。 당신들의 관습은 우리와 다릅니다.	78
28	今天的节目跟昨天一样精彩。 오늘 프로그램은 어제처럼 훌륭합니다.	81
29	我做过销售员。 저는 판매원을 해 봤습니다.	84
30	你去过多少个国家? 얼마나 많은 나라에 가 봤나요?	87
31	我送她一束花儿。 저는 그녀에게 꽃 한 다발을 선물할 것입니다.	90
32	警察罚了我一百块钱。 경찰이 저에게 벌금 100위앤을 물렸습니다.	93
33	还是有点儿贵。 그래도 좀 비쌉니다.	97
34	这个菜有点儿咸。 이 요리는 좀 짭니다.	100
35	在海边晒晒太阳。 해변에서 햇볕을 쬡니다.	103
36	我想试试那件蓝色的毛衣。 저 파란색 스웨터를 입어 보고 싶습니다.	105
37	胳膊被撞伤了。 팔을 부딪혀 다쳤습니다.	108
38	菜单被服务员拿走了。 메뉴는 종업원이 가져갔습니다.	111
39	我要回国了。 저는 곧 귀국합니다.	114
40	飞机马上就要起飞了。 비행기가 곧 이륙합니다.	117

▶ 워크북의 '모범답안' PDF 파일은 '다락원 홈페이지(http://www.darakwon.co.kr)'의 '학습자료〉중국어' 게시판에서 무료로 다운로드 받으실 수 있습니다.

01 我是坐飞机去的。
Wǒ shì zuò fēijī qù de.

저는 비행기를 타고 갔습니다.

단어 연습

1 단어-한어병음-의미를 연결한 후, 큰 소리로 읽어 봅시다.

最近	回	时候	方便	便宜	因为
piányi	fāngbiàn	huí	zuìjìn	shíhou	yīnwèi
편리하다	때	싸다	최근, 요즈음	왜냐하면	돌아오다, 돌아가다

2 빈칸에 알맞은 보기를 고른 후, 큰 소리로 문장을 읽어 봅시다.

> 보기 A 最近(zuìjìn) B 时候(shíhou) C 便宜(piányi) D 因为(yīnwèi) E 方便(fāngbiàn) F 一起(yìqǐ) G 跟(gēn)

(1) 在北京坐地铁很_____。 베이징에서 지하철 타는 것은 편리합니다.
　Zài Běijīng zuò dìtiě hěn

(2) 下午我_____同学_____去打篮球。 저는 오후에 학우와 함께 농구하러 갑니다.
　Xiàwǔ wǒ　　tóngxué　　qù dǎ lánqiú.

(3) 这个商店的东西都很_____。 이 상점의 물건은 저렴합니다.
　Zhège shāngdiàn de dōngxi dōu hěn

(4) 你什么_____回家？ 언제 집으로 돌아갈 건가요?
　Nǐ shénme　　huí jiā?

(5) 小明没来上班，_____他病了。 샤오밍은 아파서 출근하지 않았습니다.
　Xiǎomíng méi lái shàng bān,　　tā bìng le.

(6) 大卫_____去埃及旅游了。 다비드는 최근에 이집트로 여행을 갔습니다.
　Dàwèi　　qù Āijí lǚyóu le.

어법 연습

1 제시된 낱말과 '跟……一起'를 활용해 문장을 만들어 봅시다.

(1) 小双　常常　跑步　林木
　Xiǎoshuāng chángcháng pǎo bù Lín Mù
→ _____

(2) 圣诞节　方方　安妮　去　西安
　Shèngdàn Jié Fāngfāng Ānnī qù Xī'ān
→ _____

(3)
<small>Zhāng lǎoshī　zhōumò　tóngxuémen　qù　chàng gē</small>
张老师　周末　同学们　去　唱歌

→ _____

(4)
<small>Xiǎoshuāng　xiàwǔ　Dàshuāng　shōushi　fángjiān</small>
小双　下午　大双　收拾　房间

→ _____

(5)
<small>wǒ　xiànzài　Zhōngguó　péngyou　zhù</small>
我　现在　中国　朋友　住

→ _____

(6)
<small>jīntiān　wǎnshang　Ānni　nánpéngyou　chī fàn</small>
今天　晚上　安妮　男朋友　吃饭

→ _____

住 zhù 동 묵다, 살다, 거주하다

2 '是……的' 형식을 활용해 밑줄 친 부분을 강조하는 문장을 써 봅시다.

(1) <small>Jiějie zuò dìtiě qù xuéxiào le.</small>
姐姐<u>坐地铁</u>去学校了。

→ _____

(2) <small>Nǎinai zuótiān qù túshūguǎn le.</small>
奶奶<u>昨天</u>去图书馆了。

→ _____

(3) <small>Wǒ gēn Ānni yìqǐ qù kàn diànyǐng le.</small>
我跟<u>安妮</u>一起去看电影了。

→ _____

(4) <small>Fāngfāng zuótiān wǎnshang bā diǎn huí jiā le.</small>
方方<u>昨天晚上8点</u>回家了。

→ _____

(5) <small>Dàwèi zuò fēijī lái Zhōngguó le.</small>
大卫<u>坐飞机</u>来中国了。

→ _____

(6) <small>Wǒ qiántiān zài Ālǐ jiā jiàndào Dàshuāng le.</small>
我前天<u>在阿里家</u>见到大双了。

→ _____

图书馆 túshūguǎn 명 도서관 ｜ 来 lái 동 오다 ｜ 见到 jiàndào 만나다, 마주치다

회화 연습

실제에 근거해 질문에 답해 봅시다.

(1) Jīntiān nǐ shì zěnme lái xuéxiào de?
今天你是怎么来学校的?

(2) Nǐ shì gēn shéi yìqǐ lái de?
你是跟谁一起来的?

(3) Nǐ de yīfu shì zài nǎr mǎi de?
你的衣服是在哪儿买的?

(4) Zuótiān nǐ shì jǐ diǎn shuì jiào de?
昨天你是几点睡觉的?

(5) Jīntiān nǐ shì jǐ diǎn qǐ chuáng de?
今天你是几点起床的?

(6) Jīntiān nǐ shì zài nǎr chī zǎofàn de?
今天你是在哪儿吃早饭的?

起床 qǐ chuáng 동 일어나다 | 早饭 zǎofàn 명 아침밥

간체자 이해

간체자 아래에 한어병음을 적고, 문장 속 빈칸을 알맞게 채워 봅시다.

▶ 제시된 간체자들의 공통 부분은 _____이며, '정해진 땅' '마당'이라는 뜻입니다.

02 我是今年来中国的。
Wǒ shì jīnnián lái Zhōngguó de.
저는 올해 중국에 왔습니다.

단어 연습

1 단어 옆에 한어병음과 의미를 써 봅시다.

(1) 客人 _____   (2) 咖啡馆儿 _____

(3) 看见 _____   (4) 爬山 _____

(5) 朋友 _____   (6) 来 _____

2 국가나 도시의 이름을 아는 대로 다 써 봅시다.

_____ _____ _____

_____ _____ _____

어법 연습

1 '是……的' 형식을 활용해 밑줄 친 부분에 대해 묻는 문장을 만들어 봅시다.

(1) 我在<u>大使馆</u>看见林木了。
Wǒ zài dàshǐguǎn kàn jiàn Lín Mù le.
→ _____

(2) 安妮<u>星期六上午</u>去爬山了。
Ānni Xīngqīliù shàngwǔ qù pá shān le.
→ _____

(3) 阿里跟<u>小双</u>一起去老师办公室了。
Ālǐ gēn Xiǎoshuāng yìqǐ qù lǎoshī bàngōngshì le.
→ _____

(4) 大双<u>开车</u>来咖啡馆儿了。
Dàshuāng kāi chē lái kāfēiguǎnr le.
→ _____

(5) 我在<u>意大利</u>买了这双鞋。
Wǒ zài Yìdàlì mǎile zhè shuāng xié.
→ _____

Dìdi gēn bàba yìqǐ qù jiànshēn le.
(6) 弟弟跟爸爸一起去健身了。

　　→ _____

意大利 Yìdàlì 고유 이탈리아

2 한국어 문장을 중국어로 바꿔 쓴 후, 큰 소리로 읽어 봅시다. ('是……的' '跟……一起' 형식 활용)

(1) 여러분은 언제 출발했나요?

　　→ _____

(2) 이 옷 정말 예쁘네요. 어디서 샀나요?

　　→ _____

(3) 샤오쑹은 다쑹과 함께 지하철을 타고 이허위앤에 갔습니다.

　　→ _____

(4) 우리는 두 달 전에 인터넷에서 알게 됐습니다. (以前 yǐqián 명 이전 | 网上 wǎng shang 온라인, 인터넷)

　　→ _____

(5) 저는 어제 '친구들과 함께' 돌아왔습니다.

　　→ _____

(6) 린무는 아내와 함께 '기차를 타고' 시안에 갔습니다.

　　→ _____

회화 연습

그림을 보고 괄호 안 단어를 활용해 대화를 완성해 봅시다.

Lín Mù shì shénme shíhou qù Chángchéng de?
(1) A 林木是什么时候去长城的?

　　B _____

　　A _____

　　　　　　　　　　　　　　　　　péngyou
　　B _____（朋友）

(2) A 安妮 _____? （西安）
Ānni

B _____ （上个月 지난달）
shàng ge yuè

A _____

B _____ （方方）
Fāngfāng

(3) A _____ （银行）
yínháng

B _____ （昨天）
zuótiān

A _____ （怎么）
zěnme

B _____ （骑车）
qí chē

(4) A _____ （打篮球）
dǎ lánqiú

B _____ （上个星期六）
shàng ge Xīngqīliù

A _____ （谁）
shéi

B _____ （阿里、本杰明）
Ālǐ、Běnjiémíng

활 동

언제, 어디를 어떻게 가서 누구와, 무슨 활동을 했는지 표에 적고, '是……的' 형식을 활용해 말해 봅시다.

언제	어디를	어떻게	누구와	무엇을

03 Wǒ yào dìng yí liàng chē.
我要订一辆车。
차를 한 대 예약하려고 합니다.

단어 연습

1 단어-한어병음-의미를 연결한 후, 큰 소리로 읽어 봅시다.

餐厅	复印	可是	大堂	免费	小时
miǎn fèi	kěshì	cāntīng	xiǎoshí	fùyìn	dàtáng
식당	그런데, 그러나	무료로 하다	시간	로비	복사하다

2 빈칸에 알맞은 보기를 고른 후, 큰 소리로 문장을 읽어 봅시다.

보기	zhāng	dìng	zhù	céng	wàng	hào	yào	liàng
	A 张	B 订	C 住	D 层	E 忘	F 号	G 要	H 辆

(1) Qǐng bāng wǒ _____ yí ge fángjiān.
请帮我_____一个房间。 방 하나를 예약해 주세요.

(2) Bié _____ le míngtiān bā diǎn chūfā.
别_____了明天8点出发。 내일 8시에 출발한다는 것을 잊지 마세요.

(3) Lǎoshī de bàngōngshì zài èr _____ èr yāo bā _____.
老师的办公室在二_____218_____。 선생님 사무실은 2층 218호입니다.

(4) Nǐ _____ nǎge fángjiān?
你_____哪个房间？ 어느 방에 묵으세요?

(5) Wǒ _____ fùyìn sān _____, yígòng duōshao qián?
我_____复印三_____，一共多少钱？ 세 장을 복사하려고 하는데, 총 얼마인가요?

(6) Wǒ yào mǎi yí _____ zìxíngchē.
我要买一_____自行车。 저는 자전거 한 대를 사려고 합니다.

帮 bāng 동 돕다 | 别 bié 부 ~하지 마라

어법 연습

1 주어진 문장을 예와 같이 만들어 봅시다.

> 예 Běnjiémíng bú shì zhù wǔ líng qī hào ma?
> 本杰明不是住507号吗?
>
> Běnjiémíng shì zhù wǔ líng qī hào.
> → 本杰明是住507号。

Xiǎoshuāng de shǒujī bú shì báisè de ma?
(1) 小双的手机不是白色的吗?

→ _____

Tāmen bú shì qù jiànshēn ma?
(2) 他们不是去健身吗?

→ _____

Ānni bú shì wǎnshang bā diǎn huílai ma?
(3) 安妮不是晚上8点回来吗?

→ _____

Tā gēge bú shì xǐhuan pá shān ma?
(4) 他哥哥不是喜欢爬山吗?

→ _____

Xiǎomíng bú shì méiyǒu nǚpéngyou ma?
(5) 小明不是没有女朋友吗?

→ _____

2 그림을 보고 '要'를 활용해 문장을 완성해 봅시다.

Ālǐ
(1) 阿里_____。

Tāmen
(2) 他们_____。

Zhōumò, Ānni
(3) 周末，安妮_____。

Dàshuāng hé Xiǎoshuāng
(4) 大双和小双_____。

Lín Mù
(5) 林木_____。

Běnjiémíng
(6) 本杰明_____。

회화 연습

'要'를 활용해 대화를 완성해 봅시다.

(1) A Fúwùyuán, qǐngwèn yínháng zài nǎr? Wǒ
服务员，请问银行在哪儿？我_____。

B Yínháng zài xuéxiào duìmiàn.
银行在学校对面。

(2) A Jīntiān tài lèi le, wǒ
今天太累了，我_____。

B Hǎo, nǐ xiūxi ba.
好，你休息吧。

(3) A Míngtiān shì zhōumò, Ānnī hé wǒ   Yíhé Yuán
明天是周末，安妮和我_____。（颐和园）

B Wǒ gēn nǐmen yìqǐ qù, hǎo ma?
我跟你们一起去，好吗？

(4) A Qípáo tài piàoliang le! Wǒ
旗袍太漂亮了！我_____。

B Wǒ yě
我也_____。

(5) A Dīng Shān, nǐ
丁山，你_____？

B Zhù yī céng, yī céng fāngbiàn.
住一层，一层方便。

(6) A Fúwùyuán, nǐmen xiànzài   fángjiān
服务员，你们现在_____？（房间）

B Duì, xiànzài dǎsǎo.
对，现在打扫。

간체자 이해

간체자 아래에 한어병음을 적고, 문장 속 빈칸을 알맞게 채워 봅시다.

    客

▶ 제시된 간체자들의 공통 부분은 _____이며, '집'이라는 뜻입니다.

04 我要退房。
Wǒ yào tuì fáng.

체크아웃하려고 합니다.

단어 연습

1 단어 옆에 한어병음과 의미를 써 봅시다.

(1) 帮助 _____ _____   (2) 找 _____ _____

(3) 存 _____ _____   (4) 票 _____ _____

(5) 退房 _____ _____   (6) 借 _____ _____

2 수량사와 명사를 알맞게 연결한 후, 큰 소리로 읽어 봅시다.

yì běn
一本 ·

sān bǎ
三把 ·

liǎng zhāng
两张 ·

yí jiàn
一件 ·

yì shuāng
一双 ·

yí liàng
一辆 ·

xíngli
· 行李

diànyǐng piào
· 电影票

sǎn
· 伞

hùzhào
· 护照

gōnggòng qìchē
· 公共汽车

yùndòngxié
· 运动鞋

어법 연습

1 괄호 안 단어의 알맞은 위치를 찾아 봅시다.

(1) Xiàwǔ　wǒ　qù　kàn diànyǐng. yào
　　下午 A 我 B 去 C 看电影。（要）

(2) 　míngtiān　Xīngqīwǔ　ma? bú shì
　　A 明天 B 星期五 C 吗？（不是）

(3) Wǒ　dìng　yì zhāng Xīngqīsān　qù Xī'ān de huǒchē piào. yào
　　我 A 订 B 一张星期三 C 去西安的火车票。（要）

(4) 　tā　lǎoshī　ma? bú shì
　　A 他 B 老师 C 吗？（不是）

(5) Wǒ　qù tǐyùguǎn　gēn péngyou　dǎ lánqiú. yào
　　我 A 去体育馆 B 跟朋友 C 打篮球。（要）

(6) Nǐ　yào mǎi hóngsè de　chènyī　ma? bú shì
　　你 A 要买红色的 B 衬衣 C 吗？（不是）

2 '不是……吗?'를 활용한 문장으로 바꿔 써 봅시다.

Ānni de péngyou shì Déguórén.
(1) 安妮的朋友是德国人。
→ _____

Dàwèi qù Shànghǎi lǚyóu le.
(2) 大卫去上海旅游了。
→ _____

Xiǎoshuāng xǐhuan tiào wǔ.
(3) 小双喜欢跳舞。
→ _____

Dàshuāng chángcháng shí'èr diǎn shuì jiào.
(4) 大双常常12点睡觉。
→ _____

Zài túshūguǎn shàng wǎng miǎn fèi.
(5) 在图书馆上网免费。
→ _____

Tāmen yào zuò huǒchē qù Xī'ān.
(6) 他们要坐火车去西安。
→ _____

회화 연습

그림을 보고 괄호 안 단어와 '要'를 활용해 대화를 완성해 봅시다.

Xiǎoshuāng, nǐ yào qù nǎr?
(1) A 小双，你要去哪儿？

Gùgōng
B _____ (故宫)

zěnme
A _____ (怎么)

zuò gōnggòng qìchē
B _____ (坐公共汽车)

Lín Mù, nǐ yào qù zuò shénme?
(2) A 林木，你要去做什么？

tīng yīnyuèhuì
B _____ (听音乐会)

shéi
A _____ (谁)

qīzi
B _____ (妻子)

(3) A _____

　　　Ālǐ　　　　　　　　　　　　　　　　qù tǐyùguǎn
　B　阿里_____。（去体育馆）

　A _____

　　　Tā yào gēn Běnjiémíng yìqǐ qù.
　B　他要跟本杰明一起去。

　　　Dīng Shān,
(4) A　丁山，_____？

　　　Wǒ yào jiè yí liàng zìxíngchē.
　B　我要借一辆自行车。

　　　Nǐ yào qù nǎr?
　A　你要去哪儿?

　B _____

활동

친구들의 주말 계획을 알아본 후, '要'를 활용해 문장으로 써 봅시다.

이름	문장

04 我要退房。 15

05 你起得真早。
Nǐ qǐ de zhēn zǎo.
당신은 정말 일찍 일어나는군요.

단어 연습

1 단어-한어병음-의미를 연결한 후, 큰 소리로 읽어 봅시다.

句 ·	· qǐ	· 마디[말을 세는 단위]
身体 ·	· zǎofàn	· 말하다
早饭 ·	· shǎo	· 더, 또한
还 ·	· jù	· 적다
起 ·	· shuō	· 몸, 신체, 건강
说 ·	· shēntǐ	· 아침밥
少 ·	· hái	· 일어나다, 기상하다

2 음식, 음료와 관련된 단어를 아는 대로 다 써 봅시다.

(1) 음식 _____   _____   _____

_____   _____   _____

(2) 음료 _____   _____   _____

_____   _____   _____

어법 연습

1 예와 같이 상태보어를 활용해 문장을 만들어 봅시다.

> 예
> shuō Hànyǔ   liúlì
> 说汉语   流利
>
> Tā shuō Hànyǔ shuō de hěn liúlì.
> → 她说汉语说得很流利。
>
> Tā Hànyǔ shuō de hěn liúlì.
> 她汉语说得很流利。

(1) xiě Hànzì piàoliang
写汉字   漂亮 → _____

_____

(2) 吃饭 chī fàn　少 shǎo →＿＿＿＿＿＿＿＿＿＿＿＿＿＿＿＿＿＿＿＿＿＿＿＿

(3) 开车 kāi chē　快 kuài →＿＿＿＿＿＿＿＿＿＿＿＿＿＿＿＿＿＿＿＿＿＿＿＿

(4) 化妆 huà zhuāng　好看 hǎokàn →＿＿＿＿＿＿＿＿＿＿＿＿＿＿＿＿＿＿

(5) 擦桌子 cā zhuōzi　干净 gānjìng →＿＿＿＿＿＿＿＿＿＿＿＿＿＿＿＿＿

流利 liúlì 형 유창하다

2 보기의 단어를 빈칸에 명사 중첩 형식으로 바꿔 써 봅시다.

보기: 月 yuè　家 jiā　年 nián　天 tiān　人 rén

(1) 我们＿＿＿＿＿都要上汉语课。 Wǒmen dōu yào shàng Hànyǔ kè. 우리는 매일 중국어 수업을 들어야 합니다.

(2) 小双＿＿＿＿＿早上都打太极拳。 Xiǎoshuāng zǎoshang dōu dǎ tàijíquán. 샤오쌍은 매일 아침 태극권을 합니다.

(3) 林木和妻子＿＿＿＿＿圣诞节都去旅游。 Lín Mù hé qīzi Shèngdàn Jié dōu qù lǚyóu. 린무와 아내는 매년 크리스마스에 여행을 갑니다.

(4) 春节的时候，＿＿＿＿＿都要吃饺子。 Chūn Jié de shíhou, dōu yào chī jiǎozi. 춘지에 때는 모든 집이 쟈오즈를 먹습니다.

(5) ＿＿＿＿＿都说我做饭做得好。 dōu shuō wǒ zuò fàn zuò de hǎo. 모두 제가 밥을 잘 한다고 말합니다.

(6) 这个地方一年十二个月，＿＿＿＿＿都下雨。 Zhège dìfang yì nián shí'èr ge yuè, dōu xià yǔ. 이 지역은 일 년 열두 달, 매월 비가 내립니다.

회화 연습

상태보어를 활용해 대화를 완성해 봅시다.

(1) A 你早饭吃得好吗? Nǐ zǎofàn chī de hǎo ma?

　　B ＿＿＿＿＿＿＿＿＿＿＿＿＿＿＿＿＿＿＿＿＿＿＿＿＿＿＿＿＿＿＿

05 你起得真早。 17

(2) A 丁山跑得快吗?
　　　Dīng Shān pǎo de kuài ma?

　　B _____

(3) A _____

　　B 是啊，我天天都来得很早。
　　　Shì a, wǒ tiāntiān dōu lái de hěn zǎo.

(4) A _____

　　B 对，我晚饭吃得很少。
　　　Duì, wǒ wǎnfàn chī de hěn shǎo.

(5) A 你昨天晚上_____?
　　　Nǐ zuótiān wǎnshang

　　B 我休息得不好。
　　　Wǒ xiūxi de bù hǎo.

(6) A 你天天都喝葡萄酒吗?
　　　Nǐ tiāntiān dōu hē pútaojiǔ ma?

　　B 天天喝，可是_____。
　　　Tiāntiān hē, kěshì

간체자 이해

간체자 아래에 한어병음을 적고, 문장 속 빈칸을 알맞게 채워 봅시다.

| 很 | 律 | 往 | 行 | 得 |

▶ 제시된 간체자들의 공통 부분은 _____이며, '걷다'라는 뜻입니다.

06 安妮汉语说得很流利。

Ānnī Hànyǔ shuō de hěn liúlì.

애니는 중국어를 유창하게 합니다.

단어 연습

1 반의어끼리 연결한 후, 큰 소리로 읽어 봅시다.

zǎo 早	kuài 快	dà 大	jìn 近	shǎo 少
duō 多	xiǎo 小	màn 慢	wǎn 晚	yuǎn 远

2 빈칸에 알맞은 보기를 고른 후, 큰 소리로 문장을 읽어 봅시다.

보기: A 流利 liúlì   B 开心 kāixīn   C 好吃 hǎochī   D 菜 cài   E 照 zhào   F 照片 zhàopiàn

(1) 你看看这张照片，_____得怎么样？
Nǐ kànkan zhè zhāng zhàopiàn, de zěnmeyàng?
이 사진을 좀 봐 보세요, 어떻게 찍혔나요?

(2) 本杰明汉语说得不_____。
Běnjiémíng Hànyǔ shuō de bù
벤자민은 중국어를 유창하게 말하지 못합니다.

(3) 这个饭馆儿的饺子很_____。
Zhège fànguǎnr de jiǎozi hěn
이 식당의 쟈오즈는 맛있습니다.

(4) 昨天晚上我们玩儿得很_____。
Zuótiān wǎnshang wǒmen wánr de hěn
어제 저녁에 저희는 즐겁게 놀았습니다.

(5) 这是我女朋友的_____，很漂亮吧？
Zhè shì wǒ nǚpéngyou de , hěn piàoliang ba?
이것은 제 여자친구의 사진입니다. 아주 예쁘죠?

(6) 今天中午你想吃什么_____？
Jīntiān zhōngwǔ nǐ xiǎng chī shénme
오늘 점심에 무슨 요리를 먹고 싶나요?

어법 연습

1 어법상 틀린 문장을 골라 바르게 고쳐 써 봅시다.

(1) 本杰明打太极拳得很好。→ _____
Běnjiémíng dǎ tàijíquán de hěn hǎo.

(2) 他汉语说很流利。→ _____
Tā Hànyǔ shuō hěn liúlì.

(3) 安妮睡觉得不晚。→ _____
Ānnī shuì jiào de bù wǎn.

(4) 你今天吃得太多了。→ _____
Nǐ jīntiān chī de tài duō le.

(5) *Zhè zhāng zhàopiàn hěn piàoliang zhào de.*
这张照片很漂亮照得。 → _____

(6) *Zhuōzi cā de gānjìng bu gānjìng?*
桌子擦得干净不干净？ → _____

2 한국어 문장을 중국어로 바꿔 쓴 후, 큰 소리로 읽어 봅시다. (상태보어 활용)

(1) 여러분은 오늘 즐겁게 놀았나요?
→ _____

(2) 샤오솽과 다솽 중 누가 축구를 잘하나요?
→ _____

(3) 팡팡은 빨리 뛰지 않습니다.
→ _____

(4) 저는 어제 잘 쉬었습니다.
→ _____

(5) 다비드는 오늘 늦지 않게 돌아왔습니다.
→ _____

(6) 애니는 방을 깨끗이 청소했습니다.
→ _____

회화 연습

그림을 보고 상태보어를 활용해 대화를 완성해 봅시다.

(1) A *Xiǎoshuāng, nǐ kàn, Xiǎomíng zhèngzài pǎo bù.*
小双，你看，小明正在跑步。

B _____

(2) A *Lín Mù tàijíquán dǎ de zěnmeyàng?*
林木太极拳打得怎么样?

B _____

(3) A　Ālǐ gē chàng de zěnmeyàng?
　　　阿里歌唱得怎么样?

　　B　_____

(4) A　Zhè zhāng huàr Dàshuāng huà de zěnmeyàng?
　　　这张画儿大双画得怎么样?

　　B　_____

(5) A　_____

　　B　Shōushi de hěn gānjìng.
　　　收拾得很干净。

(6) A　_____

　　B　Hěn hǎochī.
　　　很好吃。

활동

친구들의 오락·운동·공부 수준을 상태보어를 활용해 적어 봅시다.

이름	오락	운동	공부

07 Wǒ huì chàng jīngjù.
我会唱京剧。
저는 경극을 할 줄 압니다.

단어 연습

1 단어 옆에 한어병음과 의미를 써 봅시다.

(1) 钢琴　_____　_____

(2) 小提琴　_____　_____

(3) 乒乓球　_____　_____

(4) 相声　_____　_____

(5) 美食家　_____　_____

(6) 特长　_____　_____

2 관련있는 것끼리 연결한 후, 큰 소리로 읽어 봅시다.

tán　　　　　　　　　　　　　　　　xiàngsheng
弹 ·　　　　　　　　　　　　　　　· 相声

lā　　　　　　　　　　　　　　　　pīngpāngqiú
拉 ·　　　　　　　　　　　　　　　· 乒乓球

chàng　　　　　　　　　　　　　　　gāngqín
唱 ·　　　　　　　　　　　　　　　· 钢琴

shuō　　　　　　　　　　　　　　　jīngjù
说 ·　　　　　　　　　　　　　　　· 京剧

dǎ　　　　　　　　　　　　　　　　xiǎotíqín
打 ·　　　　　　　　　　　　　　　· 小提琴

어법 연습

1 괄호 안 단어의 알맞은 위치를 찾아 봅시다.

　　　wǒ　　dǎ　　pīngpāngqiú.　huì
(1) A 我 B 打 C 乒乓球。（会）

　　　wǒ　　huì　　tán gāngqín.　hái
(2) A 我 B 会 C 弹钢琴。（还）

　　　Nǐ bú shì　shuō nǐ　chàng gē　ma?　huì
(3) 你不是 A 说你 B 唱歌 C 吗？（会）

　　　tā　　gǎnmào le,　fā shāo.　hái
(4) A 他 B 感冒了，C 发烧。（还）

22

　　　　　　Māma gěi wǒ　　　mǎile yí ge xīn gāngqín,　kěshì wǒ　　bù　tán.　huì
(5) 妈妈给我 A 买了一个新钢琴，可是我 B 不 C 弹。（会）

　　　　Zhège chúshī huì zuò miàntiáo、　jiǎozi,　tā　huì zuò bǐsàbǐng.　hái
(6) 这个厨师会做面条、A 饺子，B 他 C 会做比萨饼。（还）

2　제시된 단어와 '还'를 활용해 문장을 만들어 봅시다.

　　　yǒu　　yí ge gēge　　yí ge mèimei
(1) 有　　一个哥哥　　一个妹妹

→ _____

　　　yào　　yí ge hànbǎo　　yì bēi kělè
(2) 要　　一个汉堡　　一杯可乐

→ _____

　　　mǎi　　miànbāo　　niúnǎi
(3) 买　　面包　　牛奶

→ _____

　　　qù　　chāoshì　　yínháng
(4) 去　　超市　　银行

→ _____

　　　dǎsuàn　　xué jīngjù　　xué xiàngsheng
(5) 打算　　学京剧　　学相声

→ _____

　　　xǐhuan　　tīng yīnyuè　　kàn diànyǐng
(6) 喜欢　　听音乐　　看电影

→ _____

회화 연습

'会'를 활용해 대화를 완성해 봅시다.

　　　Nǐ huì chàng jīngjù ma?
(1) A 你会唱京剧吗?

　　B _____

　　　Nǐ huì bu huì shuō xiàngsheng?
(2) A 你会不会说相声?

　　B _____

(3) A _____

　　　　Wǒ huì, wǒ yóu de hěn hǎo.
　　B　我会，我游得很好。

(4) A _____

　　　　Tā bú huì qí zìxíngchē.
　　B　他不会骑自行车。

　　　　Nǐ
(5) A　你_____?

　　　　Wǒ bú huì tiào wǔ, Ānni huì.
　　B　我不会跳舞，安妮会。

　　　　Nǐ gēge
(6) A　你哥哥_____?

　　　　Tā huì, tā huà de hěn hǎo.
　　B　他会，他画得很好。

간체자 이해

간체자 아래에 한어병음을 적고, 문장 속 빈칸을 알맞게 채워 봅시다.

▶ 제시된 간체자들의 공통 부분은 _____이며, '입'이라는 뜻입니다.

08 你会用筷子吗?
Nǐ huì yòng kuàizi ma?
젓가락질할 줄 아나요?

단어 연습

1 단어 옆에 한어병음과 의미를 써 봅시다.

(1) 信 _____ _____

(2) 筷子 _____ _____

(3) 歌 _____ _____

(4) 用 _____ _____

(5) 英文 _____ _____

(6) 中文 _____ _____

2 빈칸에 알맞은 동사를 써 봅시다.

(1) _____ 中国画 중국화를 그리다 (zhōngguóhuà)

(2) _____ 飞机票 비행기표를 예약하다 (fēijī piào)

(3) _____ 中文歌 중국 노래를 부르다 (Zhōngwén gē)

(4) _____ 筷子 젓가락을 사용하다 (kuàizi)

(5) _____ 电脑 컴퓨터를 고치다 (diànnǎo)

(6) _____ 字典 자전을 찾다 (zìdiǎn)

어법 연습

1 어법상 틀린 문장을 골라 바르게 고쳐 써 봅시다.

(1) 他会不做饭。
Tā huì bú zuò fàn.

→ _____

(2) 你会不会化妆吗?
Nǐ huì bu huì huà zhuāng ma?

→ _____

(3) 大卫会不会写汉字?
Dàwèi huì bu huì xiě Hànzì?

→ _____

(4) 我不会用筷子。
Wǒ bú huì yòng kuàizi.

→ _____

Nǐ huì shuō bú huì shuō xiàngsheng?
(5) 你会说不会说相声?
→ _____

Dàshuāng huì tī zúqiú bú huì tī zuíqiú?
(6) 大双会踢足球不会踢足球?
→ _____

2 제시된 단어와 '会'를 활용해 문장을 만들어 봅시다.

Fāngfāng zuò miàntiáo zuò hànbǎo hái
(1) 方方   做面条   做汉堡   还
→ _____

nǐ   chàng bú shì Yīngwén gē ma
(2) 你 唱   不是   英文歌   吗
→ _____

Lín Mù xiě Hànzì huà zhōngguóhuàr
(3) 林木   写汉字   画中国画儿
→ _____

nǐ   bú shì chá ma Hànyǔ zìdiǎn
(4) 你 不是   查   吗   汉语字典
→ _____

Ālǐ   yòng kuàizi chī miàntiáo hái yòng kuàizi chī mǐfàn
(5) 阿里 用筷子   吃面条   还   用筷子   吃米饭
→ _____

bú shì ma nǐ Zhōngwén xiě xìn yòng
(6) 不是   吗 你   中文   写信   用
→ _____

회화 연습

그림을 보고 '会'를 활용해 대화를 완성해 봅시다.

Běnjiémíng huì yòng kuàizi ma?
(1) A 本杰明会用筷子吗?

B _____

(2) A 林木会不会打太极拳?
　　　Lín Mù huì bu huì dǎ tàijíquán?

　　B _____

(3) A _____

　　B 她会，她弹得很好。
　　　Tā huì, tā tán de hěn hǎo.

(4) A _____

　　B 他不会做。
　　　Tā bú huì zuò.

(5) A 方方_____?
　　　Fāngfāng

　　B 她会拉小提琴。
　　　Tā huì lā xiǎotíqín.

(6) A _____

　　B 他不会修电脑。
　　　Tā bú huì xiū diànnǎo.

활 동

각 방면에 어떤 능력이 있는지 '会'를 활용해 문장으로 써 봅시다.

	문장
학습	
업무	
운동	
취미	

09

Wǒ fāngbiàn de shíhou nǐ bù néng lái.
我方便的时候你不能来。
제가 '方便'할 때는 오면 안 됩니다.

단어 연습

1 단어–한어병음–의미를 연결한 후, 큰 소리로 읽어 봅시다.

买单	洗手间	能	意思	拿	告诉
ná	gàosu	yìsi	mǎidān	néng	xǐshǒujiān
화장실	가지다	뜻, 의미	계산하다, 결제하다	알리다	~해도 된다

2 빈칸에 알맞은 보기를 고른 후, 큰 소리로 문장을 읽어 봅시다.

보기	fāngbiàn A 方便	ò B 哦	xià C 下	nà D 那	yíxià E 一下	zhèli F 这里	de shíhou G ……的时候

Wǒ néng yòng　　　nǐ de zìdiǎn ma?
(1) 我能用_____你的字典吗? 제가 당신의 자전을 좀 써도 될까요?

tā de huà shì zhège yìsi.
(2) _____, 他的话是这个意思。 아, 그 사람 말이 이런 뜻이었군요.

Kāi chē　　　bù néng dǎ diànhuà.
(3) 开车_____不能打电话。 운전할 때는 전화를 하면 안 됩니다.

Wǒ xiǎng qù　　　yíxià.
(4) 我想去_____一下。 화장실에 좀 가고 싶습니다.

Mǎidān?　　　"mǎi" shì "mǎi dōngxi" de yìsi ma?
(5) 买单? _____ "买"是"买东西"的意思吗? 买单? 여기서 '买'는 '물건을 사다'라는 의미인가요?

Lǐ mìshū qù Shànghǎi le, tā　　　Xīngqīsān huílai.
(6) A 李秘书去上海了，她_____星期三回来。 리 비서는 상하이에 갔습니다. 그녀는 다음 주 수요일에 돌아옵니다.

　　　wǒ Xīngqīsì zài lái ba.
B _____我星期四再来吧。 그럼 저는 다음 주 목요일에 다시 올게요.

어법 연습

1 제시된 낱말을 알맞게 배열해 문장을 완성한 후, 큰 소리로 읽어 봅시다.

zhège shāngdiàn　　yòng rénmínbì　　néng
(1) 这个商店　　用人民币　　能

→ _____

(2)
zài chāoshì　mǎi dōngxi　shuā kǎ　néng　ma
在超市　买东西　刷卡　能　吗
→ _____

(3)
zhèngzài　yīyuàn　Lǐ Míng　dǎ diànhuà　bù néng
正在　医院　李明　打电话　不能
→ _____

(4)
jīntiān　kāi chē　bù néng　Ālǐ　fā shāo le
今天　开车　不能　阿里　发烧了
→ _____

(5)
Lǐ mìshū　huídá　bù néng　nǐ de wèntí　xiànzài
李秘书　回答　不能　你的问题　现在
→ _____

(6)
tā érzi　kàn　zhè běn shū　bù néng　tài xiǎo le
他儿子　看　这本书　不能　太小了
→ _____

人民币 rénmínbì 명 인민폐[중국의 화폐 단위]

2 '一下'가 들어갈 알맞은 위치를 찾아 봅시다.

(1) Wǒ yào　qù　xǐshǒujiān fāngbiàn
我要 A 去 B 洗手间方便 C 。

(2) Wǒ　shàng wǎng　mǎi　piào.
我 A 上网 B 买 C 票。

(3) Wǒmen yìqǐ　shōushi　yīguì　ba.
我们一起 A 收拾 B 衣柜 C 吧。

(4) Wǒ huí　fángjiān　ná　sǎn.
我回 A 房间 B 拿 C 伞。

(5) Ānni dǎsuàn　yòng　Xiǎoshuāng de zìxíngchē
安妮打算 A 用 B 小双的自行车 C 。

(6) Nǐ gàosu　Ānni　wǒmen qī diǎn zài lùkǒu děng　tā.
你告诉 A 安妮 B 我们7点在路口等 C 她。

회화 연습

그림을 보고 '能'을 활용해 대화를 완성해 봅시다.

(1)　Xiǎoshuāng, wǒ　　　　　　　　　　　　ma?
A 小双，我_____吗?

　　Méi wèntí.
B 没问题。

(2) A 请问，这里_____吗?
　　　Qǐngwèn, zhèlǐ　　　　　　　　　　　　ma?

　　B 不能。
　　　Bù néng.

(3) A 先生，这里_____。
　　　Xiānsheng, zhèlǐ

　　B 对不起。
　　　Duìbuqǐ.

(4) A 我们唱歌好吗?
　　　Wǒmen chàng gē hǎo ma?

　　B 这里_____。
　　　Zhèlǐ

(5) A 我们一起跳舞吧。
　　　Wǒmen yìqǐ tiào wǔ ba.

　　B 对不起，这里_____。
　　　Duìbuqǐ, zhèlǐ

(6) A 我打车回学校吧。
　　　Wǒ dǎ chē huí xuéxiào ba.

　　B 这儿是路口，_____。
　　　Zhèr shì lùkǒu,

간체자 이해

간체자 아래에 한어병음을 적고, 문장 속 빈칸을 알맞게 채워 봅시다.

▶ 제시된 간체자들의 공통 부분은 _____이며, '사람'이라는 뜻입니다.

10 这儿能不能停车?

Zhèr néng bu néng tíng chē?

여기 주차할 수 있나요?

단어 연습

1 단어 옆에 한어병음과 의미를 써 봅시다.

(1) 人民币 _____ _____

(2) 欧元 _____ _____

(3) 参观 _____ _____

(4) 请假 _____ _____

(5) 拍照 _____ _____

(6) 吸烟 _____ _____

2 빈칸에 알맞은 보기를 고른 후, 큰 소리로 문장을 읽어 봅시다.

| 보기 | dǎ zhé
A 打折 | huàn
B 换 | pāi
C 拍 | tíng
D 停 | gěi
E 给 | cānguān
F 参观 |

(1) Duìbuqǐ, zhèli bù néng ___ chē.
对不起，这里不能_____车。 죄송합니다, 여기에 주차하시면 안 됩니다.

(2) Qǐngwèn, wǒ néng zài zhèr ___ yì zhāng zhàopiàn ma?
请问，我能在这儿_____一张照片吗? 실례합니다. 여기서 사진을 한 장 찍어도 될까요?

(3) Zhèli de yīfu zhèngzài ___, xiànzài mǎi hěn piányi.
这里的衣服正在_____，现在买很便宜。 여기 옷이 할인 중이라서, 지금 사면 아주 쌉니다.

(4) Wǒ qù yínháng ___ rénmínbì.
我去银行_____人民币。 저는 인민폐를 바꾸러 은행에 갑니다.

(5) Lín Mù, nǐ ___ Xiǎoshuāng dǎ ge diànhuà ba.
林木，你_____小双打个电话吧。 린무 씨, 샤오솽에게 전화해 보세요.

(6) Míngtiān wǒmen yào qù ___ Gùgōng.
明天我们要去_____故宫。 내일 우리는 고궁을 참관하러 갑니다.

어법 연습

1 빈칸에 '能'과 '会' 중 알맞은 말을 넣어 문장을 완성한 후, 큰 소리로 읽어 봅시다.

(1) Wǒ tài lèi le, ___ xiūxi yíhuìr ma?
我太累了，____休息一会儿吗?

(2) 你_____做中国菜吗？
　　Nǐ　　zuò zhōngguócài ma?

(3) 对不起，这儿不_____停车。
　　Duìbuqǐ, zhèr bù　　tíng chē.

(4) 你_____帮我们拍张照吗？
　　Nǐ　　bāng wǒmen pāi zhāng zhào ma?

(5) 我今天病了，你_____帮我请假吗？
　　Wǒ jīntiān bìng le, nǐ　　bāng wǒ qǐng jià ma?

(6) 我不_____打太极拳。
　　Wǒ bù　　dǎ tàijíquán.

2 괄호 안 단어와 '一下'를 활용해 문장을 완성해 봅시다.

(1) 你_____，这是谁的书？（看）
　　Nǐ　　　　　　　　zhè shì shéi de shū? kàn

(2) 我太累了，想_____。（休息）
　　Wǒ tài lèi le, xiǎng　　　　　xiūxi

(3) 洗手间在哪儿？我去_____。（方便）
　　Xǐshǒujiān zài nǎr? Wǒ qù　　　fāngbiàn

(4) 你_____，这是谁在唱歌？（听）
　　Nǐ　　　　　　　　zhè shì shéi zài chàng gē? tīng

(5) 这个汉字怎么写？请帮我_____。（写）
　　Zhège Hànzì zěnme xiě? Qǐng bāng wǒ　　xiě

(6) 明天我要在家_____房间。（收拾）
　　Míngtiān wǒ yào zài jiā　　fángjiān. shōushi

회화 연습

대화를 완성해 봅시다.

(1) A 请问，这里能吸烟吗？
　　　Qǐngwèn, zhèli néng xī yān ma?

　　B _____

(2) A _____

　　B 对不起，这里不能拍照。
　　　Duìbuqǐ, zhèli bù néng pāi zhào.

(3) A 你们学校里能不能踢足球？
　　　Nǐmen xuéxiào li néng bu néng tī zúqiú?

　　B _____

(4) A _____

　　　　Zhèr bù néng tíng chē.
　　B 这儿不能停车。

　　　　Wǒ
(5) A 我_____。

　　　　Xiànzài bù néng gěi tā dǎ diànhuà, tā zài kāi chē.
　　B 现在不能给他打电话，他在开车。

　　　　　　　　　　　　　　　　　　　　　　　zìdiǎn
(6) A _____（字典）

　　　　Méi wèntí,　nǐ yòng ba.
　　B 没问题，你用吧。

활 동

특정 행위를 표에 적고, 제시된 장소에서 행위의 가능 여부를 문장으로 써 봅시다.

장소	행위	문장
지하철에서		
병원에서		
체육관에서		
영화관에서		
상점에서		
교실에서		

11 你能爬上去吗?

Nǐ néng pá shàngqu ma?

올라갈 수 있겠어요?

단어 연습

1 단어에 해당하는 한어병음과 뜻을 연결해 봅시다.

| 修理工 | 刚才 | 门 | 带 | 得 | 包 | 怎么 | 坏 |

| dài | gāngcái | xiūlǐgōng | bāo | děi | zěnme | huài | mén |

| 수리공 | 가방 | ~해야만 한다 | 문 | 고장 나다 | 왜, 어째서, 어떻게 | 방금 | 가지다, 지니다 |

2 빈칸에 알맞은 보기를 고른 후, 큰 소리로 문장을 읽어 봅시다.

보기
A 放 fàng   B 到 dào   C 修理 xiūlǐ   D 就 jiù   E 下来 xiàlai   F 上去 shàngqu

(1) 电梯坏了，我们得爬_____了。 엘리베이터가 고장 나서 우리는 걸어 올라가야만 합니다.
   Diàntī huài le, wǒmen děi pá ___ le.

(2) 我的自行车坏了，得_____一下。 제 자전거가 고장 나서 수리를 좀 해야만 합니다.
   Wǒ de zìxíngchē huài le, děi ___ yíxià.

(3) 小明，你的手机找_____了吗? 샤오밍, 당신 휴대전화를 찾았나요?
   Xiǎomíng, nǐ de shǒujī zhǎo ___ le ma?

(4) 你再等一下吧，方方很快_____回来。 좀 더 기다려 주세요. 팡팡이 곧 돌아올 것입니다.
   Nǐ zài děng yíxià ba, Fāngfāng hěn kuài ___ huílai.

(5) 我的护照_____在包里了。 제 여권은 가방 속에 두었습니다.
   Wǒ de hùzhào ___ zài bāo li le.

(6) 大双在楼上，我去叫他_____。 다쌍은 위층에 있습니다. 제가 가서 내려오라고 하겠습니다.
   Dàshuāng zài lóu shang, wǒ qù jiào tā ___.

어법 연습

1 그림을 표현하기에 적합한 문장을 보기에서 골라 봅시다.

보기
A 阿里上去了。 Ālǐ shàngqu le.
B 老王上来了。 Lǎo Wáng shànglai le.
C 公共汽车过去了。 Gōnggòng qìchē guòqu le.
D 火车过来了。 Huǒchē guòlai le.
E 李秘书下来了。 Lǐ mìshū xiàlai le.
F 服务员进来了。 Fúwùyuán jìnlai le.

2 빈칸에 알맞은 방향보어를 보기에서 고른 후, 큰 소리로 문장을 읽어 봅시다.

보기 A 上去 shàngqu   B 上来 shànglai   C 下去 xiàqu   D 下来 xiàlai   E 回去 huíqu   F 过来 guòlai

(1) 小双，我和方方都在楼下，你快_____吧。
Xiǎoshuāng, wǒ hé Fāngfāng dōu zài lóu xià, nǐ kuài ___ ba.
샤오쌍, 나와 팡팡은 모두 건물 아래에 있어. 빨리 내려와.

(2) 我给出租车公司打电话了，车很快就_____。
Wǒ gěi chūzūchē gōngsī dǎ diànhuà le, chē hěn kuài jiù ___.
제가 택시 회사에 전화를 걸었으니, 차가 곧 올 것입니다.

(3) 家里来客人了，我现在得_____。
Jiā li lái kèren le, wǒ xiànzài děi ___.
집에 손님이 오셔서 이제 가 봐야만 합니다.

(4) 这是一层，安妮的房间在二层，你_____吧。
Zhè shì yī céng, Ānnī de fángjiān zài èr céng, nǐ ___ ba.
여기는 1층이고, 애니의 방은 2층입니다. 올라가 보세요.

(5) 他们在下边呢，我们_____吧。
Tāmen zài xiàbian ne, wǒmen ___ ba.
그들은 아래쪽에 있으니, 우리 내려가 봅시다.

(6) 山上真漂亮！小双、大双，你们快_____看一下。
Shān shang zhēn piàoliang! Xiǎoshuāng、Dàshuāng, nǐmen kuài ___ kàn yíxià.
산 위가 정말 예쁘네! 샤오쌍, 다쌍, 어서 와서 좀 봐 봐.

회화 연습

방향보어의 용법에 주의해 대화를 완성해 봅시다.

(1) A 你下午能过来打篮球吗?
Nǐ xiàwǔ néng guòlai dǎ lánqiú ma?

B _____

(2) A　Wǒmen qù nǎr chī fàn?
　　　我们去哪儿吃饭?

　　B　Yī céng, wǒmen xiànzài _____ ba.
　　　一层，我们现在_____吧。

(3) A　Nǐ yào xiàqu ma?
　　　你要下去吗?

　　B　Bù, wǒ yào _____.
　　　不，我要_____。

(4) A　Wǒmen _____.
　　　我们_____。

　　B　Hǎo, zǒu ba.
　　　好，走吧。

(5) A　Ānnī, nǐ shénme shíhou huílai?
　　　安妮，你什么时候回来?

　　B　_____

(6) A　Ālǐ, kuài xiàlai ba.
　　　阿里，快下来吧。

　　B　Hǎo, _____.
　　　好，_____。

간체자 이해

간체자 아래에 한어병음을 적고, 문장 속 빈칸을 알맞게 채워 봅시다.

刻　　刷　　利　　到　　刚

▶ 제시된 간체자들의 공통 부분은 _____이며, '칼'이라는 뜻입니다.

12 Tàiyang chūlai le.
太阳出来了。
해가 나왔습니다.

단어 연습

1 단어 옆에 한어병음과 의미를 써 봅시다.

(1) 熊猫 _____ _____   (2) 箱子 _____ _____

(3) 铅笔 _____ _____   (4) 年轻 _____ _____

(5) 太阳 _____ _____   (6) 孩子 _____ _____

2 빈칸에 알맞은 보기를 고른 후, 큰 소리로 문장을 읽어 봅시다.

| 보기 | táng
A 糖 | bān
B 搬 | tàiyang
C 太阳 | qiānbǐ
D 铅笔 | xiāngzi
E 箱子 | niánqīng
F 年轻 |

(1) Hěn duō háizi dōu xǐhuan chī
很多孩子都喜欢吃_____。 많은 아이들이 사탕 먹는 것을 좋아합니다.

(2) Jīntiān yīntiān,　méiyǒu
今天阴天，没有_____。 오늘은 날씨가 흐려서 태양이 없습니다.

(3) Lǎo Wáng　de shíhou shì jìzhě.
老王_____的时候是记者。 라오왕은 젊었을 때 기자였습니다.

(4) Tā de dōngxi dōu fàng zài nàge　　li le.
她的东西都放在那个_____里了。 그녀의 물건들은 저 상자 안에 두었습니다.

(5) Zhè zhāng zhuōzi wǒmen bú yòng le,　chūqu ba.
这张桌子我们不用了，_____出去吧。 우리는 이 탁자가 필요없습니다. 옮겨 나가 주세요.

(6) Nǐ dài　　le ma?　Jiè wǒ yòng yíxià,　wǒ xiě míngzi.
你带_____了吗？借我用一下，我写名字。 연필 가지고 계세요? 이름을 쓰게 저에게 좀 빌려 주세요.

어법 연습

1 그림을 보고 괄호 안 단어를 활용해 문장을 완성한 후, 큰 소리로 읽어 봅시다.

(1) Xiǎo māo
小猫_____。（跑 去）

(2) Tāmen
他们_____。（爬）

    Lǐ lǎoshī   zǒu   Chē   kāi
(3) 李老师_____。（走） (4) 车_____。（开）

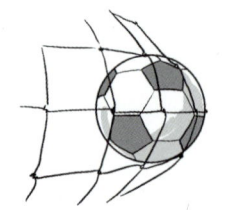

   Shū   ná lái   Qiú   tī
(5) 书_____。（拿　来） (6) 球_____。（踢）

2 한국어 문장을 중국어로 바꿔 쓴 후, 큰 소리로 읽어 봅시다.

 (1) 엘리베이터가 고장 났습니다. 우리 걸어서 올라갑시다.

  → _____

 (2) 저는 그 치마를 좋아하지 않습니다. 도로 두고 오세요.

  → _____

 (3) 이 탁자는 너무 큽니다. 우리 옮겨서 나갑시다.

  → _____

 (4) 보세요, 다쌍이 헤엄쳐 건너 갔습니다.

  → _____

 (5) 애니가 사진 한 장을 꺼냈습니다.

  → _____

 (6) 벤자민이 영화관에서 걸어 나왔습니다. (从 cóng 개 ~로부터)

  → _____

회화 연습

방향보어의 용법에 주의해 대화를 완성해 봅시다.

(1) A Zhè zhāng zhuōzi nǐ néng bān qǐlai ma?
　　这张桌子你能搬起来吗?

　　B _____

(2) A Wǔ céng lóu nǐ néng bu néng pá shàngqu?
　　五层楼你能不能爬上去?

　　B _____

(3) A Xià yǔ le, nǐ hái chūqu ma?
　　下雨了，你还出去吗?

　　B _____

(4) A Diàntī huài le, zěnme bàn?
　　电梯坏了，怎么办?

　　B _____

(5) A Gāngcái shéi jìnlai le?
　　刚才谁进来了?

　　B _____

(6) A _____

　　B Zhèr bù néng chūqu.
　　这儿不能出去。

怎么办 zěnme bàn 어떡하다

활 동

예와 같이 방향보어를 활용해 일과를 묻고 답해 봅시다. 방향보어를 최대한 다양하게 사용하도록 하세요.

A Nǐ shì jǐ diǎn qǐlai de?
你是几点起来的?

B Wǒ shì liù diǎn qǐlai de.
我是6点起来的。

A Nǐ shì zěnme lái xuéxiào de?
你是怎么来学校的?

B Wǒ shì zǒu lù guòlai de.
我是走路过来的。

13 现在还买得到票吗?
Xiànzài hái mǎi de dào piào ma?

지금도 표를 살 수 있나요?

단어 연습

1 단어-한어병음-의미를 연결한 후, 큰 소리로 읽어 봅시다.

听说	声音	座位	排	怕

pái	zuòwèi	tīngshuō	pà	shēngyīn

두려워하다	듣자하니 ~라고 한다	줄	소리	자리

2 빈칸에 알맞은 보기를 고른 후, 큰 소리로 문장을 읽어 봅시다.

보기	A 肯定 kěndìng	B 中间 zhōngjiān	C 演 yǎn	D 想 xiǎng	E 当然 dāngrán	F 梅兰芳 Méi Lánfāng

(1) _____京剧唱得非常好。 메이란팡은 경극을 아주 잘 부릅니다.
   jīngjù chàng de fēicháng hǎo.

(2) 你能告诉我电影几点_____完吗? 제게 영화가 몇 시에 끝나는지 알려 주실 수 있나요?
   Nǐ néng gàosu wǒ diànyǐng jǐ diǎn   wán ma?

(3) 我想, 早上7点出发_____没问题。 저는 아침 7시에 출발하면 분명 문제가 없을 거라고 생각합니다.
   Wǒ xiǎng, zǎoshang qī diǎn chūfā   méi wèntí.

(4) 今天晚上你_____去听相声吗? 오늘 저녁에 상성을 들으러 가고 싶나요?
   Jīntiān wǎnshang nǐ   qù tīng xiàngsheng ma?

(5) 我喜欢坐_____的座位。 저는 중간 자리에 앉는 것을 좋아합니다.
   Wǒ xǐhuan zuò   de zuòwèi.

(6) A 明天你想不想跟我们一起爬长城? 내일 우리와 함께 창청을 오르고 싶나요?
   Míngtiān nǐ xiǎng bu xiǎng gēn wǒmen yìqǐ pá Chángchéng?
   B _____想, 可是我怕爬不上去。 당연히 그러고 싶지요. 하지만 못 올라갈까 봐 걱정됩니다.
   xiǎng, kěshì wǒ pà pá bu shàngqu.

어법 연습

1 제시된 문장을 가능보어를 사용한 문장으로 바꿔 써 봅시다.

(1) 今天的作业不多，我能写完。
   Jīntiān de zuòyè bù duō, wǒ néng xiěwán.

   → _____

(2) Tài yuǎn le, wǒ bù néng kàn qīngchu.
太远了，我不能看清楚。
→ _____

(3) Zhè zhǒng xiāngzi, nǐ néng mǎidào ma?
这种箱子，你能买到吗？
→ _____

(4) Zhè píng kělè wǒ néng hēwán.
这瓶可乐我能喝完。
→ _____

(5) Diànyǐng shí diǎn yǐqián néng yǎnwán.
电影10点以前能演完。
→ _____

(6) Shān tài gāo le, wǒ bù néng pá shàngqu.
山太高了，我不能爬上去。
→ _____

种 zhǒng 양 종류

2 제시된 낱말을 알맞게 배열해 문장을 완성한 후, 큰 소리로 읽어 봅시다.

(1) piào / bù / xiànzài / mǎi / dào
票　不　现在　买　到
→ _____

(2) kàn / nǐ / qīngchu / de / ma
看　你　清楚　得　吗
→ _____

(3) mǎi / qǐ / wǒ / zhè zhǒng / bù / yīfu
买　起　我　这种　不　衣服
→ _____

(4) qīngchu / shēngyīn / tīng / hěn xiǎo / wǒ / bù
清楚　声音　听　很小　我　不
→ _____

(5) yǎn / zhège diànyǐng / shí diǎn qián / wán / ma / de
演　这个电影　10点前　完　吗　得
→ _____

13 现在还买得到票吗？ 41

(6) 京剧 听 懂 你 不 得 听 懂
   →
   _____

起 qǐ 图 [동사 뒤에 보어로 쓰여 역량의 충분 여부를 나타냄]

회화 연습

실제에 근거해 질문에 답해 봅시다.

(1) 一个小时，你写得完作业吗？

(2) 你听得懂京剧吗？

(3) 早上6点，你起得来吗？

(4) 你怕考试考不好吗？

(5) 坐在教室后面你看得清楚吗？

(6) 你听得懂相声吗？

考试 kǎoshì 명 시험

간체자 이해

간체자 아래에 한어병음을 적고, 문장 속 빈칸을 알맞게 채워 봅시다.

▶ 제시된 간체자들의 공통 부분은 _____이며, '손'이라는 뜻입니다.

14 方方听不懂西班牙语。

Fāngfāng tīng bu dǒng Xībānyáyǔ.

팡팡은 스페인어를 알아듣지 못합니다.

단어 연습

1 동사와 목적어를 알맞게 연결한 후, 큰 소리로 읽어 봅시다.

xué	pá	fā	mǎi
学	爬	发	买

diànzǐ yóujiàn	fángzi	shān	Xībānyáyǔ
电子邮件	房子	山	西班牙语

2 빈칸에 알맞은 보기를 고른 후, 큰 소리로 문장을 읽어 봅시다.

보기	hàomǎ	diànzǐ yóujiàn	zuò	shēngcí	zhù	zhǒng
	A 号码	B 电子邮件	C 座	D 生词	E 住	F 种

Wǒ jì de　　　tóngxuémen de míngzi.
(1) 我记得____同学们的名字。 저는 학우들의 이름을 기억할 수 있습니다.

Ānni de diànhuà　　　shì duōshao?
(2) 安妮的电话____是多少? 애니의 전화번호는 몇 번인가요?

　　　　　　wǒ fā de chūqu.
(3) ____我发得出去。 저는 메일을 보낼 수 있습니다.

Zhè　　shān nǐ pá de shàngqu ma?
(4) 这____山你爬得上去吗? 이 산을 올라갈 수 있겠어요?

Wǒ mǎi bu qǐ zhè　　　chē.
(5) 我买不起这____车。 저는 이런 종류의 차를 살 수 없습니다.

Jīntiān de kè　　　hěn duō.
(6) 今天的课____很多。 오늘 수업은 단어가 많습니다.

어법 연습

1 그림을 보고 가능보어를 활용해 문장을 써 봅시다.

(1) _____　　(2) _____

_____　　_____

(3) _____

(4) _____

(5) _____

(6) _____

2 한국어 문장을 중국어로 바꿔 쓴 후, 큰 소리로 읽어 봅시다. (가능보어 활용)

(1) 저는 이 컴퓨터를 (돈이 있어서) 살 수 있습니다.

　→ _____

(2) 저는 이 단어를 찾을 수 없습니다.

　→ _____

(3) 제 휴대전화를 고칠 수 있나요?

　→ _____

(4) 저는 엄마의 생일을 기억할 수 있습니다.

　→ _____

(5) 저는 중국 영화를 알아들을 수 없습니다.

　→ _____

(6) 오늘의 과제를 한 시간 안에 끝낼 수 있나요?

　→ _____

회화 연습

그림을 보고 가능보어를 활용해 대화를 완성해 봅시다.

(1) A 这些字你看得懂吗？(看　懂)
        Zhèxiē zì nǐ kàn de dǒng ma?　kàn　dǒng

   B _____

(2) A _____ (修　好)
        xiū　hǎo

   B _____

(3) A _____ (看　完)
        kàn　wán

   B _____

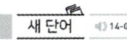

(4) A _____ (生词　记住)
        shēngcí　jìzhù

   B _____

새 단어 🔊 14-03
号码 hàomǎ 명 번호
记 jì 동 기억하다
住 zhù 동 [동사 뒤에 보어로 쓰여 당착, 견고함, 능력의 충분 여부를 나타냄]
生词 shēngcí 명 새 단어
西班牙语 Xībānyáyǔ 고유 스페인어
种 zhǒng 양 종류

활동

예와 같이 무엇을 할 수 있는지 묻고 답해 봅시다. 최대한 다양한 주제로 말해 보세요.

> **예**
>
> A 你听得懂京剧吗？
>   *Nǐ tīng de dǒng jīngjù ma?*
>
> B 我听不懂京剧。
>   *Wǒ tīng bu dǒng jīngjù.*
>
> A 你记得住妈妈的生日吗？
>   *Nǐ jì de zhù māma de shēngrì ma?*
>
> B 我记得住妈妈的生日。
>   *Wǒ jì de zhù māma de shēngrì.*

15 请把行李箱打开。

Qǐng bǎ xínglixiāng dǎkāi

여행용 가방을 열어 주세요.

단어 연습

1 단어-한어병음-의미를 연결한 후, 큰 소리로 읽어 봅시다.

脱	马上	打开	不好意思	怪不得	把

mǎshàng	bǎ	guàibude	tuō	dǎkāi	bù hǎoyìsi

곧, 바로	벗다	어쩐지	~를[처리 대상을 나타냄]	열다	미안하다

2 그림이 나타내는 단어를 보기에서 골라 봅시다.

보기
A 指甲刀 zhījiadāo   B 外套 wàitào   C 筐 kuāng   D 安检处 ānjiǎnchù   E 安检员 ānjiǎnyuán   F 广播员 guǎngbōyuán

(1) _____ (2) _____ (3) _____

(4) _____ (5) _____ (6) _____

어법 연습

1 빈칸에 알맞은 보기를 고른 후, 큰 소리로 문장을 읽어 봅시다.

보기
A 下来 xiàlai   B 进来 jìnlai   C 过去 guòqu   D 干净 gānjìng   E 完 wán   F 开 kāi

(1) 你把画儿拿_____。 그림을 가지고 내려 오세요.
Nǐ bǎ huàr ná

(2) 我很渴，请把可乐打_____。 목이 말라요. 콜라 좀 열어 주세요.
Wǒ hěn kě, qǐng bǎ kělè dǎ

(3) Qiánbian néng tíng chē, qǐng bǎ chē kāi
前边能停车，请把车开_____。 앞에 주차를 할 수 있으니, 차를 몰아서 건너갑시다.

(4) Wǒ bǎ fángjiān dǎsǎo   le.
我把房间打扫_____了。 저는 방을 깨끗하게 청소했습니다.

(5) Wǒ xiǎng bǎ zhège diànyǐng kàn
我想把这个电影看_____。 저는 이 영화를 다 보고 싶습니다.

(6) Xià yǔ le, qǐng bǎ yǐzi bān
下雨了，请把椅子搬_____。 비가 오네요. 의자를 안으로 옮겨 주세요.

渴 kě 형 목마르다

2 제시된 낱말을 알맞게 배열해 문장을 완성한 후, 큰 소리로 읽어 봅시다.

(1) tā / kělè / le / hē / bǎ / wán
他 可乐 了 喝 把 完
→ _____

(2) wǒ / nàge / diànyǐng / kàn / bǎ / le / wán
我 那个 电影 看 把 了 完
→ _____

(3) diànnǎo / zhuōzi / zài / qǐng / shàng / bǎ / fàng
电脑 桌子 在 请 上 把 放
→ _____

(4) méi / shǒujī / Dàwèi / fàng / bǎ / kuāng / li / zài
没 手机 大卫 放 把 筐 里 在
→ _____

(5) shǒujī / zài / nǎr / nǐ / fàng / bǎ / le
手机 在 哪儿 你 放 把 了
→ _____

(6) ma / ná / zhǐjiadāo / le / bǎ / tā / chūlai
吗 拿 指甲刀 了 把 他 出来
→ _____

회화 연습

'把'자문의 용법에 주의해 대화를 완성해 봅시다.

Lín Mù zhǎo Dàwèi jiè zìxíngchē, Lín Mù wèn tā chē hé yàoshi fàng zài nǎr le.
(林木找大卫借自行车，林木问他车和钥匙放在哪儿了。)

Lín Mù　　　Dàwèi, nǐ néng bǎ zìxíngchē jiè wǒ qí yíxià ma?
林木　　　　大卫，你能把自行车借我骑一下吗？

Dàwèi 大卫	Méi wèntí. 没问题。	
Lín Mù 林木	_____	zìxíngchē （自行车）
Dàwèi 大卫	Wǒ bǎ zìxíngchē tíng zài lóu xià le. 我把自行车停在楼下了。	
Lín Mù 林木	Nǐ de chē yàoshi ne? 你的车钥匙呢？	
Dàwèi 大卫	Wǒ zěnme zhǎo bu dào le? 我怎么找不到了？	
Lín Mù 林木	Nǐ shì bu shì 你是不是_____？	shūbāo li （书包里）
Dàwèi 大卫	Méiyǒu a. 没有啊。	
Lín Mù 林木	_____	wàitào li （外套里）
Dàwèi 大卫	Yě méiyǒu. 也没有。	
Lín Mù 林木	_____	shāfā shang （沙发上）
Dàwèi 大卫	Yě méiyǒu. 也没有。	
Lín Mù 林木	Zhuōzi shang ne? 桌子上呢？	
Dàwèi 大卫	Zhǎodào le, 找到了，_____。	diànhuà pángbiān （电话旁边）

간체자 이해

간체자 아래에 한어병음을 적고, 문장 속 빈칸을 알맞게 채워 봅시다.

    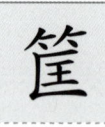

▶ 제시된 간체자들의 공통 부분은 _____이며, '대나무'라는 뜻입니다.

16 你把车停在哪儿了?

Nǐ bǎ chē tíng zài nǎr le?

차를 어디에 세웠나요?

단어 연습

1 빈칸에 알맞은 동사를 쓰고, 단어 위에 한어병음을 써 봅시다.

(1) _____窗户 창문을 닫다　　　　(2) _____花园 화원에 가다

(3) _____啤酒 맥주를 마시다　　　(4) _____帮忙 돕고 싶다

(5) _____外套 외투를 걸다　　　　(6) _____菜单 메뉴판을 보다

2 그림이 나타내는 단어를 보기에서 골라 봅시다.

> 보기　A 车库 chēkù　　B 冰箱 bīngxiāng　　C 教室 jiàoshì　　D 眼镜 yǎnjìng　　E 花园 huāyuán　　F 窗户 chuānghu

(1) 　(2) 　(3) 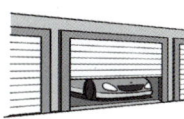　(4) 　(5) 　(6)

_____　_____　_____　_____　_____　_____

어법 연습

1 괄호 안 단어의 알맞은 위치를 찾아 봅시다.

(1) 请 A 把菜单 B 过来 C 。（拿）
Qǐng bǎ càidān guòlai ná

(2) 请 A 把眼镜 B 放 C 桌子上。（在）
Qǐng bǎ yǎnjìng fàng zhuōzi shang. zài

(3) 请把 A 啤酒 B 放在冰箱 C 。（里）
Qǐng bǎ píjiǔ fàng zài bīngxiāng li

(4) 我把 A 外套挂 B 在门后面 C 。（了）
Wǒ bǎ wàitào guà zài mén hòumian le

(5) 我 A 把 B 房间 C 收拾干净。（打算）
Wǒ bǎ fángjiān shōushi gānjìng. dǎsuàn

(6) 他 A 把车 B 停 C 在楼下。（没）
Tā bǎ chē tíng zài lóu xià. méi

2 어법상 틀린 문장을 골라 바르게 고쳐 써 봅시다.

Wǒ bǎ píjiǔ hē.
(1) 我把啤酒喝。→ _____

Qǐng zhuōzi bān dào jiàoshì li.
(2) 请桌子搬到教室里。→ _____

Tā bǎ mén méi guānshang.
(3) 他把门没关上。→ _____

Nǐ bǎ shǒujī fàng zài nǎr le?
(4) 你把手机放在哪儿了？→ _____

Nǐ bǎ yì běn shū gěi wǒ.
(5) 你把一本书给我。→ _____

Māma tíng zìxíngchē zài lóu xià.
(6) 妈妈停自行车在楼下。→ _____

회화 연습

실제에 근거해 질문에 답해 봅시다.

Nǐ bǎ wàitào fàng zài nǎr le?
(1) 你把外套放在哪儿了？

Nǐ bǎ yǎnjìng fàng zài nǎr le?
(2) 你把眼镜放在哪儿了？

Nǐ bǎ chuānghu guānshang le ma?
(3) 你把窗户关上了吗？

Nǐ bǎ fángjiān dǎsǎo wán le ma?
(4) 你把房间打扫完了吗？

Nǐ bǎ shénme ná chūlai le?
(5) 你把什么拿出来了？

Nǐ bǎ shénme fàng dào bīngxiāng li le?
(6) 你把什么放到冰箱里了？

활 동

예와 같이 '把'자문을 활용해 일과 후 집에 돌아가서 하는 행동을 묘사해 봅시다.

> 예 Wǒ yào bǎ yàoshi ná chūlai.
> 我要把钥匙拿出来。

17 哪个队会赢?
Nǎge duì huì yíng?

어느 팀이 이길까요?

단어 연습

1 단어-한어병음-의미를 연결한 후, 큰 소리로 읽어 봅시다.

会	一定	耽误	紧张	认为	进

yídìng	rènwéi	huì	dānwu	jìn	jǐnzhāng

| 놓치다, 허비하다 | ~할 것이다 | 긴장되다 | 생각하다 | 반드시, 틀림없이 | (밖에서 안으로) 들다 |

2 시합과 관련된 단어를 아는 대로 다 써 봅시다.

_____ _____ _____ _____

_____ _____ _____ _____

어법 연습

1 제시된 문장을 큰 소리로 읽고, 문장 속 '会'의 쓰임을 보기에서 골라 봅시다.

> 보기 A '능력'을 나타내는 '会(huì)'   B '추측'을 나타내는 '会(huì)'

(1) 我会唱京剧。 ☐
 Wǒ huì chàng jīngjù.

(2) 明天我们会去爬长城。 ☐
 Míngtiān wǒmen huì qù pá Chángchéng.

(3) 我会西班牙语。 ☐
 Wǒ huì Xībānyáyǔ.

(4) 明天方方会看完这本书。 ☐
 Míngtiān Fāngfāng huì kànwán zhè běn shū.

(5) 我觉得意大利队会赢。 ☐
 Wǒ juéde Yìdàlì duì huì yíng.

(6) 我会去中国旅游。 ☐
 Wǒ huì qù Zhōngguó lǚyóu.

2 괄호 안 단어와 '会'를 활용해 문장을 만들어 봅시다.

(晚上) wǎnshang   (周末) zhōumò

(1) _____

(2) _____

 jīntiān wǎnshang
(今天晚上)

 míngtiān
(明天)

(3) _____

(4) _____

 wǎnshang de bǐsài
(晚上的比赛)

zhōumò gěi māma
(周末 给妈妈)

(5) _____

(6) _____

회화 연습

실제에 근거해 질문에 답해 봅시다.

(1) Jīntiān wǎnshang nǐ huì qù nǎr chī fàn?
今天晚上你会去哪儿吃饭？

(2) Nǐ juéde zuò shénme huì dānwu xuéxí?
你觉得做什么会耽误学习？

(3) Shénme shíhou nǐ huì hěn jǐnzhāng?
什么时候你会很紧张？

(4) Nǐ huì qù Zhōngguó ma?
你会去中国吗？

(5) Zhōumò nǐ huì zuò shénme?
周末你会做什么？

(6) Shèngdàn Jié nǐ huì qù nǎr lǚyóu?
圣诞节你会去哪儿旅游？

간체자 이해

간체자 아래에 한어병음을 적고, 문장 속 빈칸을 알맞게 채워 봅시다.

热	照	熊	然	烈

▶ 제시된 간체자들의 공통 부분은 _____이며, '불'이라는 뜻입니다.

18 明天会下雨吗?
Míngtiān huì xià yǔ ma?
내일 비가 올까요?

단어 연습

1 단어-한어병음-의미를 연결한 후, 큰 소리로 읽어 봅시다.

见到 ·	· cì	· 보내다, 쇠다
次 ·	· jiē	· 마중하다
国家 ·	· jiàndào	· 만나다, 마주치다
过 ·	· jǔxíng	· 나라, 국가
举行 ·	· guò	· 번, 차례[횟수를 세는 단위]
接 ·	· guójiā	· 열다, 개최하다

2 빈칸에 알맞은 보기를 고른 후, 큰 소리로 읽어 봅시다.

| 보기 | A 比赛 *bǐsài* | B 球 *qiú* | C 照片 *zhàopiàn* | D 雨 *yǔ* | E 春节 *Chūn Jié* | F 朋友 *péngyou* |

(1) 接_____ 친구를 마중하다 *jiē*
(2) 拍_____ 사진을 찍다 *pāi*
(3) 举行_____ 시합을 거행하다 *jǔxíng*
(4) 进_____ 골을 넣다 *jìn*
(5) 下_____ 비가 내리다 *xià*
(6) 过_____ 춘지에를 보내다 *guò*

어법 연습

1 괄호 안 단어의 알맞은 위치를 찾아 봅시다.

(1) A 你去机场 B 接 C ? (谁)
nǐ qù jīchǎng jiē shéi

(2) 今天我 A 去超市 B 买面包 C 。(会)
Jīntiān wǒ qù chāoshì mǎi miànbāo huì

(3) 我 A 东西也 B 没 C 买。(什么)
Wǒ dōngxi yě méi mǎi shénme

(4) 他 A 昨天 B 都没去 C 。(哪儿)
Tā zuótiān dōu méi qù nǎr

(5) A 他们谁 B 没 C 看见。(都)
tāmen shéi méi kàn jiàn dōu

(6) 我 A 下个星期 B 会 C 去上海。(不)
Wǒ xià ge xīngqī huì qù Shànghǎi bù

2 괄호 안 단어를 활용해 대화를 완성해 봅시다.

(1) A Dàwèi jīntiān zǎoshang chī shénme le?
　　　大卫今天早上吃什么了？

　　B _____ （什么） shénme

(2) A Liú Xiǎoshuāng mǎi shénme dōngxi huílai le?
　　　刘小双买什么东西回来了？

　　B _____ （什么） shénme

(3) A Tāmen bān shéi xiǎng qù Shànghǎi lǚyóu?
　　　他们班谁想去上海旅游？

　　B _____ （谁） shéi

(4) A Zài Zhōngguó, shénme dìfang néng hēdào dòujiāng?
　　　在中国，什么地方能喝到豆浆？

　　B _____ （哪儿） nǎr

(5) A Wǒmen zěnme qù Xī'ān?
　　　我们怎么去西安？

　　B _____ （怎么方便） zěnme fāngbiàn

(6) A Míngtiān wǒ gěi nǐ dǎ diànhuà, nǐ shénme shíhou fāngbiàn?
　　　明天我给你打电话，你什么时候方便？

　　B _____ （什么时候） shénme shíhou

회화 연습

그림을 보고 괄호 안 단어를 활용해 대화를 완성해 봅시다.

(1) A Nǎge cài hǎochī?
　　　哪个菜好吃？

　　B _____ （哪个） nǎge

(2) A Nǐ mǎi shénme le?
　　　你买什么了？

　　B _____ （什么） shénme

(3) A Qǐngwèn, zhèr néng pāi zhào ma?
请问，这儿能拍照吗？

B _____ （谁）
shéi

(4) A Zhōumò nǐ qù nǎr le?
周末你去哪儿了？

B _____ （哪儿）
nǎr

활 동

좋아하는 축구팀의 다음 경기 일정을 인터넷에서 찾아 써 봅시다. 경기 결과도 이유를 들어 예측해 보도록 하세요.

_____

_____

_____

_____

19 我看了一场中文电影。

Wǒ kànle yì chǎng Zhōngwén diànyǐng.

저는 중국 영화를 한 편 봤습니다.

단어 연습

1 단어-한어병음-의미를 연결한 후, 큰 소리로 읽어 봅시다.

历史	篇	女朋友	跟	场
nǚpéngyou	gēn	lìshǐ	chǎng	piān
[경기, 영화, 공연 등을 세는 단위]	역사	여자친구	편 [글을 세는 단위]	~에게서

2 빈칸에 알맞은 보기를 고른 후, 큰 소리로 문장을 읽어 봅시다.

| 보기 | A 课文 kèwén | B 博物馆 bówùguǎn | C 聚会 jùhuì | D 画展 huàzhǎn | E 口语 kǒuyǔ | F 商场 shāngchǎng |

(1) Jīntiān xiàwǔ wǒ gēn māma qù _____ le.
　　今天下午我跟妈妈去_____了。 오늘 오후에 저는 엄마와 쇼핑몰에 갔습니다.

(2) Jīntiān xiàwǔ wǒmen qù kàn _____ ba.
　　今天下午我们去看_____吧。 오늘 오후에 우리 그림 전시 보러 가요.

(3) Nǐ xǐhuan cānguān _____ ma?
　　你喜欢参观_____吗？ 박물관 구경하는 것을 좋아하나요?

(4) Zuótiān wǎnshang nǐ qù cānjiā _____ le ma?
　　昨天晚上你去参加_____了吗？ 어제 저녁에 모임에 참석했나요?

(5) Zuótiān wǒ dúle yí biàn _____.
　　昨天我读了一遍_____。 어제 저는 본문을 한 번 읽었습니다.

(6) Wǒ shuō de bù hǎo, nǐ néng bāng wǒ liànxí _____ ma?
　　我说得不好，你能帮我练习_____吗？ 제가 말을 잘 못하니 당신이 회화 연습을 도와줄 수 있나요?

어법 연습

1 '了'의 알맞은 위치를 고른 후, 큰 소리로 읽어 봅시다.

(1) Wǒ mǎi yí jiàn wàitào
　　我 A 买 B 一件外套 C 。 저는 외투를 한 벌 샀습니다.

(2) Wǒ qù pǎo bù
　　我 A 去 B 跑步 C 。 저는 뛰러 갔습니다.

(3) Wǒ jīntiān bú shàng xué
　　我 A 今天 B 不上学 C 。 저는 오늘 학교에 가지 않게 되었습니다.

        Zhè běn shū　　kàn　　wán
(4)　这本书　A　看　B　完　C。 이 책을 다 봤습니다.

        Nǐ　　kěnéng shēng　bìng
(5)　你　A　可能生　B　病　C。 당신은 병이 난 것 같습니다.

上学 shàng xué 동 등교하다

2 제시된 낱말을 알맞게 배열해 문장을 완성한 후, 큰 소리로 읽어 봅시다.

    gēn　　wǒ　　Yīngwén　　xué　　Běnjiémíng
(1)　跟　　我　　英文　　学　　本杰明

→ _____

    chúshī　zhōngguócài　xué　wǒ　zuò　gēn
(2)　厨师　　中国菜　　学　我　做　跟

→ _____

    shuō　gēn　xiàngsheng　wǒ　lǎoshī　xué
(3)　说　　跟　　相声　　我　老师　学

→ _____

    yào　tāmen　càidān　gēn　fúwùyuán
(4)　要　他们　菜单　跟　服务员

→ _____

    yǔsǎn　kèren　yì bǎ　le　gēn　jiè　wǒ
(5)　雨伞　客人　一把　了　跟　借　我

→ _____

    yí jiàn　gēn　hěn lěng　nǚpéngyou　jiè　wàitào　le　wàibian　tā
(6)　一件　跟　很冷　女朋友　借　外套　了　外边　他

→ _____

外边 wàibian 명 밖

회화 연습

그림을 보고 '了'를 활용해 대화를 완성해 봅시다.

    Lín Mù,　zhōumò nǐ zuò shénme le?
(1)　A　林木，周末你做什么了？

    B _____

19 我看了一场中文电影。

Shàng ge xīngqī nǐmen xuéle jǐ piān kèwén?
(2) A 上个星期你们学了几篇课文?

B _____

Fāngfāng, zuótiān wǎnshang nǐ zuò shénme le?
(3) A 方方，昨天晚上你做什么了?

B _____

Ānni,　　nǐ qù shāngchǎng mǎi shénme le?
(4) A 安妮，你去商场买什么了?

B _____

17 哪个队会赢? 어느 팀이 이길까요?
18 明天会下雨吗? 내일 비가 올까요?

간체자 이해

간체자 아래에 한어병음을 적고, 문장 속 빈칸을 알맞게 채워 봅시다.

| 纸 | 给 | 红 | 经 | 练 |

▶ 제시된 간체자들의 공통 부분은 _____이며, '실'이라는 뜻입니다.

20 你学了几门外语?

Nǐ xuéle jǐ mén wàiyǔ?

외국어를 몇 가지 배웠나요?

단어 연습

1 단어 위에 한어병음을 쓰고 해당하는 의미와 연결한 후, 큰 소리로 읽어 봅시다.

大学	衬衫	外语	短信	杂志	选
문자 메시지	셔츠, 블라우스	고르다, 선택하다	대학교	잡지	외국어

2 빈칸에 알맞은 양사를 보기에서 고른 후, 큰 소리로 읽어 봅시다.

보기: A 本(běn) B 所(suǒ) C 门(mén) D 场(chǎng) E 篇(piān) F 件(jiàn)

(1) 两____课 수업 두 과목 (liǎng / kè)

(2) 四____课文 본문 네 편 (sì / kèwén)

(3) 一____音乐会 음악회 한 차례 (yì / yīnyuèhuì)

(4) 五____杂志 잡지 다섯 권 (wǔ / zázhì)

(5) 三____大学 대학 세 개 (sān / dàxué)

(6) 六____衬衫 셔츠 여섯 벌 (liù / chènshān)

어법 연습

1 괄호 안 단어의 알맞은 위치를 찾아 봅시다.

(1) 我 A 刚才 B 发 C 短信。(没)
  Wǒ gāngcái fā duǎnxìn. méi

(2) A 大卫 B 方方借了 C 一本杂志。(跟)
  Dàwèi Fāngfāng jièle yì běn zázhì. gēn

(3) 我是跟小双 A 要 B 这个 C 行李箱。(的)
  Wǒ shì gēn Xiǎoshuāng yào zhège xínglixiāng. de

(4) 刚才意大利队进 A 一个 B 球 C 。(了)
  Gāngcái Yìdàlì duì jìn yí ge qiú le

(5) 昨天的课文 A 你 B 读 C 吗?(没)
  Zuótiān de kèwén nǐ dú ma? méi

(6) 她帮 A 我选 B 两件衬衫 C 。(了)
  Tā bāng wǒ xuǎn liǎng jiàn chènshān le

2 그림을 보고 '跟'과 '了'를 활용해 문장을 만들어 봅시다.

 xué zuò zhōngguócài
（学做中国菜）

 xué Zhōngwén
（学中文）

(1) _____

(2) _____

yào zhàopiàn
（要照片）

tóngshì jiè sǎn
（同事 借伞）

(3) _____

(4) _____

 lǎoshī jiè Hànyǔ shū
（老师 借汉语书）

māma yào yìbǎi yuán qián
（妈妈 要100元钱）

(5) _____

(6) _____

회화 연습

'了'의 용법에 주의하며 질문에 답해 봅시다.

(1) Nǐ zhōumò zuò shénme le?
    你周末做什么了？

(2) Jīnnián nǐ xuǎnle jǐ mén kè?
    今年你选了几门课？

(3) Jīnnián nǐ mǎile jǐ jiàn yīfu?
    今年你买了几件衣服？

(4) Jīnnián nǐ kànle jǐ chǎng bǐsài?
    今年你看了几场比赛？

(5) Nǐ zhège yuè xuéle duōshao piān kèwén le?
    你这个月学了多少篇课文了？

(6) Jīntiān nǐ hēle jǐ bēi kāfēi?
    今天你喝了几杯咖啡？

활 동

좋아하는 일이 무엇이고, 지난 달에 얼마나 했는지 예와 같이 말해 봅시다.

예） Wǒ xǐhuan kàn huàzhǎn. Shàng ge yuè wǒ kànle liǎng ge huàzhǎn.
    我喜欢看画展。上个月我看了两个画展。

21 我们举行了一次演讲比赛。

Wǒmen jǔxíngle yí cì yǎnjiǎng bǐsài.

우리는 말하기 대회를 개최했습니다.

단어 연습

1 단어-한어병음-의미를 연결한 후, 큰 소리로 읽어 봅시다.

演讲	发奖	获奖	校长	答应

huò jiǎng	yǎnjiǎng	fā jiǎng	dāying	xiàozhǎng

| 상을 주다, 시상하다 | 총장, 교장 | 대답하다, 승낙하다 | 상을 타다, 수상하다 | 말하다, 연설하다 |

2 빈칸에 알맞은 보기를 고른 후, 큰 소리로 읽어 봅시다.

보기: A 上 shàng B 只 zhǐ C 才 cái D 遍 biàn E 名 míng F 请 qǐng

(1) _____ 你回答 nǐ huídá 대답을 해 주세요

(2) 说了一_____ shuōle yí 한 번 말했습니다

(3) 四_____同学 sì tóngxué 4명의 학우

(4) _____个月 ge yuè 지난달

(5) 9点_____来 jiǔ diǎn lái 9시가 되서야 왔습니다

(6) _____买苹果 mǎi píngguǒ 사과만 삽니다

어법 연습

1 빈칸에 '次' 또는 '遍'을 넣어 문장을 완성한 후, 큰 소리로 읽어 봅시다.

(1) 听两_____课文以后，回答问题。
Tīng liǎng kèwén yǐhòu, huídá wèntí.

(2) 这件事我听她说了两_____。
Zhè jiàn shì wǒ tīng tā shuōle liǎng

(3) 这是我第一_____到西安。
Zhè shì wǒ dì-yī dào Xī'ān.

(4) 这个故事我看了一_____就记住了。
Zhège gùshi wǒ kànle yí jiù jìzhù le.

(5) 今天王老师给你打了三_____电话。
Jīntiān Wáng lǎoshī gěi nǐ dǎle sān diànhuà.

(6) 老师让我一个汉字写十_____。
Lǎoshī ràng wǒ yí ge Hànzì xiě shí

2 한국어 문장을 중국어로 바꿔 쓴 후, 큰 소리로 읽어 봅시다.

(1) 저는 변호사 한 분에게 저를 도와 달라고 하고 싶습니다.

→ _____

(2) 저는 그에게 우리 사진을 찍어 달라고 했습니다.

→ _____

(3) 저는 다비드에게 체크아웃하라고 했습니다.

→ _____

(4) 제 여자친구는 저에게 신발을 사 달라고 했습니다.

→ _____

(5) 아버지는 저에게 이탈리아에 가서 요리를 공부하라고 하셨습니다.

→ _____

(6) 선생님은 다비드에게 이 질문에 대답하라고 하지 않았습니다.

→ _____

회화 연습

'请' '让' '叫'의 용법에 주의하며 질문에 답해 봅시다.

(1) Nǐ chángcháng qǐng péngyou bāng nǐ zuò shénme?
你常常请朋友帮你做什么？

(2) Shàng kè de shíhou, lǎoshī chángcháng jiào nǐ zuò shénme?
上课的时候，老师常常叫你做什么？

(3) Lǎoshī ràng nǐmen měi tiān zuò shénme?
老师让你们每天做什么？

(4) Zhōumò māma chángcháng ràng nǐ zuò shénme?
周末妈妈常常让你做什么？

(5) Shēng bìng de shíhou, yīshēng ràng nǐ zuò shénme?
生病的时候，医生让你做什么？

(6) Zài jīchǎng, ānjiǎnyuán qǐng nǐ zuò shénme?
在机场，安检员请你做什么？

上课 shàng kè 통 수업에 들어가다 | 每 měi 대 ~마다, 모두

간체자 이해

간체자 아래에 한어병음을 적고, 문장 속 빈칸을 알맞게 채워 봅시다.

裤	袍	裙	衬	衫

▶ 제시된 간체자들의 공통 부분은 _____이며, '옷'이라는 뜻입니다.

22 我打了三次电话。
Wǒ dǎle sān cì diànhuà.
저는 전화를 세 번 걸었습니다.

단어 연습

1 단어 위에 한어병음을 쓰고 해당하는 의미와 연결한 후, 큰 소리로 읽어 봅시다.

迟到　　　趟　　　考　　　学期　　　锻炼

학기　　늦다, 지각하다　　운동하다　　시험을 보다　　번[왕래한 횟수를 세는 단위]

2 빈칸에 알맞은 보기를 고른 후, 큰 소리로 읽어 봅시다.

| 보기 | A 口语 kǒuyǔ | B 课文 kèwén | C 比赛 bǐsài | D 家 jiā | E 作业 zuòyè | F 身体 shēntǐ |

(1) 搬_____ 이사하다　　bān
(2) 练习_____ 회화를 연습하다　　liànxí
(3) 检查_____ 숙제를 검사하다　　jiǎnchá
(4) 复习_____ 본문을 복습하다　　fùxí
(5) 举行_____ 경기를 열다　　jǔxíng
(6) 锻炼_____ 몸을 단련하다　　duànliàn

어법 연습

1 빈칸에 '遍' 또는 '趟'을 넣어 문장을 완성한 후, 큰 소리로 읽어 봅시다.

(1) 这本书很有意思，我看了两_____了。
Zhè běn shū hěn yǒu yìsi, wǒ kànle liǎng ___ le.

(2) 我还想再去一_____长城。
Wǒ hái xiǎng zài qù yí ___ Chángchéng.

(3) 我要去一_____超市，买两瓶可乐。
Wǒ yào qù yí ___ chāoshì, mǎi liǎng píng kělè.

(4) 钥匙就在这个房间，还没找到吗？再找一_____吧。
Yàoshi jiù zài zhège fángjiān, hái méi zhǎodào ma? Zài zhǎo yí ___ ba.

(5) 朋友在后边叫了三_____我的名字，我都没听见。
Péngyou zài hòubian jiàole sān ___ wǒ de míngzi, wǒ dōu méi tīngjiàn.

(6) 书太多了，我搬了五_____，还没搬完。
Shū tài duō le, wǒ bānle wǔ ___ hái méi bānwán.

有意思 yǒu yìsi 휑 재미있다

2 제시된 낱말을 알맞게 배열해 문장을 완성한 후, 큰 소리로 읽어 봅시다.

(1) tàng yào wǒ yī qù gōngsī
趟 要 我 一 去 公司
→ _____

(2) shí Dàwèi tàng wèishēngjiān qù le
十 大卫 趟 卫生间 去 了
→ _____

(3) cì yú le xiǎo māo zhège yuè chī liǎng
次 鱼 了 小猫 这个月 吃 两
→ _____

(4) xiǎng gěi māma Mǔqīn Jié wǒ yī cì fàn zuò
想 给妈妈 母亲节 我 一 次 饭 做
→ _____

(5) zhège yuè chídào nǐ jǐ cì le
这个月 迟到 你 几 次 了
→ _____

(6) yòng wǒ yíxià nǐ de xiǎng diànnǎo
用 我 一下 你的 想 电脑
→ _____

卫生间 wèishēngjiān 몡 화장실

회화 연습

실제에 근거해 질문에 답해 봅시다.

(1) Zhège xuéqī nǐmen kǎo jǐ cì shì?
这个学期你们考几次试?

(2) Měi kè de shēngcí nǐ dōu xiě le ma? Měi ge shēngcí xiě jǐ biàn?
每课的生词你都写了吗? 每个生词写几遍?

(3) Nǐ měi tiān fùxí kèwén ma? Zěnme fùxí?
你每天复习课文吗? 怎么复习?

(4) Nǐ xiěwán zuòyè jiǎnchá ma? Jiǎnchá jǐ biàn?
你写完作业检查吗? 检查几遍?

(5) Zhège yuè nǐ chídàoguo ma? Chídàole jǐ cì?
这个月你迟到过吗? 迟到了几次?

(6) Nǐ yí ge xīngqī duànliàn jǐ cì?
你一个星期锻炼几次?

활 동

누군가와 만날 수 있는 기회가 있다면 누구를 만나 무엇을 부탁하고 싶은지 예와 같이 써 봅시다.

> **예** Wǒ xiǎng jiàn yí ge Zhōngguó péngyou. Wǒ xiǎng qǐng tā jiǎng yǒu yìsi de gùshi.
> 我想见一个中国朋友。我想请他讲有意思的故事。

23 我学了两年汉语了。
Wǒ xuéle liǎng nián Hànyǔ le.

저는 중국어를 2년째 배우고 있습니다.

단어 연습

1 단어-한어병음-의미를 연결한 후, 큰 소리로 읽어 봅시다.

方法	时间	经常	浏览	哪里	长	每
shíjiān	liúlǎn	fāngfǎ	cháng	měi	nǎli	jīngcháng
시간	방법	길다	늘, 자주	~마다, 모두	둘러보다	아니에요, 별말씀을요

2 그림이 나타내는 단어를 보기에서 골라 봅시다.

보기: A 聊天儿 liáo tiānr   B 上课 shàng kè   C 书法 shūfǎ   D 新 xīn   E 网上 wǎng shang   F 教材 jiàocái

(1) _____ (2) _____ (3) _____

(4) _____ (5) _____ (6) _____

어법 연습

1 괄호 안 단어의 알맞은 위치를 찾아 봅시다.

(1) 他 A 画 B 了 C 画儿。(两个小时)
　　Tā　huà　le　huàr.　liǎng ge xiǎoshí

(2) 我学 A 了 B 西班牙语 C 。(三年)
　　Wǒ xué　le　Xībānyáyǔ　sān nián

66

(3) A 小双 B 病了 C。（一个星期）

(4) 我 A 来 B 中国 C 了。（四个月）

(5) 我看 A 一个小时 B 电视 C。（了）

(6) 我喜欢 A 三年 B 了 C。（她）

2 제시된 낱말을 알맞게 배열해 문장을 완성한 후, 큰 소리로 읽어 봅시다.

(1) 大卫　锻炼　一个　每天　小时
→ _____

(2) 小时　小双　了　迟到　半个
→ _____

(3) 这本书　看　一个月　我　了
→ _____

(4) 他　认识　年　了　我　两
→ _____

(5) 在　旅游　我　中国　一年　想　明年
→ _____

(6) 走　了　多长　时间　我们　了
→ _____

회화 연습

실제에 근거해 질문에 답해 봅시다.

(1) 你每天学习多长时间汉语？

(2) 你每天上几个小时课？

Nǐ měi tiān yòng duō cháng shíjiān diànnǎo?
(3) 你每天用多长时间电脑?

Nǐ měi tiān duànliàn duō cháng shíjiān?
(4) 你每天锻炼多长时间?

Nǐ chídàoguo ma? Chángcháng chídào duō cháng shíjiān?
(5) 你迟到过吗? 常常迟到多长时间?

Nǐ jīngcháng gēn shéi liáo tiānr? Chángcháng liáo duō cháng shíjiān?
(6) 你经常跟谁聊天儿? 常常聊多长时间?

간체자 이해

단어 아래에 한어병음을 적고, 문장 속 빈칸을 알맞게 채워 봅시다.

包里　　跑步　　旗袍　　吃饱

▶ 제시된 단어 중 공통 부분은 _____이며, 'bāo'라고 발음합니다.

24 王老师教了十年汉语了。

Wáng lǎoshī jiāole shí nián Hànyǔ le.

왕 선생님은 중국어를 10년째 가르치고 계십니다.

단어 연습

1 단어 위에 한어병음을 쓰고 해당하는 의미와 연결한 후, 큰 소리로 읽어 봅시다.

睡	分钟	游戏	刻钟	教
15분	가르치다	자다	게임	분

2 빈칸에 알맞은 보기를 고른 후, 큰 소리로 문장을 읽어 봅시다.

보기: A 生活 shēnghuó B 教 jiāo C 病 bìng D 游戏 yóuxì E 分钟 fēnzhōng F 睡 shuì

(1) 昨天你_____了几个小时? 어제 몇 시간 동안 잤나요?
   Zuótiān nǐ ____ le jǐ ge xiǎoshí?

(2) 上个星期我_____了。 지난주에 저는 아팠습니다.
   Shàng ge xīngqī wǒ ____ le.

(3) 我很喜欢在这里_____。 저는 여기에서 사는 것이 좋습니다.
   Wǒ hěn xǐhuan zài zhèli ____.

(4) 同学们，我们休息十_____。 여러분, 우리 10분 동안 쉬어요.
   Tóngxuémen, wǒmen xiūxi shí ____.

(5) 谁_____你写书法? 누가 서예를 가르쳐 줬나요?
   Shéi ____ nǐ xiě shūfǎ?

(6) 我想跟阿里玩儿电脑_____。 저는 알리와 컴퓨터 게임을 하고 싶습니다.
   Wǒ xiǎng gēn Ālǐ wánr diànnǎo ____.

어법 연습

1 제시어를 보고 무엇을 얼마 동안 했는지 예와 같이 써 봅시다.

예: 吃饭, 12:00－1:00 → 吃了一个小时(的)饭
   chī fàn   chīle yí ge xiǎoshí (de) fàn

(1) 做作业, 1:10－2:20 → _____
   zuò zuòyè

(2) 唱歌, 2:30－3:00 → _____
   chàng gē

(3) 看书, 3:15－4:00 → _____
   kàn shū

<small>xiūxi</small>
(4) 休息, 4:10－5:50 → _____

<small>xiě Hànzì</small>
(5) 写汉字, 6:00－6:40 → _____

<small>kàn diànyǐng</small>
(6) 看电影, 8:00－9:30 → _____

2 밑줄 친 부분에 대해 묻는 문장을 써 봅시다.

<small>　zuótiān　　kāi chē　　sān ge xiǎoshí</small>
(1) 昨天　　开车　　三个小时
→ _____

<small>　měi tiān　　yùndòng　　sì ge xiǎoshí</small>
(2) 每天　　运动　　四个小时
→ _____

<small>　jīntiān　　shàng kè　　yì tiān</small>
(3) 今天　　上课　　一天
→ _____

<small>　xuéxí　　tiào wǔ　　yì nián</small>
(4) 学习　　跳舞　　一年
→ _____

<small>shàng ge xīngqī　qǐng jià　sān tiān</small>
(5) 上个星期　请假　三天
→ _____

<small>zài Běijīng　gōngzuò　wǔ nián</small>
(6) 在北京　工作　五年
→ _____

회화 연습

그림을 보고 대화를 완성해 봅시다.

<small>Lín Mù shì shénme shíhou lái Běijīng de?</small>
(1) A 林木是什么时候来北京的?

B _____

<small>Tā zài Běijīng zhùle jǐ ge yuè?</small>
A 他在北京住了几个月?

B _____

(2) A　Dàwèi shì jǐ diǎn shàng wǎng de?
　　　大卫是几点上网的?

　　B　_____

　　A　Tā shàngle duō cháng shíjiān wǎng le?
　　　他上了多长时间网了?

　　B　_____

(3) A　Ānni shì shénme shíhou qù Shànghǎi de?
　　　安妮是什么时候去上海的?

　　B　_____

　　A　Tā qù Shànghǎi duō cháng shíjiān le?
　　　她去上海多长时间了?

　　B　_____

(4) A　Zuówǎn Xiǎoshuāng shì jǐ diǎn shuì de?
　　　昨晚小双是几点睡的?

　　B　_____

　　A　Tā shuìle duō cháng shíjiān le?
　　　他睡了多长时间了?

　　B　_____

활동

지난주에 무슨 일을 얼마 동안 했는지 문장으로 써 봅시다.

날짜	문장

24 王老师教了十年汉语了。　71

25

"Běijīng Lóu" de zhájiàngmiàn bǐ "Lǎo Běijīng" de hǎochī.
"北京楼"的炸酱面比"老北京"的好吃。
'베이징러우'의 짜장면이 '라오베이징'보다 맛있습니다.

단어 연습

1 단어-한어병음-의미를 연결한 후, 큰 소리로 읽어 봅시다.

炸酱面	咱们	比	价格	没有	不过
bǐ	zhájiàngmiàn	búguò	méiyǒu	jiàgé	zánmen
짜장면	그런데, 하지만	값, 가격	~만 못하다	우리	~보다, ~에 비해

2 빈칸에 알맞은 보기를 고른 후, 큰 소리로 문장을 읽어 봅시다.

보기	yǒumíng	chàbuduō	ānjìng	kuānchang	lǎo	yìdiǎnr
	A 有名	B 差不多	C 安静	D 宽敞	E 老	F 一点儿

Zhège bīnguǎn dàtáng hěn
(1) 这个宾馆大堂很_____。 이 호텔의 로비는 넓습니다.

Lǐ Xiǎolóng hěn
(2) 李小龙很_____。 리샤오룽은 유명합니다.

Zhè liǎng tiáo kùzi jiàgé
(3) 这两条裤子价格_____。 이 두 바지는 가격이 비슷합니다.

Nǎinai xǐhuan kàn   diànyǐng.
(4) 奶奶喜欢看_____电影。 할머니는 옛날 영화 보기를 좋아하십니다.

Dàjiā dōu zài jiàoshì li xuéxí,   hěn
(5) 大家都在教室里学习，很_____。 모두 교실에서 공부하고 있어서 조용합니다.

Zhèli de zhájiàngmiàn jiàgé yào piányi
(6) 这里的炸酱面价格要便宜_____。 여기 짜장면 가격은 좀 싼 편입니다.

宾馆 bīnguǎn 명 호텔

어법 연습

1 예와 같이 두 가지 형태의 문장을 만들어 봅시다.

> 예 Jiějie de tóufa cháng, mèimei de tóufa duǎn.　cháng
> 姐姐的头发长，妹妹的头发短。 （长）
>
> Jiějie de tóufa bǐ mèimei de cháng.
> → 姐姐的头发比妹妹的长。_____
>
> Mèimei de tóufa méiyǒu jiějie de cháng.
> 妹妹的头发没有姐姐的长。_____

(1) Zhège fángjiān chǎo, nàge fángjiān ānjìng. ānjìng
这个房间吵，那个房间安静。（安静）
→

(2) Zhájiàngmiàn shíbā kuài, jiǎozi èrshíbā kuài. piányi
炸酱面18块，饺子28块。（便宜）
→

(3) Zhège diànyǐngyuàn kuānchang, nàge diànyǐngyuàn xiǎo. kuānchang
这个电影院宽敞，那个电影院小。（宽敞）
→

(4) Zuò dìtiě xūyào bàn ge xiǎoshí, zuò chūzūchē dǔ chē, xūyào yí ge xiǎoshí. kuài
坐地铁需要半个小时，坐出租车堵车，需要一个小时。（快）
→

(5) Ālǐ liù diǎn qǐ chuáng, Xiǎoshuāng shí diǎn qǐ chuáng. zǎo
阿里6点起床，小双10点起床。（早）
→

吵 chǎo 시끄럽다 | 堵车 dǔ chē 교통이 막히다

2 '比'와 '一点儿'을 알맞은 위치에 쓴 후, 큰 소리로 문장을 읽어 봅시다.

(1) Mèimei ____ yǎnjing ____ wǒ ____ dà ____ 。
妹妹____眼睛____我____大____。

(2) Míngtiān ____ tiānqì ____ jīntiān ____ nuǎnhuo ____ 。
明天____天气____今天____暖和____。

(3) Zhège chāoshì ____ nàge chāoshì ____ jìn ____ 。
这个超市____那个超市____近____。

(4) Zhège fángjiān ____ nàge fángjiān ____ kuānchang ____ 。
这个房间____那个房间____宽敞____。

(5) Zhège diànyǐng ____ nàge diànyǐng ____ hǎokàn ____ 。
这个电影____那个电影____好看____。

(6) Zuótiān ____ wǒ ____ Ānni ____ shuì de ____ wǎn ____ 。
昨天____我____安妮____睡得____晚____。

회화 연습

'比'와 '没有'를 활용해 질문에 답해 봅시다.

(1) Nǐ hé nǐ péngyou shéi de gē chàng de hǎo?
    你和你朋友谁的歌唱得好？

(2) Nǐ xǐhuan chī miànbāo háishi miàntiáo? Wèi shénme?
    你喜欢吃面包还是面条？为什么？

(3) Nǐ xǐhuan kàn diànshì háishi kàn diànyǐng? Wèi shénme?
    你喜欢看电视还是看电影？为什么？

(4) Qù lǚyóu de shíhou, nǐ dǎsuàn zuò huǒchē háishi zuò fēijī? Wèi shénme?
    去旅游的时候，你打算坐火车还是坐飞机？为什么？

(5) Nǐ lái Zhōngguó, nǐ xiǎng zhù zài Běijīng háishi Xī'ān? Wèi shénme?
    你来中国，你想住在北京还是西安？为什么？

(6) Zhōumò, dìdi xiǎng zài jiā kàn diànshì, hái xiǎng qù pá shān. Nǐ juéde zuò shénme hǎo? Wèi shénme?
    周末，弟弟想在家看电视，还想去爬山。你觉得做什么好？为什么？

간체자 이해

단어 아래에 한어병음을 적고, 문장 속 빈칸을 알맞게 채워 봅시다.

杯子	不客气	还是	环境

▶ 제시된 단어 중 공통 부분은 _____이며, '还是'와 '环境' 속 _____는 '睘(놀라서 볼 경)'이 간화된 것입니다.

26 Zhège chéngshì bǐ nàge chéngshì nuǎnhuo.
这个城市比那个城市暖和。
이 도시가 저 도시보다 따뜻합니다.

단어 연습

1 단어 위에 한어병음을 쓰고 해당하는 의미와 연결한 후, 큰 소리로 읽어 봅시다.

宾馆	城市	收入	班	成绩	水平

수입   호텔   반   수준   도시   성적

2 빈칸에 알맞은 보기를 고른 후, 큰 소리로 문장을 읽어 봅시다.

보기	A 高 (gāo)	B 大 (dà)	C 聪明 (cōngming)

(1) Zhège chéngshì hěn
   这个城市很_____。 이 도시는 큽니다.

(2) Yīshēng de shōurù hěn
   医生的收入很_____。 의사 선생님의 수입은 많습니다.

(3) Zhège báisè de xiǎo māo hěn
   这个白色的小猫很_____。 이 흰색 고양이는 똑똑합니다.

(4) Dàwèi de Hànyǔ shuǐpíng hěn
   大卫的汉语水平很_____。 다비드의 중국어 실력은 높습니다.

(5) Zhège bīnguǎn hěn
   这个宾馆很_____。 이 호텔은 (면적이) 큽니다.

(6) Dìdi hěn
   弟弟很_____。 남동생은 키가 큽니다.

어법 연습

1 제시된 문장을 부정문으로 바꾸어 써 봅시다.

(1) Xī'ān de dōngtiān bǐ Běijīng lěng yìdiǎnr.
   西安的冬天比北京冷一点儿。
   → _____

(2) Wǒmen bān de chéngjì bǐ tāmen bān hǎo yìdiǎnr.
   我们班的成绩比他们班好一点儿。
   → _____

(3) Zhège fànguǎnr bǐ nàge fànguǎnr ānjìng yìdiǎnr.
   这个饭馆儿比那个饭馆儿安静一点儿。
   → _____

(4) Nàge kāfēiguǎnr de kāfēi bǐ zhège kāfēiguǎnr de hǎohē yìdiǎnr.
   那个咖啡馆儿的咖啡比这个咖啡馆儿的好喝一点儿。
   → _____

(5) **Wǒ de xínglixiāng bǐ gēge de xiǎo yìdiǎnr, kěshì bǐ tā de zhòng yìdiǎnr.**
我的行李箱比哥哥的小一点儿，可是比他的重一点儿。
→ _____

(6) **Xiǎo chāoshì bǐ dà chāoshì jìn, kěshì dà chāoshì de dōngxi bǐ xiǎo chāoshì de piányi yìdiǎnr.**
小超市比大超市近，可是大超市的的东西比小超市便宜一点儿。
→ _____

重 zhòng 형 무겁다

2 한국어 문장을 중국어로 바꿔 쓴 후, 큰 소리로 읽어 봅시다.

(1) 오늘 숙제는 어제보다 좀 더 적습니다.
→ _____

(2) 아빠의 수입은 엄마보다 좀 더 많습니다.
→ _____

(3) 엄마가 한 밥은 학교 식당의 요리사보다 좀 더 낫습니다.
→ _____

(4) 제 방은 친구 방보다 좀 더 크지만, 친구 방만큼 따뜻하지는 않습니다.
→ _____

(5) 이 컴퓨터는 저것보다 좀 더 작고, 저것만큼 무겁지 않습니다.
→ _____

(6) 오늘 본문은 어제보다 좀 더 길지만, 어제만큼 어렵지는 않습니다. (难 nán 형 어렵다)
→ _____

회화 연습

그림을 보고 괄호 안 단어를 활용해 대화를 완성해 봅시다.

(1) A **Nǐ xǐhuan nǎge gōngzuò?**
你喜欢哪个工作?

B _____

A **Wèi shénme?**
为什么?

B _____ (**bǐ** 比)

(2) A Nǐ měi tiān zěnme shàng bān?
　　你每天怎么上班?

　B _____

　A Wèi shénme?
　　为什么?

　B _____ (比)
　　　　　　　　　　　　　　　　　bǐ

(3) A Nǐ xiǎng zhù zài nǎge bīnguǎn?
　　你想住在哪个宾馆?

　B _____

　A Wèi shénme?
　　为什么?

　B _____ (没有)
　　　　　　　　　　　　　　　　　méiyǒu

(4) A Nǐ yào hē shénme?
　　你要喝什么?

　B _____

　A Wèi shénme?
　　为什么?

　B _____ (没有)
　　　　　　　　　　　　　　　　　méiyǒu

활 동

학교 식당과 일반 음식점을 여러 방면에서 비교한 후, '比'와 '没有'를 활용해 말해 봅시다.

	학교 식당	일반 음식점
환경		
음식 맛		
음식 종류		
가격		
거리		
서비스		

26 这个城市比那个城市暖和。 77

27

Nǐmen de xíguàn gēn wǒmen bù yíyàng.

你们的习惯跟我们不一样。

당신들의 관습은 우리와 다릅니다.

단어 연습

1 단어 옆에 한어병음을 쓴 후, 해당하는 의미와 연결해 봅시다.

(1) 礼物 _____ •　　　　• 예의바르다

　　 礼貌 _____ •　　　　• 선물

(2) 做客 _____ •　　　　• 예의를 차리다, 겸손하다

　　 客气 _____ •　　　　• 손님이 되다, 방문하다

(3) 一样 _____ •　　　　• 같다

　　 这样 _____ •　　　　• 이렇게, 이런

2 빈칸에 알맞은 보기를 고른 후, 큰 소리로 문장을 읽어 봅시다.

| 보기 | zhèyàng
A 这样 | bǐjiào
B 比较 | shōudào
C 收到 | guìzhòng
D 贵重 | xíguàn
E 习惯 | yìbān
F 一般 |

　　　　Fāngfāng　　le māma sòng de lǐwù,　gāoxìng jí le.
(1) 方方_____了妈妈送的礼物，高兴极了。 팡팡은 엄마가 준 선물을 받고 매우 기뻤습니다.

　　　　Zhège lǐwù tài　　　le,　wǒ bù néng shōu.
(2) 这个礼物太_____了，我不能收。 이 선물은 너무 귀중해서 받을 수 없습니다.

　　　　　　de fànguǎnr,　zài zhège chéngshì yǒu hěn duō.
(3) _____的饭馆儿，在这个城市有很多。 이런 식당은 이 도시에 많이 있습니다.

　　　　Nǐmen guójiā sòng lǐwù yǒu shénme
(4) 你们国家送礼物有什么_____？ 당신들 나라에는 선물을 줄 때 어떤 관습이 있나요?

　　　　Zhège lǐwù　　　xiǎo,　yǒu méiyou dà yìdiǎnr de?
(5) 这个礼物_____小，有没有大一点儿的? 이 선물은 좀 작은 것 같은데, 좀 더 큰 것이 있나요?

　　　　Shèngdàn Jié bàba māma　　dōu huì sòng háizi lǐwù.
(6) 圣诞节爸爸妈妈_____都会送孩子礼物。 크리스마스에 아버지와 어머니는 보통 아이들에게 선물을 합니다.

어법 연습

1 그림을 보고 괄호 안 단어와 '跟……一样/不一样'을 활용해 문장을 만들어 봅시다.

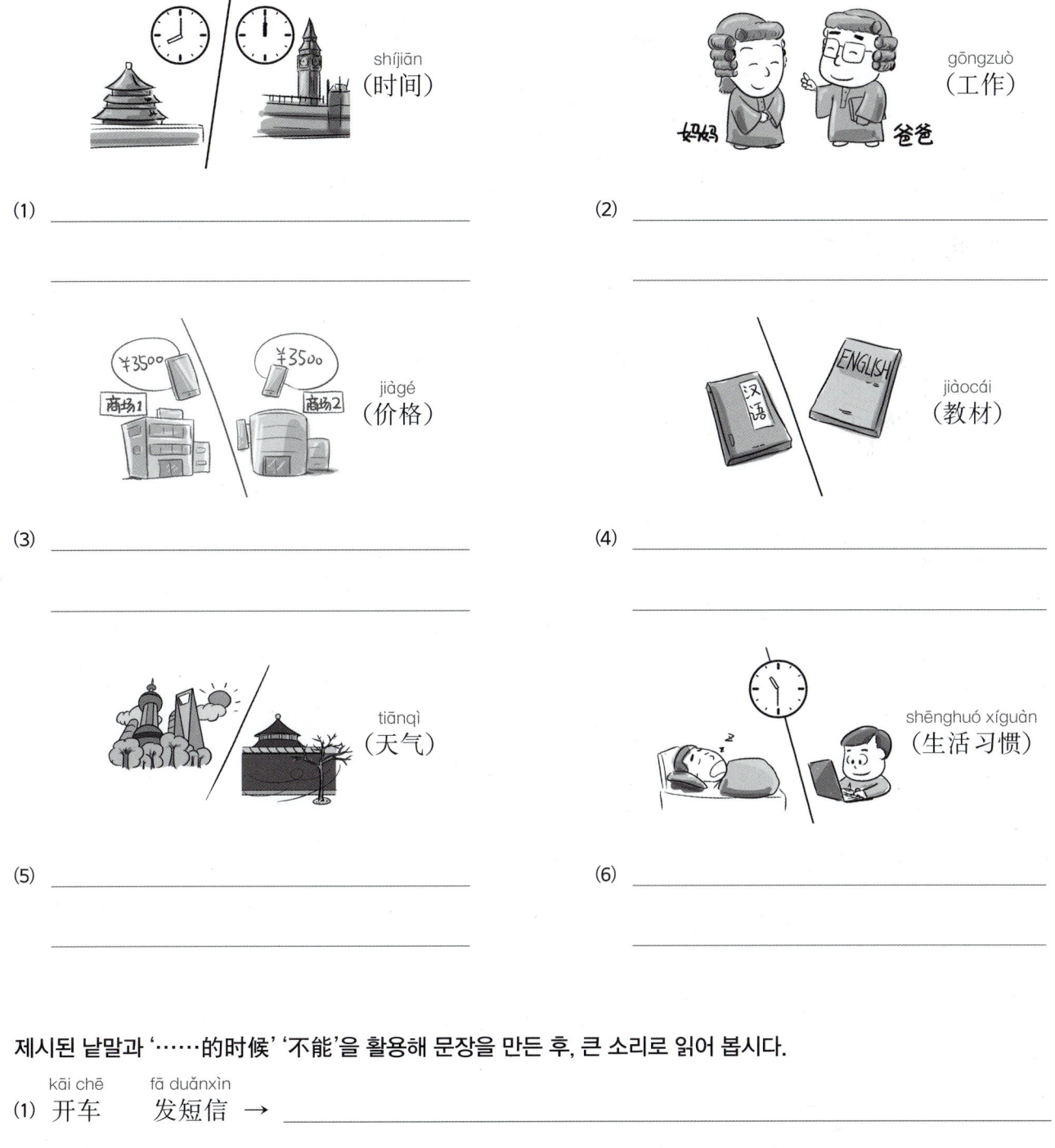

(1) _____

(2) _____

(3) _____

(4) _____

(5) _____

(6) _____

2 제시된 낱말과 '……的时候' '不能'을 활용해 문장을 만든 후, 큰 소리로 읽어 봅시다.

(1) kāi chē 开车   fā duǎnxìn 发短信 → _____

(2) tīng yīnyuèhuì 听音乐会   chī dōngxi 吃东西 → _____

(3) shàng kè 上课   liáo tiānr 聊天儿 → _____

(4) kǎo shì 考试   dǎ diànhuà 打电话 → _____

　　　　zuò zuòyè　　kàn diànshì
(5) 做作业　　看电视 → _____

　　　　zǒu lù　　kàn shū
(6) 走路　　　看书 → _____

회화 연습

실제에 근거해 질문에 답해 봅시다.

　　Zuò gōnggòng qìchē de shíhou nǐ xǐhuan zuò shénme?
(1) 坐公共汽车的时候你喜欢做什么?

　　Chī fàn de shíhou nǐ xǐhuan zuò shénme?
(2) 吃饭的时候你喜欢做什么?

　　Pǎo bù de shíhou nǐ hái xǐhuan zuò shénme?
(3) 跑步的时候你还喜欢做什么?

　　Zǎoshang nǐ jìn jiàoshì de shíhou, tóngxuémen zài zuò shénme ne?
(4) 早上你进教室的时候，同学们在做什么呢?

　　Nǐ gěi bàba māma dǎ diànhuà de shíhou, tāmen zài zuò shénme ne?
(5) 你给爸爸妈妈打电话的时候，他们在做什么呢?

　　Shōudào lǐwù de shíhou, nǐ yìbān shuō shénme?
(6) 收到礼物的时候，你一般说什么?

간체자 이해

단어 아래에 한어병음을 적고, 문장 속 빈칸을 알맞게 채워 봅시다.

▶ 제시된 단어 중 공통 부분은 _____이며, 'jiāo'라고 발음합니다.

28 今天的节目跟昨天一样精彩。
Jīntiān de jiémù gēn zuótiān yíyàng jīngcǎi.

오늘 프로그램은 어제처럼 훌륭합니다.

단어 연습

1 단어-한어병음-의미를 연결한 후, 큰 소리로 읽어 봅시다.

新鲜	香港	地方	专业	爱好	精彩
àihào	xīnxian	dìfang	jīngcǎi	Xiānggǎng	zhuānyè
전공	기호, 취미	훌륭하다, 뛰어나다	신선하다	홍콩	장소, 곳

2 빈칸에 알맞은 보기를 고른 후, 큰 소리로 문장을 읽어 봅시다.

보기
A 暖和 nuǎnhuo   B 精彩 jīngcǎi   C 新鲜 xīnxian   C 多 duō

(1) 爱好很_____。 취미가 많습니다.
    Àihào hěn

(2) 水果很_____。 과일이 신선합니다.
    Shuǐguǒ hěn

(3) 节目很_____。 프로그램이 훌륭합니다.
    Jiémù hěn

(4) 气候很_____。 기후가 따뜻합니다.
    Qìhòu hěn

(5) 音乐会很_____。 음악회가 뛰어납니다.
    Yīnyuèhuì hěn

(6) 去长城的人很_____。 창청에 가는 사람이 많습니다.
    Qù Chángchéng de rén hěn

어법 연습

1 '……的时候'를 사용해 두 문장을 한 문장으로 만든 후, 큰 소리로 읽어 봅시다.

(1) 阿里在吃饭。阿里在看电视。
    Ālǐ zài chī fàn. Ālǐ zài kàn diànshì.
    → _____

(2) 我在跑步。我在听音乐。
    Wǒ zài pǎo bù. Wǒ zài tīng yīnyuè.
    → _____

(3) 妈妈在喝咖啡。妈妈在看报纸。
    Māma zài hē kāfēi. Māma zài kàn bàozhǐ.
    → _____

(4) Fāngfāng shōudàole lǐwù. Fāngfāng méiyǒu mǎshàng dǎkāi.
方方收到了礼物。方方没有马上打开。

→ _____

(5) Zhōngguórén guò Chūn Jié. Zhōngguórén chī jiǎozi.
中国人过春节。中国人吃饺子。

→ _____

(6) Ānni kǎo shì. Ānni chuānzhe hóng yīfu.
安妮考试。安妮穿着红衣服。

→ _____

着 zhe 조 ~한 채로 있다[상태의 지속을 나타냄]

2 그림을 보고 제시된 단어와 '跟……一样/不一样'을 활용해 문장을 만들어 봅시다.

rè (热)

piányi (便宜)

(1) _____   (2) _____

dà (大)

gāo (高)

(3) _____   (4) _____

yuǎn (远)

duō (多)

(5) _____   (6) _____

회화 연습

그림을 보고 대화를 완성해 봅시다.

(1) A Zhège chéngshì zěnmeyàng?
这个城市怎么样?

B _____

A Nǐ zhù de chéngshì yě shì zhèyàng de ma?
你住的城市也是这样的吗?

B _____

(2) A 这是什么语言?
   Zhè shì shénme yǔyán?

   B _____

   A 你常说什么语言? 跟这个语言一样吗?
   Nǐ cháng shuō shénme yǔyán? Gēn zhège yǔyán yíyàng ma?

   B _____

(3) A _____

   B 刘小双的爱好是写书法。
   Liú Xiǎoshuāng de àihào shì xiě shūfǎ.

   A _____

   B 我的爱好跟他不一样,_____。
   Wǒ de àihào gēn tā bù yíyàng,

(4) A 中国人早饭常吃什么?
   Zhōngguórén zǎofàn cháng chī shénme?

   B _____

   A _____

   B 我们国家的早饭跟中国不一样,
   Wǒmen guójiā de zǎofàn gēn Zhōngguó bù yíyàng,

   我们_____。
   wǒmen

登鹳雀楼

白日依山尽,
黄河入海流。
欲穷千里目,
更上一层楼。

语言 yǔyán 명 언어

활 동

나와 친구들의 정보를 간단히 표에 적고, 나와 친구가 어떤 점에서 같고 다른지 말해 봅시다.

인물	나이	취미	생활 습관	전공 / 직업
我				

28 今天的节目跟昨天一样精彩。

29 我做过销售员。
Wǒ zuòguo xiāoshòuyuán.

저는 판매원을 해 봤습니다.

단어 연습

1 단어 위에 한어병음을 쓰고 해당하는 의미와 연결한 후, 큰 소리로 읽어 봅시다.

销售员 · 客户 · 软件 · 倒闭 · 应聘 · 但是 ·

· 소프트웨어 · 도산하다 · 그러나 · 판매원 · 고객 · 지원하다

2 빈칸에 알맞은 보기를 고른 후, 큰 소리로 문장을 읽어 봅시다.

| 보기 | A 职位 zhíwèi | B 有意思 yǒu yìsi | C 优势 yōushì | D 各种 gè zhǒng | E 以前 yǐqián | F 继续 jìxù |

(1) 这个工作很_____。 이 일은 재미있습니다.
  Zhège gōngzuò hěn

(2) 商店里有_____水果。 상점 내에 다양한 과일이 있습니다.
  Shāngdiàn li yǒu   shuǐguǒ.

(3) 这是我_____的公司。 여기는 저의 이전 회사입니다.
  Zhè shì wǒ   de gōngsī.

(4) 我去公司应聘_____。 저는 입사 지원하러 회사에 갑니다.
  Wǒ qù gōngsī yìngpìn

(5) 做这个工作我有很大_____。 이 일을 할 때 저는 아주 큰 강점이 있습니다.
  Zuò zhège gōngzuò wǒ yǒu hěn dà

(6) 明年我要_____学习汉语。 내년에 저는 계속 중국어를 공부할 것입니다.
  Míngnián wǒ yào   xuéxí Hànyǔ.

어법 연습

1 제시된 낱말과 조사 '过'를 활용해 대화를 만들어 봅시다.

(1) 大卫 喝豆浆
  Dàwèi hē dòujiāng

  A _____

  B _____

(2) Běnjiémíng　chī zhájiàngmiàn
　　本杰明　　吃炸酱面

　A _____

　B _____

(3) Ānni　qù Gùgōng
　　安妮　去故宫

　A _____

　B _____

(4) Lín Mù　tīng xiàngsheng
　　林木　　听相声

　A _____

　B _____

(5) Ālǐ　yòng kuàizi
　　阿里　用筷子

　A _____

　B _____

(6) Fāngfāng　chuān qípáo
　　方方　　　穿旗袍

　A _____

　B _____

2 제시된 낱말과 '虽然……, 但是……'를 활용해 문장을 만들어 봅시다.

(1) zhèli de shuǐguǒ　xīnxian　bù piányi
　　这里的水果　　　新鲜　　不便宜

　→ _____

(2) tā　xuéxí Hànyǔ　sān nián　shuō de bù hǎo
　　他　学习汉语　　三年　　说得不好

　→ _____

(3) zhè jiàn chènshān　bù piányi　fēicháng hǎokàn
　　这件衬衫　　　　不便宜　　非常好看

　→ _____

	Lín Mù	xǐhuan kàn zúqiú bǐsài	bú huì tī zúqiú
(4)	林木	喜欢看足球比赛	不会踢足球

→ _____

	tā	xǐhuan chàng gē	chàng de bù hǎo
(5)	他	喜欢唱歌	唱得不好

→ _____

	tóngxué	juéde diànyǐng yǒu yìsi	wǒ	juéde méiyǒu yìsi
(6)	同学	觉得电影有意思	我	觉得没有意思

→ _____

회화 연습

실제에 근거해 질문에 답해 봅시다.

Nǐ chīguo jiǎozi ma?
(1) 你吃过饺子吗？

Nǐ kànguo diànyǐng 《Méi Lánfāng》 ma?
(2) 你看过电影《梅兰芳》吗？

Nǐ dǎguo pīngpāngqiú ma?
(3) 你打过乒乓球吗？

Nǐ qùguo nǎxiē guójiā?　Shì shénme shíhou qù de?
(4) 你去过哪些国家？是什么时候去的？

Nǐ tīngguo shénme Zhōngwén gē? Hǎotīng bu hǎotīng?
(5) 你听过什么中文歌？好听不好听？

Nǐ yǎngguo shénme chǒngwù?
(6) 你养过什么宠物？

宠物 chǒngwù 명 애완동물

간체자 이해

형태의 차이에 유의하며 간체자 아래에 한어병음을 적고, 큰 소리로 읽어 봅시다.

员	贵	以	认	续	读	地	他

30 你去过多少个国家?

Nǐ qùguo duōshao ge guójiā?

얼마나 많은 나라에 가 봤나요?

단어 연습

1 단어-한어병음-의미를 연결한 후, 큰 소리로 읽어 봅시다.

狗	北京烤鸭	杭州	数学	风筝
shùxué	Hángzhōu	gǒu	Běijīng kǎoyā	fēngzheng
항저우	개	수학	베이징 오리 구이	연

2 빈칸에 알맞은 말을 쓴 후, 큰 소리로 읽어 봅시다.

(1) _____杭州 (Hángzhōu) 항저우에 가다

(2) _____北京烤鸭 (Běijīng kǎoyā) 베이징 오리 구이를 먹다

(3) _____狗 (gǒu) 개를 키우다

(4) _____《红楼梦》 (Hónglóu Mèng) 「홍루몽」을 읽다

(5) _____风筝 (fēngzheng) 연을 날리다

(6) _____数学 (shùxué) 수학을 배우다

어법 연습

1 괄호 안 단어의 알맞은 위치를 찾아 봅시다.

(1) A 我听说过 B 那个博物馆 C，但是没去过。(虽然)
   wǒ tīngshuōguo nàge bówùguǎn dànshì méi qùguo. suīrán

(2) 这个大学举行 A 两次 B 演讲比赛 C。(过)
   Zhège dàxué jǔxíng liǎng cì yǎnjiǎng bǐsài guo

(3) 虽然做过销售员，A 他 B 不喜欢这个工作 C。(但是)
   Suīrán zuòguo xiāoshòuyuán, tā bù xǐhuan zhège gōngzuò dànshì

(4) 你知道 A 他演 B 什么电影 C 吗?(过)
   Nǐ zhīdao tā yǎn shénme diànyǐng ma? guo

(5) A 我看过 B 这个中文电影 C，但是没看懂。(虽然)
   wǒ kànguo zhège Zhōngwén diànyǐng dànshì méi kàndǒng. suīrán

(6) A 我会弹钢琴，B 我 C 没参加过比赛。(但是)
   wǒ huì tán gāngqín, wǒ méi cānjiāguo bǐsài. dànshì

2 제시된 낱말을 알맞게 배열해 문장을 완성한 후, 큰 소리로 읽어 봅시다.

(1) 张经理 西班牙 去 十几次 过
→ _____

(2) 在 埃及 我 五年 工作 过
→ _____

(3) 张老师 找 一次 我 过
→ _____

(4) 她 电视节目 两遍 这个 看 过
→ _____

(5) 参观 同学们 故宫 没 过
→ _____

(6) 我 学习 在 这个大学 没 过
→ _____

회화 연습

대화를 완성해 봅시다.

(1) A 你学过什么语言?

B _____

A 哪种语言你说得最好?

B _____

(2) A Nǐ chīguo shénme zhōngguócài?
　　你吃过什么中国菜?

　　B _____

　　A Shénme zuì hǎochī?
　　什么最好吃?

　　B _____

(3) A _____

　　B Wǒ qùguo.
　　我去过。

　　A Nǐ qùguo jǐ cì?
　　你去过几次?

　　B _____

(4) A _____

　　B Wǒ méi kànguo.
　　我没看过。

　　A Nǐ xiǎng kàn ma?
　　你想看吗?

　　B _____

활 동

친구들이 어떤 경험들을 했는지 표에 적고, 조사 '过'를 사용해 말해 봅시다.

이름	가 본 나라	배워 본 것	먹어 본 것	일한 경험

31 我送她一束花儿。
Wǒ sòng tā yí shù huār.

저는 그녀에게 꽃 한 다발을 선물할 것입니다.

단어 연습

1 수량사와 명사를 알맞게 연결한 후, 큰 소리로 읽어 봅시다.

yì dǐng 一顶 ·	· kělè 可乐
liǎng píng 两瓶 ·	· màozi 帽子
sì tiáo 四条 ·	· chènshān 衬衫
liǎng jiàn 两件 ·	· kùzi 裤子

2 빈칸에 알맞은 보기를 고른 후, 큰 소리로 문장을 읽어 봅시다.

| 보기 | A 惊喜 jīngxǐ | B 准备 zhǔnbèi | C 过 guò | D 极了 jí le | E 明年 míngnián | F 浪漫 làngmàn |

(1) _____ 我不过生日。 내년에 저는 생일을 보내지 않습니다.
    wǒ bú guò shēngrì.

(2) 这个礼物漂亮_____。 이 선물 정말 예쁘네요.
    Zhège lǐwù piàoliang

(3) 你太_____了！ 당신 정말 낭만적이네요!
    Nǐ tài   le!

(4) 现在_____做晚饭。 이제 저녁밥을 하려고 합니다.
    Xiànzài   zuò wǎnfàn.

(5) 我要给朋友一个_____。 저는 친구에게 서프라이즈를 해 주려고 합니다.
    Wǒ yào gěi péngyou yí ge

(6) 明年我在北京_____春节。 내년에 저는 베이징에서 춘지에를 보냅니다.
    Míngnián wǒ zài Běijīng   Chūn Jié.

어법 연습

1 그림을 보고 괄호 안 단어를 활용해 문장을 만들어 봅시다.

lǎoshī   xuésheng   jiāo
（老师　学生　教）

dàifu   Ālǐ   wèn
（大夫　阿里　问）

(1) _____

(2) _____

fúwùyuán   kèren   gěi
（服务员　客人　给）

Ānni   Běnjiémíng   jiè
（安妮　本杰明　借）

(3) _____

(4) _____

zhàngfu   qīzi   gàosu
（丈夫　妻子　告诉）

Dàwèi   Fāngfāng   sòng
（大卫　方方　送）

(5) _____

(6) _____

2 제시된 낱말과 '极了'를 활용해 문장을 만들어 봅시다.

　　　yīfu　　piàoliang
(1) 衣服　漂亮 → _____

　　　fànguǎnr　　kuānchang
(2) 饭馆儿　宽敞 → _____

　　　zúqiú bǐsài　　jīngcǎi
(3) 足球比赛　精彩 → _____

　　　Wáng jīnglǐ　　máng
(4) 王经理　忙 → _____

　　　dòujiāng　　hǎohē
(5) 豆浆　好喝 → _____

　　　zhège lǐwù　　wǒ　　xǐhuan
(6) 这个礼物　我　喜欢 → _____

31 我送她一束花儿。　91

회화 연습

괄호 안 단어를 활용해 대화를 완성해 봅시다.

(1) A 你喜欢吃炸酱面吗? _{Nǐ xǐhuan chī zhájiàngmiàn ma?}

B _____

A 为什么? _{Wèi shénme?}

B _____ （极了）_{jí le}

(2) A 你喜欢大城市吗? _{Nǐ xǐhuan dà chéngshì ma?}

B _____

A 为什么? _{Wèi shénme?}

B _____ （极了）_{jí le}

(3) A 你喜欢什么运动? _{Nǐ xǐhuan shénme yùndòng?}

B _____

A 为什么? _{Wèi shénme?}

B _____ （极了）_{jí le}

(4) A 你想做什么工作? _{Nǐ xiǎng zuò shénme gōngzuò?}

B _____

A 为什么? _{Wèi shénme?}

B _____ （极了）_{jí le}

간체자 이해

형태의 차이에 유의하며 간체자 아래에 한어병음을 적고, 큰 소리로 읽어 봅시다.

日	白	明	朋	来	果	备	各

32 警察罚了我一百块钱。

Jǐngchá fále wǒ yìbǎi kuài qián.

경찰이 저에게 벌금 100위앤을 물렸습니다.

단어 연습

1 단어-한어병음-의미를 연결한 후, 큰 소리로 읽어 봅시다.

| 文化 | 大家 | 消息 | 罚 | 还 | 问 | 百 |

| fá | xiāoxi | wénhuà | huán | dàjiā | wèn | bǎi |

| 모두, 여러분 | 소식 | 묻다 | 돌려주다 | 문화 | 처벌하다, 벌하다 | 백, 100 |

2 그림이 나타내는 단어를 보기에서 고른 후, 큰 소리로 읽어 봅시다.

보기
A 书包 shūbāo   B 图书 túshū   C 图书馆 túshūguǎn   D 女儿 nǚ'ér   E 警察 jǐngchá   F 西瓜 xīguā

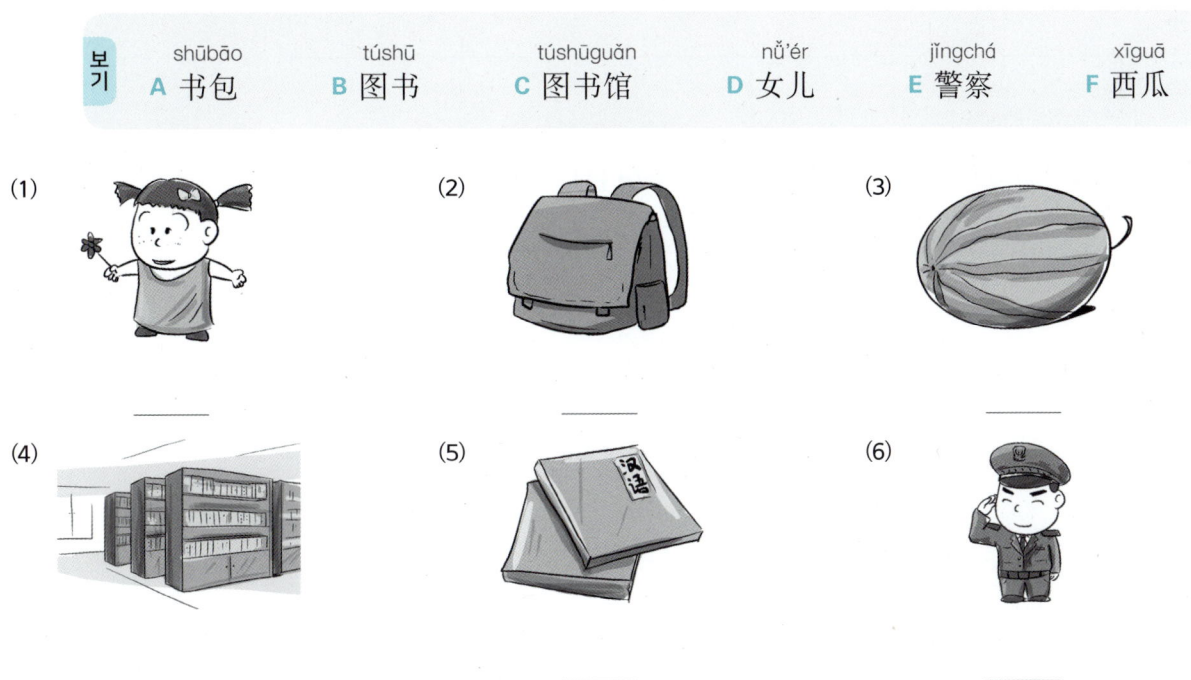

(1) (2) (3)

(4) (5) (6)

어법 연습

1 제시된 문장을 부정문으로 만들어 봅시다.

Māma gěile wǒ yí kuàir dàngāo.
(1) 妈妈给了我一块儿蛋糕。

→ _____

Péngyou zuótiān huánle wǒ yìbǎi kuài qián.
(2) 朋友昨天还了我一百块钱。
→ _____

Shàng kè de shíhou lǎoshī wènle wǒ hěn duō wèntí.
(3) 上课的时候老师问了我很多问题。
→ _____

Wáng lǎoshī jiāo wǒmen Zhōngguó wénhuà kè.
(4) 王老师教我们中国文化课。
→ _____

Tóngxué gàosule wǒ lǎoshī de diànhuà.
(5) 同学告诉了我老师的电话。
→ _____

Guò Chūn Jié de shíhou wǒ dǎsuàn gěi mèimei yí ge jīngxǐ.
(6) 过春节的时候我打算给妹妹一个惊喜。
→ _____

2 예와 같이 주어진 낱말과 '极了'를 활용해 대화를 만들어 봅시다.

예
| lǎoshī | gěi | yì hé táng | hǎochī |
| 老师 | 给 | 一盒糖 | 好吃 |

Lǎoshī gěile nǐ shénme?
A 老师给了你什么?

Lǎoshī gěile wǒ yì hé táng.
B 老师给了我一盒糖。

Nàxiē táng zěnmeyàng?
A 那些糖怎么样?

Nàxiē táng hǎochī jí le.
B 那些糖好吃极了。

| nánpéngyou | sòng | yí shù huār | piàoliang |
| (1) 男朋友 | 送 | 一束花儿 | 漂亮 |

A _____

B _____

A _____

B _____

	Ālǐ	gěi	yì bēi kāfēi	hǎohē
(2)	阿里	给	一杯咖啡	好喝

A _____

B _____

A _____

B _____

	mìshū	gàosu	yì tiáo xiāoxi	yǒu yìsi
(3)	秘书	告诉	一条消息	有意思

A _____

B _____

A _____

B _____

	péngyou	sòng	yí ge xiǎo māo	piàoliang
(4)	朋友	送	一个小猫	漂亮

A _____

B _____

A _____

B _____

	tóngxué	jiè	jǐ běn shū	hǎokàn
(5)	同学	借	几本书	好看

A _____

B _____

A _____

B _____

회화 연습

실제에 근거해 질문에 답해 봅시다.

Nǐ guò shēngrì de shíhou, péngyou sòngle nǐ shénme lǐwù?
(1) 你过生日的时候，朋友送了你什么礼物？

Nǐ zuì xǐhuan de lǎoshī shì shéi? Tā/Tā jiāo nǐ shénme?
(2) 你最喜欢的老师是谁？他/她教你什么？

Nǐ jièguo péngyou qián ma? Jièguo duōshao?
(3) 你借过朋友钱吗？借过多少？

Nǐ yǒu chǒngwù ma? Nǐ jiào tā shénme?
(4) 你有宠物吗？你叫它什么？

Nǐ yǒu méiyǒu shénme dōngxi yào huán péngyou?
(5) 你有没有什么东西要还朋友？

Jīntiān shàng kè lǎoshī wèn nǐ wèntí le ma? Wènle jǐ ge?
(6) 今天上课老师问你问题了吗？问了几个？

활 동

이번 크리스마스에 누구에게 무엇을 선물할 것인지 표에 적어 봅시다. '极了'를 활용해 선물을 고른 이유도 함께 적어 보세요.

누구에게	무엇을	왜

33 还是有点儿贵。

Háishi yǒudiǎnr guì.

그래도 좀 비쌉니다.

단어 연습

1 단어 위에 한어병음을 쓰고 해당하는 의미와 연결한 후, 큰 소리로 읽어 봅시다.

房主 ·　　　　　　　　　　　　· 천, 1000

厨房 ·　　　　　　　　　　　　· 부엌

卫生间 ·　　　　　　　　　　　· 집주인

千 ·　　　　　　　　　　　　　· 제곱미터, 평방미터

可以 ·　　　　　　　　　　　　· ~할 수 있다, ~해도 된다

平方米 ·　　　　　　　　　　　· 화장실

2 빈칸에 알맞은 보기를 고른 후, 큰 소리로 읽어 봅시다.

| 보기 | A 套 (tào) | B 有点儿 (yǒudiǎnr) | C 交 (jiāo) | D 面积 (miànjī) | E 出租 (chūzū) | F 交通 (jiāotōng) |

(1) _____房子 (fángzi) 방을 세 놓다

(2) 一_____海景房 (yí hǎijǐngfáng) 바다가 보이는 방 하나

(3) 房租_____贵 (fángzū guì) 방세가 좀 비싸다

(4) _____很方便 (hěn fāngbiàn) 교통이 편리하다

(5) _____很小 (hěn xiǎo) 면적이 작다

(6) _____房租 (fángzū) 방세를 내다

어법 연습

1 '有点儿'과 '一点儿' 중 알맞은 말을 넣어 문장을 완성한 후, 큰 소리로 읽어 봅시다.

(1) 这家餐厅的菜_____咸。
　　Zhè jiā cāntīng de cài　　　　xián.

(2) 今天比昨天热_____。
　　Jīntiān bǐ zuótiān rè

(3) 我_____累，想睡觉。
　　Wǒ　　　lèi, xiǎng shuì jiào.

(4) 我们学校的学生比他们学校多_____。
　　Wǒmen xuéxiào de xuésheng bǐ tāmen xuéxiào duō

(5) 老师，请您说慢_____。
　　Lǎoshī, qǐng nín shuō màn

(6) 那个地方_____远，我不想去。
　　Nàge dìfang　　　yuǎn, wǒ bù xiǎng qù.

2 괄호 안 단어의 알맞은 위치를 찾아 봅시다.

(1) 如果你明天 A 没时间，B 后天 C 来。（就）
　　Rúguǒ nǐ míngtiān　méi shíjiān　hòutiān　lái

(2) 今天的 A 炸酱面 B 咸 C。（有点儿）
　　Jīntiān de　zhájiàngmiàn　xián　yǒudiǎnr

(3) 如果能 A 便宜一点儿，B 我 C 买这件衣服。（就）
　　Rúguǒ néng　piányi yìdiǎnr,　wǒ　mǎi zhè jiàn yīfu. jiù

(4) 请你明天 A 早 B 到学校 C。（一点儿）
　　Qǐng nǐ míngtiān zǎo　dào xuéxiào　yìdiǎnr

(5) 如果你能帮助我，A 我 B 请你 C 吃晚饭。（就）
　　Rúguǒ nǐ néng bāngzhù wǒ, wǒ　qǐng nǐ　chī wǎnfàn. jiù

(6) 我的身体 A 比昨天 B 好 C 了。（一点儿）
　　Wǒ de shēntǐ　bǐ zuótiān　hǎo　le. yìdiǎnr

회화 연습

그림을 보고 대화를 완성해 봅시다.

(1) A 你要买什么?
　　Nǐ yào mǎi shénme?

　　B _____

　　A 为什么不买旗袍?
　　Wèi shénme bù mǎi qípáo?

　　B 因为_____。
　　Yīnwèi

(2) A Nǐ yào mǎi nǎge shūbāo?
　　你要买哪个书包?

　　B _____

　　A Wèi shénme bù mǎi
　　为什么不买_____?

　　B Yīnwèi
　　因为_____。

(3) A Nǐ yào chī nǎ zhǒng dàngāo?
　　你要吃哪种蛋糕?

　　B _____

　　A Wèi shénme bù chī
　　为什么不吃_____?

　　B Yīnwèi
　　因为_____。

巧克力蛋糕
草莓蛋糕

(4) A Nǐ yào yìngpìn nǎge zhíwèi?
　　你要应聘哪个职位?

　　B _____

　　A Wèi shénme bú yìngpìn
　　为什么不应聘_____?

　　B Yīnwèi
　　因为_____。

警察 8000元/月，忙
售货员 4000元/月，不忙

간체자 이해

형태의 차이에 유의하며 간체자 아래에 한어병음을 적고, 큰 소리로 읽어 봅시다.

间	问	交	文	消	锁

可	司	同	千	干	平

34 这个菜有点儿咸。
Zhège cài yǒudiǎnr xián.

이 요리는 좀 짭니다.

단어 연습

1 단어 위에 한어병음을 쓰고 반의어끼리 연결한 후, 큰 소리로 읽어 봅시다.

乱 ·　　　　　　　　　　　· 新

脏 ·　　　　　　　　　　　· 咸

深 ·　　　　　　　　　　　· 整齐

肥 ·　　　　　　　　　　　· 干净

旧 ·　　　　　　　　　　　· 瘦

淡 ·　　　　　　　　　　　· 浅

2 빈칸에 알맞은 보기를 고른 후, 큰 소리로 문장을 읽어 봅시다.

| 보기 | A 乱 (luàn) | B 低 (dī) | C 浅 (qiǎn) | D 肥 (féi) | E 咸 (xián) | F 脏 (zāng) |

(1) 这件衣服太_____了。 이 옷은 너무 큽니다.
Zhè jiàn yīfu tài ___ le.

(2) 我喜欢_____颜色的鞋。 저는 옅은 색의 신발이 좋습니다.
Wǒ xǐhuan ___ yánsè de xié.

(3) 明天气温很_____。 내일은 기온이 낮습니다.
Míngtiān qìwēn hěn ___.

(4) 我的房间东西太多，很_____。 제 방은 물건이 너무 많아서 어지럽습니다.
Wǒ de fángjiān dōngxi tài duō, hěn ___.

(5) 这个菜有点儿_____。 이 요리는 좀 짭니다.
Zhège cài yǒudiǎnr ___.

(6) 裤子_____了，快洗洗。 바지가 더러워졌습니다. 얼른 좀 빠세요.
Kùzi ___ le, kuài xǐxi.

어법 연습

1 제시된 낱말과 '一点儿' 또는 '有点儿'을 활용해 문장을 만들어 봅시다.

(1) Kǎo shì de shíhou jǐnzhāng wǒ
考试的时候　紧张　我
→ _____

(2) xīnxian bù zhè kuāng shuǐguǒ
新鲜　不　这筐　水果
→ _____

(3) Liú lǎoshī yuǎn zhù de
刘老师　远　住得
→ _____

(4) kuài nǐ néng bu néng
快　你　能不能
→ _____

(5) dòujiāng yǒu méiyǒu liáng de
豆浆　有没有　凉　的
→ _____

(6) wǒ wǎn kěyǐ qǐ chuáng ma
我　晚　可以　起床　吗
→ _____

2 '如果……, 就……'를 활용해 문장을 완성해 봅시다.

(1) Rúguǒ nǐ bù shūfu,
如果你不舒服, _____。

(2) Rúguǒ zhōumò tiānqì hǎo,
如果周末天气好, _____。

(3) Rúguǒ nǐ bù xiǎng chī bǐsàbǐng,
如果你不想吃比萨饼, _____。

(4) _____, māma jiù sòng wǒ yí ge lǐwù.
妈妈就送我一个礼物。

(5) _____, wǒ jiù mǎi zhè shuāng xié.
我就买这双鞋。

(6) _____, wǒ jiù qù nàr gōngzuò.
我就去那儿工作。

회화 연습

실제에 근거해 질문에 답해 봅시다.

(1) *Rúguǒ míngtiān méiyǒu kè, nǐ huì zuò shénme?*
    如果明天没有课，你会做什么?

(2) *Rúguǒ nǐ yǒu hěn duō qián, nǐ huì zuò shénme?*
    如果你有很多钱，你会做什么?

(3) *Rúguǒ nǐ de péngyou bù gāoxìng le, nǐ huì zěnme zuò?*
    如果你的朋友不高兴了，你会怎么做?

(4) *Rúguǒ nǐ kàndào Yáo Míng, nǐ huì duì tā shuō shénme?*
    如果你看到姚明，你会对他说什么?

(5) *Rúguǒ nǐ yǒu shíjiān qù lǚyóu, nǐ huì qù nǎr wánr?*
    如果你有时间去旅游，你会去哪儿玩儿?

(6) *Rúguǒ nǐ de péngyou xiǎng tígāo Yīngwén shuǐpíng, nǐ juéde tā/tā yīnggāi zěnme zuò?*
    如果你的朋友想提高英文水平，你觉得他/她应该怎么做?

提高 tígāo 통 (위치·수준 등을) 높이다, 향상시키다

활 동

시내에 위치한 집과 교외에 위치한 집을 여러 방면에서 비교해 적어 봅시다. '有点儿'과 '一点儿'을 활용하도록 하세요.

	시내	교외
교통		
면적		
가격		
환경		
출근/통학 거리		

35 在海边晒晒太阳。

Zài hǎibiān shàishai tàiyang.

해변에서 햇볕을 쬡니다.

단어 연습

1 단어-한어병음-의미를 연결한 후, 큰 소리로 읽어 봅시다.

度假	假期	刚	海边	有时候	充实
gāng	dùjià	hǎibiān	chōngshí	jiàqī	yǒu shíhou
막, 방금	휴가를 보내다	휴가 기간	어떤 때	해변	충실하다

2 빈칸에 알맞은 보기를 고른 후, 큰 소리로 문장을 읽어 봅시다.

보기: A 背 bèi / B 听 tīng / C 晒 shài / D 逛 guàng / E 参加 cānjiā / F 做 zuò

(1) _____题 tí 문제를 풀다
(2) _____太阳 tàiyang 햇볕을 쬐다
(3) _____街 jiē 거리를 거닐며 구경하다
(4) _____考试 kǎoshì 시험에 참가하다
(5) _____录音 lùyīn 녹음을 듣다
(6) _____生词 shēngcí 단어를 외우다

어법 연습

1 동사 뒤에 어울리는 목적어를 쓰고, 다시 '동사 중첩' 형태로 바꿔 써 봅시다.

(1) 做_____ _____ zuò

(2) 逛_____ _____ guàng

(3) 准备_____ _____ zhǔnbèi

(4) 看_____ _____ kàn

(5) 参观_____ _____ cānguān

(6) 跑_____ _____ pǎo

2 '因为……，所以……'를 활용해 문장을 완성해 봅시다.

(1) Yīnwèi dìdi méi fùxí,
因为弟弟没复习，_____。

(2) Yīnwèi zìxíngchē huài le,
因为自行车坏了，_____。

(3) Yīnwèi yéye jīngcháng pá shān,
因为爷爷经常爬山，_____。

(4) _____，suǒyǐ míngnián wǒ bú guò shēngrì.
所以明年我不过生日。

(5) _____，suǒyǐ hěn pàng.
所以很胖。

(6) _____，suǒyǐ lǎoshī hěn shēng qì.
所以老师很生气。

胖 pàng 헹 (몸이) 뚱뚱하다

회화 연습

'동사 중첩' 형태를 사용해 질문에 답해 봅시다.

(1) Rúguǒ nǐ qù Zhōngguó, nǐ huì zuò shénme?
如果你去中国，你会做什么?

(2) Nǐ hé nǐ péngyou de àihào yíyàng ma? Yǒu shénme bù yíyàng?
你和你朋友的爱好一样吗? 有什么不一样?

(3) Měi tiān xià kè yǐhòu nǐ zuò shénme?
每天下课以后你做什么?

(4) Péngyou bù gāoxìng de shíhou, nǐ huì gàosu tā/tā zuò shénme?
朋友不高兴的时候，你会告诉他/她做什么?

(5) Nǐ shì zěnme xué Hànyǔ de?
你是怎么学汉语的?

(6) Nǐ zhōumò cháng zuò shénme yùndòng?
你周末常做什么运动?

간체자 이해

형태의 차이에 유의하며 간체자 아래에 한어병음을 적고, 큰 소리로 읽어 봅시다.

乱	刮	晒	酒	考	老	实	买	卖

36 我想试试那件蓝色的毛衣。
Wǒ xiǎng shìshi nà jiàn lánsè de máoyī.
저 파란색 스웨터를 입어 보고 싶습니다.

단어 연습

1 단어 위에 한어병음을 쓰고 해당하는 의미와 연결한 후, 큰 소리로 읽어 봅시다.

见面   市中心   毛衣   尝   购物   试

스웨터   맛보다   해 보다, 시도하다   만나다   시내 중심   물건을 사다, 쇼핑하다

2 빈칸에 알맞은 보기를 고른 후, 큰 소리로 문장을 읽어 봅시다.

보기	A 尝尝 chángchang	B 购物 gòu wù	C 见面 jiàn miàn	D 市 shì	E 试试 shìshi	F 中心 zhōngxīn

(1) 我可以_____这双鞋吗? 이 신발을 좀 신어 봐도 되나요?
Wǒ kěyǐ zhè shuāng xié ma?

(2) 明天咱们在哪儿_____? 우리 내일 어디서 만나나요?
Míngtiān zánmen zài nǎr

(3) 我喜欢去购物_____买东西。 저는 쇼핑센터에 가서 쇼핑하는 것을 좋아합니다.
Wǒ xǐhuan qù gòu wù mǎi dōngxi.

(4) 请你_____我做的菜。 제가 만든 요리를 좀 맛보세요.
Qǐng nǐ wǒ zuò de cài.

(5) 他家住在_____中心。 그의 집은 도심지에 있습니다.
Tā jiā zhù zài zhōngxīn.

(6) 我喜欢上网_____。 저는 인터넷으로 쇼핑하는 것을 좋아합니다.
Wǒ xǐhuan shàng wǎng

어법 연습

1 빈칸에 알맞은 말을 보기에서 고른 후, '동사 중첩' 형태로 써 봅시다.

보기	收拾 shōushi	尝 cháng	休息 xiūxi	晒太阳 shài tàiyang	听音乐 tīng yīnyuè	复习 fùxí

(1) 今天你太辛苦了，快_____吧。 오늘 너무 수고하셨습니다. 어서 좀 쉬세요.
Jīntiān nǐ tài xīnkǔ le, kuài ba.

(2) 天气真好，咱们去公园_____，怎么样? 날씨가 정말 좋습니다. 우리 공원에 가서 햇볕을 좀 쬐는 거 어때요?
Tiānqì zhēn hǎo, zánmen qù gōngyuán zěnmeyàng?

　　　　　Fángjiān yǒudiǎnr luàn, wǒ děi
(3) 房间有点儿乱，我得＿＿＿＿＿＿＿＿。 방이 좀 더럽네요. 제가 정리를 좀 해야겠습니다.

　　　　Xià ge xīngqī yǒu kǎoshì, nǐ kěyǐ bāng wǒ　　　　　　　　ma?
(4) 下个星期有考试，你可以帮我＿＿＿＿＿＿＿＿吗？ 다음 주에 시험이 있습니다. 복습하는 걸 좀 도와주실 수 있나요?

　　　Lèi de shíhou, zuò zài shāfā shang　　　　　　hěn shūfu.
(5) 累的时候，坐在沙发上＿＿＿＿＿＿＿，很舒服。 피곤할 때는 소파에 앉아 음악을 좀 들으면 편합니다.

　　　Qǐngwèn, wǒ kěyǐ　　　　　　zhèxiē shuǐguǒ ma?
(6) 请问，我可以＿＿＿＿＿＿这些水果吗？ 실례지만, 이 과일을 좀 맛봐도 되나요?

2 제시된 낱말과 '因为……，所以……'를 활용해 문장을 만들어 봅시다.

　　gǎnmào　　méi qù shàng kè
(1) 感冒　　没去上课
→ ＿＿＿＿＿＿＿＿＿＿＿＿＿＿＿＿＿＿

　　yǒudiǎnr jǐnzhāng　　shuō de bù liúlì
(2) 有点儿紧张　　说得不流利
→ ＿＿＿＿＿＿＿＿＿＿＿＿＿＿＿＿＿＿

　　diàntī huài le　　zǒu shànglai
(3) 电梯坏了　　走上来
→ ＿＿＿＿＿＿＿＿＿＿＿＿＿＿＿＿＿＿

　　chènshān　　bù piányi　　méi mǎi
(4) 衬衫　　不便宜　　没买
→ ＿＿＿＿＿＿＿＿＿＿＿＿＿＿＿＿＿＿

　　fángjiān tài luàn le　　shōushi shōushi
(5) 房间太乱了　　收拾收拾
→ ＿＿＿＿＿＿＿＿＿＿＿＿＿＿＿＿＿＿

　　xǐhuan tā　　gěi tā dǎ diànhuà
(6) 喜欢她　　给她打电话
→ ＿＿＿＿＿＿＿＿＿＿＿＿＿＿＿＿＿＿

회화 연습

'因为……，所以……'를 활용해 질문에 답해 봅시다.

　　Nǐ zuì xǐhuan nǎge jiérì?　　Wèi shénme?
(1) 你最喜欢哪个节日？为什么？

　　Nǐ zuì xǐhuan shénme jìjié?　　Wèi shénme?
(2) 你最喜欢什么季节？为什么？

(3) 你为什么学汉语?
　　　Nǐ Wèi shénme xué Hànyǔ?

(4) 住在大城市好还是小城市好? 为什么?
　　　Zhù zài dà chéngshì hǎo háishi xiǎo chéngshì hǎo? Wèi shénme?

(5) 你看过的电影哪一个最好看? 为什么?
　　　Nǐ kànguo de diànyǐng nǎ yí ge zuì hǎokàn? Wèi shénme?

(6) 你怎么去上课? 坐车还是走路? 为什么?
　　　Nǐ zěnme qù shàng kè? Zuò chē háishi zǒu lù? Wèi shénme?

季节 jìjié 명 계절

활 동

5일간의 휴가에 어디를 가서 무엇을 할 것인지 말하는 문장을 만들어 봅시다. '因为……，所以……'를 사용하도록 합니다.

	문장
첫째 날	
둘째 날	
셋째 날	
넷째 날	
다섯째 날	

37 胳膊被撞伤了。
Gēbo bèi zhuàngshāng le.

팔을 부딪혀 다쳤습니다.

단어 연습

1 단어-한어병음-의미를 연결한 후, 큰 소리로 읽어 봅시다.

突然	倒霉	胳膊	马路	伤	被	糟糕
dǎoméi	mǎlù	tūrán	gēbo	zāogāo	shāng	bèi
팔	길	운이 나쁘다, 재수 없다	~에 의해	갑자기	다치다	엉망이다, 끔찍하다

2 빈칸에 알맞은 보기를 고른 후, 큰 소리로 읽어 봅시다.

보기: A 划 huá B 按 àn C 过 guò D 冲 chōng E 撞 zhuàng F 碰 pèng

(1) _____ 门铃 ménlíng 초인종을 누르다

(2) _____ 路口 lùkǒu 교차로를 건너다

(3) 车突然_____过来。 Chē tūrán guòlai. 차가 갑자기 돌진해 온다.

(4) 杯子被_____坏了。 Bēizi bèi huài le. 잔이 부딪혀 깨졌다.

(5) 被汽车_____伤了。 Bèi qìchē shāng le. 자동차에 부딪혀 다쳤다.

(6) 裙子被_____破了。 Qúnzi bèi pò le. 치마가 찢어졌다.

어법 연습

1 괄호 안 단어의 알맞은 위치를 찾아 봅시다.

(1) A 窗户 B 球 C 撞破了。(被)
chuānghu qiú zhuàngpò le. bèi

(2) A 他的衣服 B 被 C 划破了。(也)
tā de yīfu bèi huápò le. yě

(3) 房子 A 爸爸 B 出租 C 出去了。(被)
Fángzi bàba chūzū chūqu le. bèi

　　　　　　Lín Mù　　bèi chē　　zhuàng le　　tūrán
(4) 林木 A 被车 B 撞了 C。（突然）

　　　　　　Ālǐ de gēbo　　zhuàng　shāng　le.　bèi
(5) 阿里的胳膊 A 撞 B 伤 C 了。（被）

　　　　　　Wǒ de xínglixiāng　bèi　shuāihuài　méi
(6) 我的行李箱 A 被 B 摔坏 C。（没）

2 제시된 문장을 '被'를 사용한 문장으로 바꿔 봅시다.

　　　　Nà liàng chūzūchē zhuànghuàile wǒ de zìxíngchē.
(1) 那辆出租车撞坏了我的自行车。

→ _____

　　　　Háizi shuāihuàile bàba de yǎnjìng.
(2) 孩子摔坏了爸爸的眼镜。

→ _____

　　　　Tā de dāo huápòle wǒ de shūbāo.
(3) 他的刀划破了我的书包。

→ _____

　　　　Mén pèngpòle háizi de tóu.
(4) 门碰破了孩子的头。

→ _____

　　　　Zìxíngchē zhuàngshāngle xiǎogǒu de tuǐ.
(5) 自行车撞伤了小狗的腿。

→ _____

　　　　Xiǎomíng dǎpòle kāfēibēi.
(6) 小明打破了咖啡杯。

→ _____

刀 dāo 명 칼

회화 연습

그림을 보고 괄호 안 단어를 활용해 대화를 완성해 봅시다.

　　　Lín Mù zěnme le?
(1) A 林木怎么了？

　　　　　　　　　　　　　　　　　　　　　　bèi
　　B _____ （被）

37 胳膊被撞伤了。 109

Zhège bēizi zěnme le?
(2) A 这个杯子怎么了?

B _____ （被）
bèi

A _____

Zhège bēizi bù néng yòng le.
B 这个杯子不能用了。

(3) A _____

B _____ （被）
bèi

Xiǎoshuāng,
(4) A 小双, _____ ?

Wǒ yào qù yīyuàn.
B 我要去医院。

Nǐ zěnme le?
A 你怎么了?

B _____ （被）
bèi

간체자 이해

형태의 차이에 유의하며 간체자 아래에 한어병음을 적고, 큰 소리로 읽어 봅시다.

被	破	路	格	冲	钟	铃	冷

110

38 菜单被服务员拿走了。
Càidān bèi fúwùyuán názǒu le.

메뉴는 종업원이 가져갔습니다.

단어 연습

1 빈칸에 알맞은 동사를 써 봅시다.

(1) _____小孩儿 아이를 속이다 (xiǎoháir)
(2) _____湿 흠뻑 젖다 (shī)
(3) _____碎 떨어져 깨지다 (suì)
(4) _____钱包 지갑을 훔치다 (qiánbāo)
(5) _____小偷 도둑을 잡다 (xiǎotōu)
(6) _____走 가져가다 (zǒu)

2 예와 같이 동사 뒤에 어울리는 보어나 목적어를 붙여 써 봅시다.

예) zhuàng / zhuàngshāng / zhuànghuài / zhuàng rén
   撞   撞伤   撞坏   撞人

(1) 摔 (shuāi) _____ _____ _____
(2) 骗 (piàn) _____ _____ _____
(3) 抓 (zhuā) _____ _____ _____
(4) 偷 (tōu) _____ _____ _____

어법 연습

1 빈칸에 '把'와 '被' 중 알맞은 말을 넣어 문장을 완성한 후, 큰 소리로 읽어 봅시다.

(1) 我的钥匙_____阿里借走了。
    Wǒ de yàoshi Ālǐ jièzǒu le.

(2) 警察_____小偷抓住了。
    Jǐngchá xiǎotōu zhuāzhù le.

(3) 我的自行车_____哥哥骑走了。
    Wǒ de zìxíngchē gēge qízǒu le.

(4) 服务员_____那把椅子搬走了。
    Fúwùyuán nà bǎ yǐzi bānzǒu le.

(5) 孩子_____大雨淋湿了。
    Háizi dà yǔ línshī le.

(6) 那个孩子_____他骗走了五百块钱。
    Nàge háizi tā piànzǒule wǔbǎi kuài qián.

2 제시된 낱말과 '被'를 활용해 문장을 만들어 봅시다.

(1) 英汉词典　借走　林木
　　Yīng-Hàn cídiǎn　jièzǒu　Lín Mù
　　→ _____

(2) 钥匙　服务员　拿走
　　yàoshi　fúwùyuán　názǒu
　　→ _____

(3) 钢琴　搬走　他的同事
　　gāngqín　bānzǒu　tā de tóngshì
　　→ _____

(4) 小明　撞伤　自行车
　　Xiǎomíng　zhuàngshāng　zìxíngchē
　　→ _____

(5) 房间　收拾好　姐姐
　　fángjiān　shōushi hǎo　jiějie
　　→ _____

(6) 行李箱　拿错　同事
　　xínglixiāng　nácuò　tóngshì
　　→ _____

회화 연습

그림을 보고 '被'를 활용해 대화를 완성해 봅시다.

(1) A 小狗怎么了?
　　　Xiǎogǒu zěnme le?

　　B _____

(2) A 电脑怎么了?
　　　Diànnǎo zěnme le?

　　B _____

Pútao zài nǎr?
(3) A 葡萄在哪儿?

B _____

Zhuōzi zài nǎr?
(4) A 桌子在哪儿?

B _____

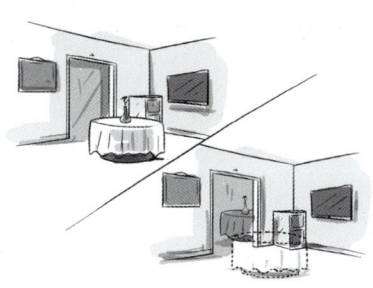

활 동

'被'를 활용해 그림 속 상황을 설명해 봅시다.

_____
_____
_____

39 Wǒ yào huí guó le.
我要回国了。
저는 곧 귀국합니다.

단어 연습

1 단어-한어병음-의미를 연결한 후, 큰 소리로 읽어 봅시다.

| 决定 | 总是 | 结婚 | 分开 | 打算 | 走遍 | 毕业 | 一起 |

| zǒngshì | zǒubiàn | jié hūn | yìqǐ | juédìng | dǎsuàn | bì yè | fēnkāi |

| 돌아다니다, 여행하다 | 졸업하다 | 떨어지다, 헤어지다 | 계획 | 같은 곳, 한 곳 | 늘, 언제나 | 결정하다 | 결혼하다 |

2 빈칸에 알맞은 보기를 고른 후, 큰 소리로 읽어 봅시다.

보기
| dǎsuàn | liú | chūbǎn | zǒubiàn | kǎo | dāng |
| A 打算 | B 留 | C 出版 | D 走遍 | E 考 | F 当 |

(1) _____ huí guó 回国 귀국하려고 한다
(2) _____ yánjiūshēng 研究生 대학원 시험을 보다
(3) _____ Zhōngguó nǚxu 中国女婿 중국 사위가 되다
(4) _____ quán Zhōngguó 全中国 중국 전역을 돌아보다
(5) _____ jiàocái 教材 교재를 출판하다
(6) _____ zài diànshìtái 在电视台 방송국에 남다

어법 연습

1 제시된 문장을 예와 같이 '要……了'를 사용해 바꿔 써 봅시다.

예)
Jīntiān yī hào, Zhāng mìshū sān hào qù Fǎguó gōngzuò.
今天一号，张秘书3号去法国工作。
Zhāng mìshū yào qù Fǎguó gōngzuò le.
→ 张秘书要去法国工作了。

(1) Jīntiān bā hào, Ālǐ shí hào huí guó.
今天8号，阿里10号回国。 → _____

(2) Jīntiān Qīyuè sān hào, wǒmen Qīyuè wǔ hào kǎo shì.
今天7月3号，我们7月5号考试。 → _____

(3) Xiǎoshuāng míngtiān qù Xī'ān lǚyóu.
小双明天去西安旅游。 → _____

(4) Xiànzài Sìyuè, Ānni hé Mǎkè Wǔyuè jié hūn.
现在4月，安妮和马克5月结婚。 → _____

(5) 今天4号，新字典10号出版。 → _____

2 '打算'을 활용해 대화를 완성해 봅시다.

(1) A 小双，要毕业了，你有什么打算？

　　B 我_____。

(2) A _____

　　B 他打算留在中国工作。

(3) A 方方，要毕业了，你打算考研究生还是工作？

　　B 我不_____，我_____。

(4) A 我告诉你，大双_____。

　　B 我觉得他的打算不错。

(5) A 要回国了，你想买点儿什么回去？

　　B 我_____。

(6) A 毕业后，我_____。

　　B 我觉得_____不错。

회화 연습

'要……了'를 활용해 대화를 완성해 봅시다.

(1) A 还有20分钟，比赛_____，咱们进去吧。

　　B 等一会儿吧，我刚给林木打了电话，他_____。

(2) A　Fàn zuòhǎo le ma?
　　　饭做好了吗?

　　B　Zài děng shí fēnzhōng,
　　　再等10分钟，_____。

(3) A　Chē shénme shíhou néng xǐwán?
　　　车什么时候能洗完?

　　B　_____

(4) A　Lín Mù, zánmen yìqǐ qù yóuyǒng ba.
　　　林木，咱们一起去游泳吧。

　　B　Wǒ zhèngzài fā yóujiàn, 　　　　　　　zài děng wǒ wǔ fēnzhōng.
　　　我正在发邮件，_____，再等我5分钟。

(5) A　Ānni　　　　　　　　　wǒmen sòng tā shénme lǐwù?
　　　安妮_____，我们送她什么礼物?

　　B　Wǒ dǎsuàn sòng tā yí liàng zìxíngchē.
　　　我打算送她一辆自行车。

(6) A　Xiànzài wǔ diǎn yí kè,
　　　现在五点一刻，_____。

　　B　Wǒmen yìqǐ chī fàn ba.
　　　我们一起去吃饭吧。

等 děng 동 기다리다

간체자 이해

발음의 차이에 유의하며 단어 아래에 한어병음을 적고, 다음자를 찾아 표시해 봅시다.

| 觉得 | 睡觉 | 还是 | 还给 | 回答 | 答应 |

| 认为 | 因为 | 很好 | 爱好 | 教室 | 教书 |

40 Fēijī mǎshàng jiù yào qǐfēi le.
飞机马上就要起飞了。
비행기가 곧 이륙합니다.

단어 연습

1 단어 위에 한어병음을 쓰고 해당하는 의미와 연결한 후, 큰 소리로 읽어 봅시다.

起飞　　下班　　开始　　下课　　出国　　留学　　休假

유학하다　　출국하다　　이륙하다　　퇴근하다　　휴가를 보내다　　수업을 마치다　　시작하다

2 빈칸에 알맞은 보기를 고른 후, 큰 소리로 문장을 읽어 봅시다.

| 보기 | xià kè
A 下课 | xià bān
B 下班 | xiū jià
C 休假 | qǐfēi
D 起飞 | kāishǐ
E 开始 | liú xué
F 留学 |

(1) Wǒ dǎsuàn xià ge yuè ___ shí qù Xī'ān lǚyóu.
我打算下个月＿＿＿时去西安旅游。 저는 다음 달 휴가 때 시안에 여행갈 계획입니다.

(2) Fēijī ___ shí bù néng dǎ diànhuà.
飞机＿＿＿时不能打电话。 비행기가 이륙할 때는 전화를 하면 안 됩니다.

(3) ___ hòu, wǒ wènle lǎoshī liǎng ge wèntí.
＿＿＿后，我问了老师两个问题。 수업이 끝난 후, 저는 선생님께 두 가지 질문을 했습니다.

(4) Tīngshuō nǐ mèimei yào qù Fǎguó ___ shì ma?
听说你妹妹要去法国＿＿＿，是吗？ 듣자하니 당신 여동생이 프랑스로 유학 간다던데, 맞나요?

(5) Lín Mù, ___ yǐqián gěi wǒ dǎ ge diànhuà, wǒmen yìqǐ zǒu.
林木，＿＿＿以前给我打个电话，我们一起走。 린무, 퇴근하기 전에 저에게 전화해 주세요. 우리 같이 가요.

(6) Lǎoshī shuō wǒmen xià xīngqī ___ xuéxí dì-jiǔ kè.
老师说我们下星期＿＿＿学习第九课。 선생님이 저희에게 다음 주에 제9과 공부를 시작할 거라고 말씀하셨습니다.

어법 연습

1 그림을 보고 '要……了'를 활용해 문장을 써 봅시다.

(1) _____

(2) _____

(3) _____

(4) _____

(5) _____

(6) _____

2 '打算'을 활용해 대화를 완성해 봅시다.

(1) A Nǐ dǎsuàn xuéxí shénme zhuānyè?
　　　你打算学习什么专业?

　　B _____

(2) A Nǐ dǎsuàn qù nǎr dùjià?
　　　你打算去哪儿度假?

　　B _____

(3) A Zhège xuéqī nǐ yǒu shénme dǎsuàn?
　　　这个学期你有什么打算?

　　B _____

(4) A Zhèr de fángzū tài guì le, nǐ yǒu shénme dǎsuàn?
　　　这儿的房租太贵了，你有什么打算?

　　B _____

(5) A _____

　　B Wǒ yào zài jiā dǎsǎo fángjiān.
　　　我要在家打扫房间。

(6) A _____

　　B Wǒ xiǎng qù Zhōngguó lǚyóu.
　　　我想去中国旅游。

회화 연습

대화를 완성해 봅시다.

(1) A 同学们，我们的考试_____，请大家安静。
   Tóngxuémen, wǒmen de kǎoshì ... qǐng dàjiā ānjìng.

   B 好。
   Hǎo.

(2) A 火车_____，姐姐，你回去吧。
   Huǒchē ... jiějie, nǐ huíqu ba.

   B 好，到了上海给我打个电话。
   Hǎo, dàole Shànghǎi gěi wǒ dǎ ge diànhuà.

(3) A 圣诞节_____，你有什么打算？
   Shèngdàn Jié ... nǐ yǒu shénme dǎsuàn?

   B 我打算和朋友出国旅游。
   Wǒ dǎsuàn hé péngyou chū guó lǚyóu.

(4) A _____，我们一起出去晒晒太阳吧。
   wǒmen yìqǐ chūqu shàishai tàiyang ba.

   B 不好意思，现在我很忙，你自己去吧。
   Bù hǎoyìsi, xiànzài wǒ hěn máng, nǐ zìjǐ qù ba.

(5) A 飞机_____，请您关上手机。
   Fēijī ... qǐng nín guānshang shǒujī.

   B 好的。
   Hǎo de.

(6) A 我们一起去看电影吧。
   Wǒmen yìqǐ qù kàn diànyǐng ba.

   B _____，我要在家复习。
   wǒ yào zài jiā fùxí.

활동

친구들의 휴가 계획을 조사해 표에 적은 후, '要……了' '打算' '准备'를 활용해 말해 봅시다.

이름	목적지	교통수단	숙박	동행	출발일, 도착일

MP3 파일 다운로드 및
실시간 재생 서비스

New Concept Chinese
신개념 중국어 2 워크북

지은이 崔永华
옮긴이 임대근
펴낸이 정규도
펴낸곳 (주)다락원

기획·편집 박소정, 고은지, 이상윤
디자인 박나래, 최영란

다락원 경기도 파주시 문발로 211
전화 (02)736-2031(내선 250~252/내선 430)
팩스 (02)732-2037
출판등록 1977년 9월 16일 제406-2008-000007호

Copyright © 2014, 北京语言大学出版社
한국 내 Copyright © 2016, (주)다락원

이 책의 한국 내 저작권은 北京语言大学出版社와의
독점 계약으로 (주)다락원이 소유합니다.

저자 및 출판사의 허락 없이 이 책의 일부 또는 전부를 무단 복제·전재·발췌할 수 없습니다. 구입 후 철회는 회사 내규에 부합하는 경우에 가능하므로 구입처에 문의하시기 바랍니다. 분실·파손 등에 따른 소비자 피해에 대해서는 공정거래위원회에서 고시한 소비자 분쟁 해결 기준에 따라 보상 가능합니다. 잘못된 책은 바꿔 드립니다.

www.darakwon.co.kr
다락원 홈페이지를 방문하시면 상세한 출판 정보와 함께 동영상 강좌, MP3 자료 등 다양한 어학 정보를 얻으실 수 있습니다.

New Concept Chinese
신개념 중국어와 함께 보면 좋은 책

어휘를 더 공부하고 싶다면,
다락원 TSC VOCA 마스터
장민영 저 | 296면 | 14,000원
(MP3파일 무료 다운로드)

어법을 더 공부하고 싶다면,
중국어 쉬운 문법
김종호, 강희명 저 | 224면 | 13,000원

작문을 더 공부하고 싶다면,
중국어 쉬운 작문 1
陈作宏, 邓秀均 저 | 152면 | 10,000원

중국어 쉬운 작문 2
陈作宏, 张璟, 邓秀均 저 | 224면 | 11,000원

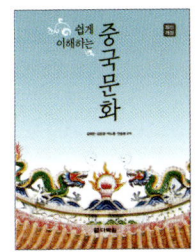

문화를 더 공부하고 싶다면,
쉽게 이해하는 중국 문화
최신개정

김태만, 김창경, 박노종, 안승웅 저 | 336면 | 17,000원

신개념 중국어

New Concept Chinese

왜 '신개념' 중국어인가?

- 한 과의 '학습'이 딱 **두 페이지**로 끝! 부담감 DOWN, 성취감 UP!
- 지루할 틈 없이 이어지는 **본 과**(홀수 과)+**복습 과**(짝수 과) 세트 학습!
- 홀수 과의 쉬운 본문과 핵심 표현으로 **코어 학습**!
- 짝수 과의 연습 문제로 배운 표현을 복습하며 **실전 적응**!

2

다락원 홈페이지에서 MP3 파일
다운로드 및 실시간 재생 서비스

ISBN 978-89-277-2190-1
ISBN 978-89-277-2183-3(set)

정가 15,000원
(본책·워크북·MP3 무료 다운로드)